태봉학회 총서 **4**

병자호란과 김화 백전전투

THE MANCHU'S INVASION OF JOSEON IN 1636 THE BATTLE OF GIMHWA BAEKJEON

丙子胡亂 金化栢田戰鬪

태봉학회
(재)국방문화재연구원
철원군
Cheorwon

태봉학회 총서 **4**

병자호란과
김화 백전전투

엮은이 | 태봉학회, (재)국방문화재연구원, 철원군

펴낸이 | 최병식

펴낸날 | 2022년 12월 28일

펴낸곳 | 주류성출판사

주소 | 서울특별시 서초구 강남대로 435(서초동 1305-5) 주류성빌딩 15층

전화 | 02-3481-1024(대표전화)   팩스 | 02-3482-0656

홈페이지 | www.juluesung.co.kr

값 22,000원

ISBN   978-89-6246-495-5   94910

ISBN   978-89-6246-415-3   94910(세트)

태봉학회 총서 **4**

병자호란과
김화 백전전투

THE MANCHU'S INVASION
OF JOSEON IN 1636
THE BATTLE
OF GIMHWA BAEKJEON

丙子胡亂 金化栢田戰鬪

태봉학회
(재)국방문화재연구원
철원군
Cheorwon

주류성

목차

총서를 펴내며 · 006

수록 논문의 출처 · 008

제1부

병자호란의 제문제   9

병자호란 연구의 제문제 · 011

조성을 ㅣ 아주대학교 사학과 명예교수

明淸交替 시기 朝中關係의 추이 · 037

韓明基 ㅣ 명지대학교 사학과 교수

병자호란의 開戰원인과 朝·淸의 군사전략 비교연구 · · · · · · · · · · · · · · 079

이종호 ㅣ 건양대학교 군사학과 교수

朝鮮 政府의 捕虜 送還 노력 · 115

강성문 ㅣ (전)육군사관학교 사학과 교수

제2부

김화 백전전투   149

17세기 전반기 조선의 대북방 방어전략과 평안도 국방체제 · · · · · · · · · 151

노영구 ㅣ 국방대학교 군사전략학과 교수

丙子胡亂의 戰況과 金化戰鬪 一考 ································ 177
柳承宙 ㅣ 고려대학교 역사교육과 명예교수

丙子胡亂 金化 栢田戰鬪 考察 ·································· 231
권순진 ㅣ (재)수도문물연구원 실장

戰骨塚의 조성 경위와 위치 比定 ······························ 261
柳在春 ㅣ 강원대학교 사학과 교수

김화 백전대첩(栢田大捷) 유적의 현황과 보존대책 ················ 289
이 재 ㅣ (재)국방문화재연구원 원장

부록

태봉학회 활동 및 철원군의 역사·문화 관련 동향 ················ 309
김영규 ㅣ 태봉학회 사무국장·철원역사문화연구소 소장

총서를 펴내며

16~17세기 동아시아 3국은 큰 변동을 겪었다. 그 직접적인 계기는 임진왜란 (1592~1598)이었다. 조선 침공의 실패로 도요토미 히데요시 정권은 붕괴하고, 에도 막부가 성립하였다. 대규모 구원병을 파견하였던 명은 그 몰락의 속도가 빨라졌다. 인적, 물적으로 큰 피해를 본 조선 왕조는 새로운 지배 질서를 모색하지 않을 수 없었다. 하지만 왜란으로 인한 혼란을 미처 수습하기도 전에 두 차례의 호란을 겪게 되었다.

명의 국력이 쇠약해진 틈을 이용하여 만주의 여진족은 후금을 건국하고, 명과 패권을 다투기에 이르렀다. 후금과 그 후신인 청은 배후의 조선이 친명정책을 추구하는 것을 우려하였다. 그리하여 1627년과 1636년 두 차례 조선을 침입하였다. 정묘호란과 병자호란이 그것이다. 정묘호란은 양국 간의 화의로 종결되었다. 하지만 병자호란은 1637년 1월 30일 인조가 청 태종에게 항복함으로써 끝났다.

1636년 12월 14일 한양 인근에 도착한 청군의 선봉대는 강화도로 가는 길목을 차단하는 한편 인조가 피신한 남한산성을 포위하였다. 이어 청 태종이 대군을 거느리고 남하하여 합세하였다. 남한산성에 고립된 조선 조정은 각도의 근왕병이 구원해줄 것을 기대하였다. 하지만 이들 대부분은 청군에 의해 격퇴되고 말았다. 김준룡 휘하의 전라도 근왕병이 경기도 용인 광교산에서 청군을 무찔렀지만, 곧 해산하였다. 유림이 지휘하던 평안도 근왕병은 강원도 김화의 백전(栢田)에서 크게 승리하였다. 인조가 곧 항복함으로써 이들은 근왕병으로서의 임무를 다할 수 없었지만, 이 승리는 병자호란 중 조선군이 거둔 몇 안 되는 승전 중 하나였다.

태봉학회는 총서 제 4권에서 김화 백전전투를 다루기로 하였다. 철원군과 (재)국방문화재연구원은 2012년 11월에 「철원 김화 백전대첩을 아는가」라는 주제로 제 1회 병자호란 김화 백전대첩 기념 학술대회를 개최하였다. 또 2013년 10월에는 「김화 백전대첩 승리의 비밀을 풀다」를 주제로 하여 제 2회 학술대회를 열었다. 두 번의 학술대회에서 발표된 원고들을 입수하여 그 가운데 몇 편을 추렸다. 여기에 병자호란 전반을 이해하는 데 필요하다고 여겨지는 논문들을 더하였다. 책의 말미에는 2022년 태봉학회의 활동과 철원군의 역사·문화 관련 동향을 소개하는 글을 실었다.

원고의 게재를 허락해주시고, 교정과 함께 일부 가다듬어 주시기도 한 필자 여러분들께 감사드린다. 이와 관련하여 (재)국방문화재연구원의 이재 원장을 비롯한 관계자 여러분들께서 흔쾌히 제공해주신 학술대회 자료가 큰 도움이 되었음을 밝혀둔다. 언제나 태봉학회를 물심양면으로 도와주시는 이현종 철원군 군수 이하 철원군 관계자 여러분께 고마움을 전한다. 학회의 김용선, 이재범 고문, 김영규 사무국장, 김덕규 간사가 편집과 실무를 맡아 수고하셨다. 도서출판 주류성의 최병식 회장과 이준 이사가 출판을 위해 애써 주셨다.

2022년 12월
태봉학회 회장 조 인 성

수록 논문의 출처

제1부 병자호란의 제문제

조성을, 「병자호란 연구의 제문제」, 『韓國史學史學報』 36, 2017

韓明基, 「明淸交替 시기 朝中關係의 추이」, 『東洋史學硏究』 140, 2017

이종호, 「병자호란의 開戰원인과 朝·淸의 군사전략 비교연구」, 『軍史』 90, 2014

강성문, 「朝鮮 政府의 捕虜 送還 노력」, 『철원 김화 백전대첩을 아는가』(제1회 병자호란 김화 백전대첩 기념 학술대회, 철원군·(재)국방문화재연구원), 2012

제2부 김화 백전전투

노영구, 「17세기 전반기 조선의 대북방 방어전략과 평안도 국방체제」, 『軍史硏究』 135, 2013

柳承宙, 「丙子胡亂의 戰況과 金化戰鬪 一考」, 『史叢』 55, 2002

권순진, 「丙子胡亂 金化 栢田戰鬪 考察」, 『軍史』 96, 2015

柳在春, 「戰骨塚의 조성 경위와 위치 比定」, 『철원 김화 백전대첩을 아는가』(제1회 병자호란 김화 백전대첩 기념 학술대회, 철원군·(재)국방문화재연구원), 2012

이　재, 「김화 백전대첩(栢田大捷) 유적의 현황과 보존대책」, 『철원 김화 백전대첩을 아는가』(제1회 병자호란 김화 백전대첩 기념 학술대회, 철원군·(재)국방문화재연구원), 2012

태봉학회 총서 **4**

제1부

병자호란의
제문제

병자호란과
김화 백전전투

THE MANCHU'S INVASION
OF JOSEON IN 1636
THE BATTLE OF GIMHWA BAEKJEON

병자호란 연구의 제문제

조성을

아주대학교 사학과 명예교수

목차

1. 서언

2. 병자호란 이해와 연관된 문제

3. 병자호란의 원인, 경과, 척화론

문제와 책임

4. 병자호란이 조선사회에 남긴 영향의 문제

5. 결어

1. 서언

현재 21세기 초 우리나라는 새롭게 부상하는 대륙 세력과 기존 패권을 유지하려는 해양 세력의 틈에 끼어 양자 택일의 선택을 강요받고 있다. 이에 더하여 남과 북의 극단적 대결은 상황을 더욱 엄중하게 만들어 한반도는 전쟁 일보 직전의 심각한 위기에 처해 있다. 한반도를 둘러싼 대륙 세력과 해양 세력의 각축과 위기 상황은 길게보면 일본 전국(戰國)의 통일, 여진족의 대두와 명(明)의 쇠퇴, 이에 따른 중국에서의 명·청(淸) 왕조 교체라는, 16세기 말~17세기 중엽 동아시아에서의 국제 정세와 국제 관계의 변화에서 이미 시작되었다. 이것은 결국 임진왜란과 병자호란으로 귀결되었다.

따라서 21세기 초 오늘날의 위기는 크게 볼 때 16세기 말~17세기 중엽 당시 조선 정부가 변화하는 국제정세에 제대로 대처하지 못한 데에서 이미 개시되었다고 할 수도 있다. 이런 관점을 가져야 임진왜란과 병자호란을 거시적 관점에서 역사적으로 위치지울 수 있고 현재의 좌표를 알 수 있으며 미래의 방향에 대한 감각을 가질 수 있다. 또 이런 것들이 우리가 역사를 통해 배울 수 있는 교훈이고 바로 여기에 우리가 역사를 공부하는 목적이 있다고 하겠다.

최근의 병자호란 연구 가운데 현재적 문제의식과 가치관을 전제로 하면서 반성적으로 살펴보려는 첫 번째 입장이 있다.[1] 이와 달리 현재적 문제의식과 가치관을 전제로 하는 태도는 현재적 관점을 역사에 투영하여 자의적으로 역사를 이용하는 위험성이 있다고 보는 두 번째의 입장이 제시되었다.[2] 그러나 첫 번째 입장의 연구는 현재적 문제의식과 가치관을

---

1) 본고에서는 선분학술적인 연구만을 검토의 대상으로 한다. 전문학술적 연구 중 대표적인 것이 한명기, 『정묘·병자호란과 동아시아』 푸른역사, 2009; 한명기, 『역사평설 병자호란』 1·2, 2013이다. 일부 재야학자들의 연구도 여기에 포함될 수 있다. 재야학자들의 연구에 대한 비판은 오수창, 「청과의 외교 실상과 병자호란」 『한국사시민강좌』 36, 2005 참조 요.

2) 오항녕, 「외상과 내상을 넘어-인조시대의 대내외 정책」 『한국불교사연구』 4, 2014. 한편 오항녕, 『광해군, 그 위험한 거울』 너머북스, 2012는 광해군을 대상으로 한 연구이지만, 광해군의 내정·외정 전반에 대한 매우 부정적 평가가 '계해정변(인조반정)'에 대한 매우 긍정적인 평가와 연결되어 있다. 이 연장선상에서 보면 병자호란에 대한, 당시 서인 집권층에 대처를 그들의 입장에서 이해하여 줄 수 있는 여지가 생겨나며 이런 취지에서 오항녕의 위 논문 「외상과 내상을 넘어-인조시대의 대내외 정책」이 집필되었다고 생각된다. 즉 인조대 이후 내정·외정에 대한 평가는 광해군대에 대한 평가와 연동되어 있다. 한명기의 위의 연구도 그의 연구, 『광해군-탁월한 외교정책을 펼친 군주』 역사비평사, 2000의 연장선상에 있는 것이다.

본고에서는 '인조반정'이라는 용어가 조선왕조적(서인 중심적) 가치평가를 담고 있으므로 잠정적으

전제하면서도 광해군대와 인조대를 일방적 긍정하는 것도, 일방적으로 부정하는 것도 아니며 상대적으로 균형감각을 갖고 문제에 접근하였다.[3] 필자는 역사를 내재적으로 이해하기 위해서는 역사주의적 입장을 취해야 한다고 생각하므로 두 번째 입장이 갖는 긍정적 의미를 수용한다.[4] 그러나 역사주의적 방법은 대체로 미시적 단계의 사실에 대한 이해와 관련된다고 본다. 역사를 거시적으로 보고 어떤 통찰력과 가르침을 얻기 위해서는 거시적, 즉 현재주의적 관심이 강력하게 투영되어야 한다고 여겨진다. 따라서 본고에서는 역사주의적, 현재주의적 관점 둘을 결합하는 관점에서 병자호란과 관련된 제문제를 검토하고자 한다.

또한 역사의 원인에는 내적 원인과 외적 원인이 있으며 근본 원인과 직접적 원인으로 나누어 볼 수 있다. 이 원인 문제는 자칫하면 책임 문제로 연결되어 가지만 양자는 서로 다른 차원의 문제로서 서로 혼동하지 말아야 할 것이다. 책임이란 내면적 혹은 표방하는 가치관과 위배되었을 때

로 '계해 정변'이라는 용어를 사용하기로 한다. 역사 연구에서 역사주의적 입장을 취하든가, 현재주의적 입장을 취하든가, 아니면 양자를 종합하는 방식을 취할 수도 있다. 하지만 역사 용어에 관한 한, 중립적인 입장을 취해야 할 것이다. '반정(反正)'이라 하면 이미 가치판단이 들어가서 정변을 정당화하는 입장에 서게 되는 것이다. 잠정적으로 '계해 정변'이라는 용어를 사용하기로 하였지만 '1623년 정변'이라고 하는 것이 더 타당할지도 모르겠다. 앞으로 우리 역사 용어들에 대하여 전반적으로 재검토가 필요하다.

3) 광해군대, 인조대를 균형적 감각에서 접근한 연구의 선구로는 오수창, 「인조대 정치세력의 동향」, 『한국사론』 13, 서울대 국사과, 1985을 들 수 있으며 한명기의 연구도 기본적으로 이런 입장을 따르고 있다고 생각된다. 그러나 오수창의 입장은 '붕당정치론'을 수용하는 입장에서 광해군대를 대북정권에 의한 붕당정치의 파탄, '계해정변' 이후 어느 정도 붕당정치의 회복이라는 관점을 갖고 있다고 생각된다. 필자는 기본적으로 '붕당정치론'에 대하여 회의하는 입장이며 '계해 정변' 이후 서인 중심의 조선의 정치사를 대체로 부정적으로 보는 점에서, 일부 긍정적 측면을 인정하거나 전체적으로 긍정적으로 평가하는 입장과는 궤를 달리 한다. 아울러 '계해 정변' 이후 조선의 정치사에서 대략 노소분당 이후의 소론측을 긍정적으로 보는 입장으로 김용흠, 『조선후기 정치사연구』(혜안, 2006)가 있다.

4) 계승범, 「광해군, 두 개의 상반된 평가」, 『한국사학사학보』 32, 2015에서 이미 두 번째 입장이 연구사에서 갖는 의미를 인정하였다.

물을 수 있다. 현재의 가치관을 잣대로 과거 사람들의 의식과 행동에 대하여 필주(筆誅)하면서 책임을 묻는 식의 '민족주의 과잉의 신춘추필법(新春秋筆法)'은 지양되어야 할 것이다. 이런 식으로 책임을 추궁하는 것은 역설적으로 현재 21세기 초 남북의 우리민족이 처한 엄중한 위기 상황에 대하여 냉철하고도 현명한 해결책을 찾을 수 없게 한다. 현재 우리가 갖고 있는 자주의식과 민족의식 및 실리주의적 가치관에 의거하여 병자호란 당시 조선 지배층과 지식인 일반이 공유하였던 존명사대(尊明事大) 의식과, 이에 따른 유연하지 못한 외교·국방 정책을 비판하고 그 책임을 묻는 것만으로는 과거에 대하여 제대로 된 이해에 도달할 수 없고 현재의 우리 문제에 대한 제대로 된 교훈을 얻기 어렵다. 역사주의적, 내면적인 이해가 요청되며 이런 이해는 오늘 우리를 내면적으로 반성하게 하여 진정한 교훈을 얻는 데에 도움이 된다. 물론 이것은 거시적 관점에서의 외재적 비판과 결합되어야 한다. 거시적 관점, 즉 오늘의 문제의식에서 과거를 바라보는 것과 과거를 그 자체로 이해하는 방식은 상호보완적이다.

이상과 같은 문제의식 아래, 앞으로 병자호란에 대한 연구가 냉철한 시각에서 진전될 수 있기를 하는 바람으로 병자호란 연구와 관련된 제문제를 개략적을 검토하고자 한다.[5] 기존 연구의 중요한 쟁점으로는 첫째 병자호란에 대한 선행적 이해와 연관된 것으로서 광해군의 외정·내정 평가, 인조의 '계해정변'과 외정·내정 평가 문제 등을 생각해 볼 수 있다. 둘

---

5) 필자는 병자호란 연구자가 아니다. 본고는 본격적인 연구사 검토라기보다는 위에서 언급한 필자의 문제의식에 따른 관심 사항을 개략적으로 거시적 관점에서 '과감'하게 검토한 것으로, 일종의 사론적 글이다. 병자호란에 대한 연구사로는 강석화, 「정묘·병자호란 연구의 현황과 과제」 『한국역대대외항쟁사연구』 전쟁기념관, (2014)가 있으며 군사적 측면에 대한 연구사로는 오종록, 「임진왜란~병자호란기 군사사 연구의 현황과 과제」 『군사』 38, (1999)이 있다.

째로 병자호란 자체에 대한 것으로서는 병자호란의 원인(정묘~병자호란 사이 양국 관계), 병자호란의 경과(남한산성 입성과 항쟁, 기타 항쟁), 병자호란 당시 척화론의 문제 등을 생각할 수 있다. 셋째로 병자호란이 조선사회에 남긴 피해와 관련된 것으로 피로인 문제와 사회경제적 영향 외에 대명의리(對明義理)론의 강화와 반청(反淸) 정서, 소중화(小中華)론, 그 정치적 결과(서인 독주 정치의 지속)의 문제 등을 생각해 볼 수 있겠다. 아울러 본고에서는 종래 다소 소홀히 다루어졌다고 여겨지는 군사학적인 측면에서의 관점도 보태고자 한다. 여기에서도 우리는 많은 교훈을 얻을 수 있으며 흔히 나중에 결과를 보고서 전대의 일을 평가는 결정론적, 혹은 사후 추인주의적 함정에 빠지는 위험을 피할 수 있다고 생각된다.

2. 병자호란 이해와 연관된 문제

1) 광해군의 외정·내정 평가

먼저 광해군의 외정에 대한 평가를 살펴보면 이에 대한 공식적 평가는 '계해 정변' 당시 반정의 명분을 제시한 포고문에서 "대명 의리를 저버렸다"는 언급에서 처음으로 표명된 것으로 볼 수 있다. 이런 부정적 인식은 인조 이후 조선의 국왕들이 계속 그의 후손들이었고 크게 보아 수백년간 계해 반정의 후예들에 의한 서인-노론 정권이 이어졌으므로, 조선왕조의 공식적 입장으로서 변함이 없었다. 재야 지식인들 사이에도 광해군의 외정을 긍정적으로 평가하는 것은 찾기 어렵다.[6] 일제 식민지 시기에 들어가서야 일본인 학자에 의해 긍정적 평가가 제시되었으며[7] 해방 후 이의

연장선상에서 1959년 광해군에 대한 연구가 시작되었다.[8]

　이후 남한과 북한의 개설서에서는 대략 광해군의 외정에 대하여 '현실주의적 중립외교'라고 하면서 대체로 긍정적으로 평가하였다.[9] 이에 비하여 최근 광해군의 후금(後金)-청(淸)에 대한 정책을, 내정과 더불어 부정적으로 평가하는 견해가 제기되었다.[10] 이것은 과거 조선왕조 시대의 평가와 거의 같다. 그러나 단순한 복귀가 아니라, 현재의 '지배층 위주, 보수적·국가주의적 민족주의' 입장의 역사인식이 조선시기 '서인-노론 당파 위주'의 역사인식과 결합된 것으로 해석할 수도 있다. 광해군의 외정에 대한 평가는 현재주의적 관점에서 긍정적으로 볼 수 있으며 당시의 가치관의 관점에서 보더라도 국가를 지키려고 한 점에서 긍정적으로 평가할 수 있다. 광해군의 대외 정책은 명과 여진 사이에서 중립을 취하려 한 것이지 명나라를 저버리고 여진에 붙은 것은 아니었다.

　한편 광해군의 내정에 대하여 살펴보면 폐모살제(廢母殺弟), 궁궐 건설과 부정부패 문제에 따른 민력의 피폐가 '계해 정변'의 주요 명분이 되었다. 폐모살제 문제 가운데 살제는 왕권을 유지하기 위해서는 어쩔 수 없는 것이었고 이 비극의 책임은 선대왕 선조에게 있으며 유교명분 사회에

<hr />

6) 조선후기 재야지식인들 사이에 대명의리론과 북벌론에 대한 비판적 견해가 일부 점진적으로 제기되었지만 광해군의 외정에 대한 그들의 평가는 아직 연구되지 않았다. 본고의 주장은 현재의 연구 수준을 반영한 것이다. 병자호란의 참패에 대한 상처가 어느 정도 아문 시기에 가서는 적어도 일부 남인들, 혹은 소론들 사이에서, 지배 이데올로기와 결합된 대명 의리가 허구적 명분으로 정권을 위해 이용되는 상황에 대한 비판 의식과 함께 광해군의 외정과 계해 정변에 대해 차분히 살펴보는 견해가 대두할 수도 있었다고 생각된다. 이것은 명나라 말기에 대한 냉철한 이해와 결부될 수도 있었을 것이다.

7) 稻葉岩吉, 『光海君時代의 滿洲關係』, 京城 大阪屋號書店, 1933.

8) 이병도, 「광해군의 대후금정책」 『국사상의 제문제』 1, 국사편찬위원회, 1959.

9) 오항녕, 앞의 책 『광해군, 그 위험한 거울』 7쪽.

10) 오항녕, 위의 책 『광해군, 그 위험한 거울』.

서도 그렇게 크게 문제는 되지는 않는다고 생각된다. 그러나 폐모는 유교 명분사회에서는 있을 수 없으며 명백한 패륜(悖倫)이다. 이 때문에 사족(士族) 층 내에서 광해군의 지지 기반은 극도로 축소되었다. 따라서 이것은 당시의 가치관에 따르면 치명적 잘못이며 오늘의 가치관에서도 받아들이기 어렵다.

다음으로 임란 이후 왕실의 위엄을 회복하기 위해서 궁궐을 재건할 필요는 있었지만 당시 극도로 민력이 피폐한 상황에서 지나치게 서둔 것으로 여겨진다. 이것은 당시의 기준으로 보아서 명백히 잘못된 실책이며 현재의 기준에서도 그러하다. 그리고 관리의 부정부패도 심하였던 것이 사실이라고 생각된다. 이것은 당쟁에서 권력이 한 당파에게 집중될 때 필연적으로 나타나는 현상이다. 국가의 최고책임자로서 광해군은 과도한 토목사업과 관리의 부정부패 문제에 대하여 당시적 관점에서도 책임을 면할 수 없다. 또 현재적 관점에서 이것은 명백한 잘못이다. 따라서 광해군의 내정은 당시의 기준, 현재의 기준 모두에서 보아 대체로 잘못된 것이다. 오늘날 광해군의 외정에 대한 평가를 긍정적으로 평가한다고 하여 오늘날 그의 내정까지도 긍정적으로 평가하려고 하는 것은 잘못이다.[11]

다만 광해군 즉위 초의 대동법 실시와 관련된 논의를 생각해 볼 필요가 있다. 광해군이 이에 소극적이며 다수의 신하도 반대하여 경기 지역에 그쳤다는 주장과,[12] 광해군이 경기 대동을 유지시켰다고 하는 주장이 있

---

11) 한명기는 광해군에 대한 외정에 대한 긍정적 평가에도 불구하고 내정에 대하여는 부정적으로 평가한다. 평가는 현재적 관점과 역사주의적 관점에서 모두 하고 나중에 이 둘을 합쳐 다시 보다 거시적 맥락(현재적 관점)에서 평가할 필요가 있다. 내정에 대한 부정적 평가는 현재와 당시 모두의 관점에서 그러하다는 뜻이다.

12) 田川孝三, 『李朝貢納制의 硏究』, 東洋文庫, 1964.

다.[13] 이 문제에 대하여는 좀 더 실증적인 연구가 요구된다고 하겠다. 광해군은 임란 직후 대동법의 전국적 실시 및 군포개혁과 같은 보다 과감한 내정 개혁 정책을 펴는 한편 재정을 절약하여 민력을 회복하는 정책을 우선적으로 시행했어야 하였다. 위에서 언급하였듯이 광해군은 이런 내정 실패에 대한 책임을 면할 수 없다. 크게 보아서 광해군의 내정은 치명적 실패이며 이런 실패는 이후 호란에 대한 대비를 어렵게 하였다. 이런 점에서 광해군 역시 호란의 패배에 대한 책임도 면할 수 없다. 광해군의 내정 실패는 그 자신의 가치관과도 어긋나므로 이에 대하여 책임을 물을 수 있다. 그러나 광해군의 내정 실패를 근거로 그의 외정을 부정적으로 평가하는 것은 온당하지 않다.[14] 아울러 광해군 15년 내정에 앞서, 임진왜란 직후 10년간 내정 개혁을 전혀 하지 않은 선조의 책임도 생각하여야 할 것이다.

2) 인조의 '계해 정변'과 내정·외정 평가

먼저 인조의 계해 정변에 대한 평가 문제는 이전 광해군대에 대한 평가와 서로 맞물려 있다. 광해군대의 내정과 외정을 부정적으로 평가한다면 계해정변은 당연히 정당화된다.[15] 당연히 인조대 이후 조선에서 계해정변은 집권층의 가치평가에 의거해 정당한 것으로 평가되었다. 해방 후 계해 정변에 대한 평가는 대체로 부정적이었으나[16] 최근 다시 긍정적으

---

13) 한명기, 앞의 책 『광해군』 11쪽.

14) 광해군 외정에 대한 긍정적 평가란 현재적 관점에서 그러하다는 뜻이다. 당시의 가치관에서 부정적으로 평가할 수 있다.

15) 오항녕, 앞의 논문 「외상과 내상을 넘어-인조시대의 대내외 정책」.

16) 이병도, 「광해군의 대후금정책」 『국사상의 제문제』 1, 국사편찬위원회, 1959 이후 학계에서 대체로 이런 방향으로 논의가 행해졌다.

로 평가하는 견해가 제시되었다.[17] 이것은 대체로 당시의 가치관의 관점에서의 긍정적 평가라고 생각되지만 이 입장에 따르면 광해군대의 내정·외정 평가는 자연히 부정적으로 평가된다.

이 입장은 단순히 여기에 그치는 것이 아니라 계해 정변 이후인 조선 17세기 중엽 이후의 조선 정치사 전체를 보는 시각과도 연결되어 있다. 즉 계해 정변 이후 300년 동안 조선의 서인-노론 위주의 정치사를 대체적으로 긍적적 각도에서 평가하는 입장으로 나아가게 할 수 있다. 물론 이것은 당시 집권층의 입장과 일치하지만 이 문제는 식민사학 비판 문제와도 연관되어 있다. 광해군에 대한 긍정적 평가는 일제시기 식민사학자에서 비롯되었다고 하기 때문이다.[18] 광해군에 대한 긍정적 평가의 연장선상에서 계해정변에 대한 부정적 평가가 나오고 이것은 17세기 이후 조선의 정치사를 당쟁적 관점에서 부정적으로 보게 하며 이것이 바로 식민사관이라고 주장하는 것이다. 그러나 이것은 지나치게 단순한 논리이다.[19]

현재 광해군대의 외정에 대한 평가는 엇갈리고 있지만 내정은 크게 보아서 부정적으로 평가하고 있음을 앞에서 언급하였다. 그러나 광해군 내정은 인조의 내정과 더불어 생각해 보아야 보다 공정한 평가를 내릴 수

---

17) 오항녕, 「외상과 내상을 넘어-인조시대의 대내외 정책」.

18) 오항녕, 앞의 책 『광해군』 7쪽.

19) 필자는 인조대 이후만이 아니라 그 이전의 광해군 대, 선조 대의 내정까지도 부정적으로 평가한다. 선조 대는 외정의 실패까지 겸하였으므로 더욱 참담한 실패이다(선조는 임진왜란에 대비하지 않은 책임에 더하여 그 수습에 아무런 기여도 하지 않았다). 선조 대 이후 조선의 정치는 결국 내정 개혁과 국방 태세를 갖추지 못하였다. 필자는 선조 대 이후 조선의 정치를 대체로 부정적으로 보며 조선의 특정 당색의 입장에서 조선의 정치를 보고자 하는 것도 아니다. 선조 대 이후 조선의 정치를 부정적으로 본다고 하여 이것을 바로 식민사관이라고 할 수는 없다. 조선 중·후기 이후 사회경제적 발전은 진행되었으나 정치가 제대로 작동되지 못한 언밸런스가 지속되었다. 여기에는 조선정치의 구조적 모순과 이에 따른 왕조의 장기지속이라는 원인이 있었다. 이 원인을 규명하는 것은 내재적 발전론을 보다 균형잡히게 하는 것이며 식민사학으로의 회귀는 아니다.

있다. 계해 정변의 명분 가운데 하나로 제시된 부정부패 문제는 오히려 인조대 이후 더 심해졌다고도 볼 수 있으며 인조대에도 궁궐의 조영이 행해졌다.[20] 더욱이 광해군은 제한된 경기 지역에서나마 대동법을 시행하였으나 인조대에는 대동법 논의만 있을 뿐 전혀 확대되지 못하였으며 병자호란 이전과 이후 군역개혁도 행해지지 못하였다.[21] 따라서 인조 대의 내정은 광해군 대의 그것에 비해서도 못하다고 할 수 있다. 임진왜란 후 선조 대와 광해군 대 25년간의 내정개혁 방치에 이은 인조 대의 내정개혁 방치 때문에 민력은 회복될 수 없었고 국방 강화 조처도 전혀 취할 수 없었다. 이런 내정개혁의 방치는 호란에 제대로 대비할 수 없게 한 내적 요인이다. 이런 내적 요인이 조성된 데에 대하여는 당시의 가치관의 관점에서 보아도 선조, 광해군, 인조 모두 책임이 있다.

인조 대 외정에 대한 평가는 일제시기 이래 친명(親明)과 배금(排金) 일변도로 기울어 호란을 자초했다는 평가가 있어 왔다. 그러나 이것은 적어도 정묘호란 때까지의 외정에 대하여는 잘못된 평가이다. 인조는 계해 정변 직후에는 친명배금의 구호를 선명하게 했지만 차츰 현실을 알게되자 광해군대의 외정으로 되돌아갔다.[22] 명나라를 천자로 섬기면서도 후금의 심기를 가급적 건드리지 않으려 하였다. 사실 계해 정변 직후를 제외하면 인조의 대후금 정책은 적어도 정묘호란 이후에는 광해군대의 것을 대체로 그대로 따르는 것이었다고 할 수 있다. 이런 역사적 사실을 전제하고

---

20) 이런 사실은 서인 집권층 자신이 만든 『인조실록』과 서인층의 문집에서도 확인된다.

21) 조익의 강력한 주장에도 불구하고 대동법의 확대 실시는 시행되지 않았고 최명길이 생각한 군역개혁도 되지 못하였다. 이에 대하여는 조성을, 「17세기 전반 서인 관료의 사상」『역사와 현실』 8, 1992 참조 요.

22) 한명기, 앞의 책 『정묘·병자호란과 동아시아』 및 『역사평설 병자호란』 1·2.

인조의 외정을 평가하여야 당시적 관점이든, 현재적 관점이든 공정한 평가를 할 수 있다. 이런 인조의 대응은 당시의 가치관, 현재의 관점 모두에서 긍정적으로 평가할 수 있다.

문제는 정묘호란으로 형제의 맹약을 맺은 이후, 후금의 세력이 점차 더욱 강력해져 가는 것과 비례하여 그들의 요구가 점차 커져 갔으며 더불어 가도의 명나라 장수 모문룡(毛文龍)을 조선이 지원하는 것 등이 저들의 심기를 더욱 불편하게 하였다는 데에 있었다. 1635년 가을 몽골을 정복한 후금은 황제를 자처하고 1636년 봄에는 명나라와의 관계를 단절하고 그들의 대청(大淸)제국 선포에 조선이 신하로서 참여하여도록 강요하였다.[23] 이런 가운데 조선 정부 내에서는 척화론이 강력하게 대두하였다.[24] 명나라를 배반하고 청나라를 황제로 섬기는 것은 후금과 형제의 맹약으로 지키는 것과는 다른 차원의 문제이다. 이를 받아들일 수 없다는 생각은 삼사의 관헌들은 물론, 비변사의 대신들도 인정하여야 하는당시 조선 사족층 대다수의 공론(公論)이었다.

이것을 우리 현재의 가치관에서 외재적으로 비판할 수는 있지만 이 자체가 어쩔수 없는 역사적 사실이었으며 내재적으로 볼 때 이들의 척사론은 정당성을 가진다. 더욱이 당시 삼사(三司)의 원칙적 공론(公論)이 중시되는 당시 정치 구조와 분위기에서는 이 공론이 더욱 힘을 가질 수밖에 없었다. 그들은 현재 우리와 전혀 다른 가치관을 가진 사람들이므로 현재의 관점에서 들을 비판하는 것은 정당하지 않다. 그러나 책임의 문제는 남

---

23) 한명기, 위의 책들,
24) 허태구, 「병자호란 이해의 새로운 시각과 전망-호란기 척화론의 성격과 그에 대한 맥락적 이해」, 『규장각』 47, 2015.

는다.

3. 병자호란의 원인, 경과, 척화론 문제와 책임

1) 병자호란의 원인 – 정묘~병자호란 사이 양국 관계

병자호란의 원인은 외적 요인과 내적 요인으로 나누어 생각해 볼 수 있다. 외적 요인은 16세기 말에서 17세기 중엽에 이르는 시기에 동아시아 전체에서 국제 정세의 변화이다. 명나라가 쇠퇴하고 대신하여 청나라가 흥기하는 것이 바로 그것이다. 중국 대륙에서는 대략 200~300년 에 한 번 씩 왕조교체 혹은 이민족의 중원정복이 반복되어 왔다. 명과 청의 교체도 바로 이런 역사적 현상 가운데 하나로서 이것이 병자호란의 외적 요인이며 근본 원인이기도 하다. 이런 주기적 반복의 원인에 대하여는 앞으로 좀 더 생각해 보아야 하겠지만 상대적으로 우리나라에서 왕조가 장기지속하는 것과는 차이가 있다. 동아시아 역사 전체의 흐름에 대하여 안목이 있는 사람이라면 16세기 말~17세기 중엽 대륙에서 진행되는 현상을 왕조의 주기적 순환과 정복왕조의 반복적 출현이라는 각도에서 볼 수 있었을 것이다. 아마도 광해군은 당시 이런 역사적 안목을 가졌던 거의 유일한 사람이라고 여겨진다. 물론 이것은 왕위를 온전히 유지하려는 그의 개인적 바람과 왕조의 안녕을 위한 바람과 연결되어 있다.

그러나 당시 주자학의 의리명분론에 사로잡혀 있던 대다수 조선의 집권층과 사족들은 이런 안목을 가질 수 없었고 명나라에 충성해야 한다는 관념만을 갖고 있었다. 임진왜란 시 명나라의 원조는 이런 관념을 더욱 공고히 하여 이른바 재조지은(再造之恩)이라는 관념이 형성되었다. 이것이 당시의 역사적 현실이며 대명의리(對明義理)와 재조지은은 광해군조차도 공식적으로 부인할 수 없는 것이었으며 광해군 당시 대북(大北) 집권층도 공유하는 바이었다.

이런 분위기 속에서 위에 언급한 바와 같이 1635년 가을부터 1636년 봄에 걸쳐 명을 버리고 후금(後金)을 황제로 섬기라는 저들의 요구는 분명하여졌다.[25] 이것을 계기로 조선 조정에서는 삼사를 중심으로 척화론이 비등하였고 비변사의 대신들도 공론(公論)을 따르라는 압력을 거부하게 어렵게 되었다.[26] 이해 4월 인조는 역시 마침내 척화의 태도를 분명하게 제시하였다. 이 때 화의를 주장한 것은 최명길 등 극히 소수였다. 그러나 태도를 분명히 하라는 청나라의 압력에 따라 역관을 사신으로 파견하지만 머뭇거리다가 최후통첩 시간이 지나서야 도착하였다. 청나라는 1636년 11월 25일 이미 환구(圜丘)에서 제사를 지내 출병의 뜻을 분명하게 하였다. 이상과 같이 비상 상황에 처하여 탄력적으로 외교적 대응을 하지 못한 것이 병자호란 직접적, 내적 원인이다. 우리는 이상과 같이 병자호란의 외적 원인과 내적 원인을 설명할 수 있다. 그러나 원인과 인과 관계를 따지는 것은 책임 여부와는 다른 차원의 문제이다. 탄력적 대응을 못한 것이 직접적 원인이기는 하지만, 조선 조정의 신하들과 사족층 내에서 척화론이 절대적 우위를 점하고 있으며 또 이것이 조정의 공론인 상황에서 척화의 방향으로 결정한 것에 대하여 현재의 가치관에 따라 책임을 물을 수는

---

25) 이후 구체적 교섭과정에 대하여는 한명기, 앞의 책 『역사평설 병자호란』 2, 52쪽 이하 참조.
26) 이에 대하여는 허태구, 「병자호란 이해의 새로운 시각과 전망-호란기 척화론의 성격과 그에 대한 맥락적 이해」 『규장각』 47, 2015 참조 요. 아울러 당시 척화 신료들에 대한 내면적 이해로는 정옥자, 「병자호란시 언관의 위상과 활동」 『한국문화』 12, 1991이 참조된다.

없다. 그러나 당시의 가치관 수용한다고 하여도 또 다른 책임의 문제가 남는다.

2) 병자호란의 경과 – 남한산성 입성 이전과 항쟁, 기타 항쟁

병자호란의 경과에 대하여는 기존의 연구에서 비교적 잘 정리되어 있다. 그러나 대체로 좀더 발굴될 필요가 있다고 여겨진다.[27] 청나라 군대는 12월 9일 압록강을 도강하였으나 적이 안주에 도달하였다는 장계가 12월 13일에야 조정에 도착하였다. 12월 14일에 적은 이미 개성과 한양 근교에 도달하였다. 이런 와중에 조선 정부는 12월 14일 천도를 결정하였으나 정신 못차리고 우왕좌왕다가 국왕은 강화도 피난도 못하고 다급히 남한산성에 들어갔다.

적의 선발대는 정예 기병이었으나 경무장을 한 불과 몇 천에 지나지 않았다. 그러나 조선의 군대는 전혀 이를 맞받아칠 생각을 하지 않았다. 더욱이 병력을 국경 쪽으로 전진 배치하지 않고 국왕 주위 호위만 강화하려 하면서 전쟁이 일어나면 일단 강화도로 도망갈 생각이나 한 것, 읍성과 대로 방비를 포기하고 산성으로 피해, 적이 무인지경을 달려오게 한 것, 강화도가 어이없이 함락된 점 등도 그 실태와 원인에 대하여 구체적으로 규명하여야 우리가 현재 국방의 관점에서도 교훈을 얻을 수 있다.

다만 최근 병자호란 시 조선군의 대처에 대하여 어느 정도 긍정적으로 보는 평가가 나오고 있다.[28] 이 점은 종래의 견해와 비교하면서 군사

---

27) 이 경과에 대하여는 한명기, 앞의 책 『역사평설 병자호란』 2, 81쪽 이하 참조. 전쟁의 경과에 대하여는 비교적 잘 정리되어 있으나 청나라 측 자체의 동향에 대한 연구가 보충될 필요가 있다고 생각된다.

28) 장정수, 「병자호란 시 근왕군의 남한산성 집결 시도와 활동」 『한국사연구』 173, 2016. 장정수, 「병

학, 전쟁사의 관점에서 좀 더 냉정하게 살필 필요가 있다고 생각된다. 병자호란 시 채택하였던 산성 방어 전략에 대하여는 당시부터 비판이 가해졌고[29] 근래의 연구는 이 입장을 계승하고 있다.[30] 그러나 최근 당시 조선은 이보다 더 나은 군사적 대안을 갖지 못했다는 연구가 발표되었다.[31] 또 강화도 함락의 원인도 지휘관 개인의 역량이라기보다는 현격한 전력 차이에서 찾기도 하였다.[32] 이 문제에 대하여도 군사학, 전쟁사의 관점에서 좀 더 냉정하게 살필 필요가 있다고 생각된다.

이런 식의 주장은 병자호란의 치욕적 참패는 어쩔 수 없었다는 결과주의, 결정론에 빠지게 하며 책임 문제는 실종되게 하여 우리는 역사에서 교훈을 얻을 수 없다. 원인을 치밀하게 냉적한 자세로 분석하되 일선 지휘관이 당시 상황에서 최선을 다했는지를 기준으로 하여 책임을 준엄하게 물어야 할 것이다. 다만 병자호란 패전의 책임을 당시 집권층 일반이 공통적으로 져야 하는데 고작 극히 소수만을 희생양으로 만든 당시 처리에 대한 비판적 검토가, 오늘날과 당시 모두의 관점에서 행해져야 할 것이다.

다음 남한산성으로 들어간 이후에는 실수도 있었으나 나름대로 끈질기게 저항하였으며 어쩔수 없는 막다른 시점에야 항복하였다. 현재의 연구자 가운데는 조속히 항복하는 편이 더 좋았을 것이라는 견해를 가진 분도 있을 것 같다. 그러나 그 때 상황에서 끈질긴 항쟁은 올바른 선택이었

자호란 이전 조선의 대후금(청) 방어전략의 수립과정과 그 실상」『조선시대사학보』 81, 2017.6.

29) 나만갑, 『병자록』.

30) 류재성, 『병자호란사』.

31) 허태구, 「병자호란 이해의 새로운 시각과 전망-호란기 척화론의 성격과 그에 대한 맥락적 이해」 『규장각』 47, 2015.

32) 허태구, 「강화도 함락의 원인과 책임자 처벌」『진단학보』 113, 2011.

다고 생각된다. 앞으로 연구가 더 되어야 하겠지만 어쩌면 나름 끈질지게 저항하였으므로, 이것이 청나라로 하여금 인조를 그대로 왕위에 두고 왕자들만 인질로 잡아가는 상대적으로 '온건한' 방침을 취하게 한 요인 가운데 하나였다고 생각된다. 청나라가 척화를 주장한 조선의 신료를 내놓으라고 하는 상황에서 조선 정부가 최소한만 보낼 수 있었던 것도 끈질긴 항쟁의 결과일 수 있다.

다음으로 인조가 남한산성에 포위되어 있을 때, 바깥에 있던 조선 관군의 문제가 있다. 외부의 조선 관군들은 일부를 제외하고는 대체로 소극적으로 행태를 취하였다. 적의 대병이 당도하기 전에, 외부의 조선 관군들이 좀더 신속하고 적극적으로 행동하였다면 또한 전쟁의 양상이 다소 달라졌을 것이다.[33] 병자호란이 끝난 뒤 이들의 책임을 제대로 묻지 않았는데 이렇게 된 이유에 대하여도 앞으로 좀더 살펴야 할 것이다. 아울러 병자호란 때에는 기간이 짧기도 하였지만, 의병 활동이 상대적으로 덜 활발하였다고 여겨진다. 이 문제에 대하여도 살펴 볼 필요가 있다.[34]

3) 병자호란 당시 척화론과 책임 문제

병자호란 당시 척화론에 대하여 해방 이후 비현실적이고 존명사대주의에 빠져 있어 전쟁을 자초하였다는 평가가 있어 왔으나 최근 일부 긍정하거나 적극적으로 긍정하는 시각의 연구들이 나타나고 있다.[35] 역사주

---

33) 최근 외부 관군의 활동을 좀더 긍정적으로 평가하는 연구가 있다. 장정수, 앞의 논문 「병자호란 시 근왕군의 남한산성 집결 시도와 활동」 『한국사연구』 173, 2016.
34) 병자호란 시 의병활동에 대하여는 이장희, 「정묘·병자호란 의병고」 『건대사학』 14, 1974 참조 요.
35) 정옥자, 앞의 논문 「병자호란시 언관의 위상과 활동」; 오항녕, 앞의 논문 「외상과 내상을 넘어-인조시대의 대내외 정책」.

의적 관점에 서서 당시인의 입장에서 척화론을 평가하는 태도는 역사를 내면적으로 이해할 수 있게 하는 주요한 방법이다. 그러나 적극적으로 긍정하는 연구 시각을 갖는 입장에 대하여, 그것이 오늘의 관점에서도 긍정할 수 있는 것인지, 또 이들이 당시의 가치관을 충실히 따랐다고 하여, 전쟁에 대비하지 않은 책임이 면제되는 것인지 묻고 싶다. 당시에 가치관에서 보더라도 나라를 거의 망국 직전에 이르게 한 책임은 면할 수 없다.

척화론의 근저에 있는 "나라가 망하더라도 의리는 저버릴 수 없다"는 그 의리에 대하여 삼학사를 제외한 대부분의 척화론자들이 따르지 않은 것으로 보인다. 삼전도의 치욕으로 인해 그들이 말한 의리가 완전히 무너졌는데도 자결한 사람에 관한 기록은 찾을 수 없다. 자결하는 시늉만이 조금 보인다. 이것은 매우 무책임한 태도이다. 대책 없이 강경론만 주장하다가 그 결과에 대하여는 전혀 책임을 지지 않는 자세에 대하여는 그 당시의 가치관에 근거해도 책임을 물을 수 있다. 그러나 이후 조선후기의 기록들은 오히려 이들을 변호하여 주는 한편 이들의 선양에 앞장섰다. 이런 위선의 맨탈리티는 대명의리론으로 포장되고 있었고 병자호란 이후 300년 가까이 지속되었다.

다만 척화론자 가운데에는 두 종류가 있었는데 하나는 일방적으로 명분론적 입장에 치우쳐 척화를 주장하는 경우이고 다른 하나는 척화와 더불어 내정개혁과 군비강화를 함께 주장하는 경우가 있다.[36] 이런 후자의 척화는 당시 가치관의 입장에서는 물론, 현재주의적 관점에서도 군비강

---

36) 후자의 경우에 대하여 다음의 연구가 있다. 한명기, 「동계 정온의 정치적 행적과 그 역사적 의의」 『남명학연구』 9, 2001. 또한 조익의 경우도 이 범주에 속한다. 이에 대하여는 조성을, 「17세기 전반 서인 관료의 사상」 『역사와 현실』 8, 1992.

화를 함께 주장한 점에서는 긍정적으로 평가할 수 있다고 생각된다. 척화를 주장하면서 내정개혁이나 군비를 아울러 고민하지 않은 경우는 진정성이 없는 위선에 지나지 않는다.

4. 병자호란이 조선사회에 남긴 영향의 문제

1) 피로인 문제와 사회경제적 영향

병자호란이 초래한 피로인 문제에는 연구 초기 단계에서 관심이 있었으며 후속 연구가 이어졌고 근자에 다시 검토가 행해졌다.[37] 근자의 연구에서는 당시 청나라의 노동력 부족, 같이 참전한 몽골군의 경제적 기반의 취약성을 가혹한 포로 사냥의 원인으로 들었다.[38] 아울러 압록강변까지 적극적 방어를 할 생각을 않고 강화도로의 피난만을 생각하여 적이 깊숙이 서울 근교까지 내려오게 한 전략적 실수가 근본 원인이라고 하였다.[39] 청나라 측의 사정이 외적 요인이라면, 조선 측의 전략적 실수는 내적 원인이라고 할 수 있는데 내적 요인을 근본 원인이라고 본 것이다. 앞에서 언급하였듯이 소극적 방어책이 어쩔 수 없는 것이었다는 최근의 주장도 있지만 척화를 주장하였다면 할 수 있는 수준에서 보다 세밀하고 철저한 대비가 필요하였다. 할 수 있는 수준에서의 대비조차 하지 않았다.

---

37) 박용옥, 「병자호란 피로인 속환고」 『사총』 9, 1964. 김종원, 「초기 朝淸관계에 대한 일고찰-병자호란시의 피로인 문제를 중심으로」 『역사학보』 71, 1976. 한명기, 「병자호란 시기 조선인 포로문제 재론」 『역사비평』 85, 2008.(『정묘·병자호란과 동아시아』에 재수록, 본고는 이를 이용)
38) 위의 책, 405~412쪽.
39) 위의 책, 414쪽.

피로인이 대규모 발생하게 된 데에는 조선의 전략적 실수가 근본 요인이라는 주장은 타당하다고 생각된다. 이것은 인조를 위시한 조선 조정의 무책임한 태도에 기인하는 것이었다. 인조 정권이 백성의 안위는 전혀 염두에 두지 않는 태도는 오늘의 입장에서는 물론, 당시 가치관의 관점에 서더라도 준열하게 책임을 물을 수 있다. 유교적 민본 이념의 철저한 배반이다. 고려시기 몽골 침입 시에 백성을 내팽개치고 강화도로 도망가 수많은 백성들이 어육이 되고 포로로 끌려간 역사적 경험에서 전혀 배운 바가 없었다고 할 수 있겠다. 병자호란 당시 강화도 천도를 가장 강력하게 주장한 당사자가 바로 국왕 인조라는 점에서 병자호란 후 책임을 추궁하기는 어려웠을 것이다. 이리하여 앞에서 언급한 바와 같이 극소수만을 희생양으로 하였다. 인조는 당시 기준으로 보아서 못난 군주일뿐 아니라, 최고권력자의 최종적 책임을 진다는 시대를 초월한 보편적 기준에서 보아도 우리 민족사에서 영원한 죄인이다.

덧붙여 앞으로 피로인의 문제에서는 피로인의 실상이 자료를 보충하여 좀더 연구되어야 할 것이며 특히 페미니스트 역사학의 관점에서 여성들의 비참한 상황과 차별을 보다 구체적으로 살필 필요가 있다. 이를 출발점으로 하여 조선시대사를 페미니스트 역사학의 관점에서 전면적으로 재검토하여야 할 것이다. 전쟁에 패한 남성들의 책임은 전혀 묻지 않고 포로가 된 여성들에게 실절하였다고 죄를 덮어씌우는, 당시 남성 위주의 위선적 사회 분위기는 유교 명분사회의 관점에서도 충분히 비판할 수 있을 것이다. 또한 포로 송환에 소극적이었고 개인적 문제로 방치하였으며 심지어는 도망 포로를 다시 가져다 바쳤다. 이런 인조 정부의 행태에 대하여는 앞으로 보다 구체적으로 연구되어야 할 것이고 당시의 가치관에서 보아도 준열하게 책임을 물을 수 있다.

2) 대명의리론, 반청의식, 조선중화주의 및 그 정치적 귀결

병자호란은 백성들의 입장에서 대재난이었고 우리민족사에서 최대의 치욕이다. 그러나 당시 인조 정권 내에서 책임 추궁을 당한 사람은 거의 없었으며 당시 군사적으로 최고책임자였던 김자점은 잠시 유배되었다가 영의정까지 하였다. 백성들과 사족층 일반의 청나라에 대한 분노는 조선사회에서 북벌론의 대두 반청정서의 장기지속, 대명의리론의 강화 등을 통해, 역설적으로 300년 서인-노론 정권의 유지라는 결과를 초래하였다. 대명의리론은 아마도 조선이 망할 때까지도 다소 변형된 형태로 지속되었고 심지어는 일제시기까지도 대명의리론은 남아 있었으며 이것은 오늘날 한국사회의 또다른 사대주의 형성의 한 원인이 된다. 이것이 오늘날 병자호란을 되돌아 보아야 하는 이유 가운데 하나이다.

병자호란 이후 북벌론의 대두, 반청정서의 장기지속과 대명의리론의 강화 등은 그 정치적 결과로서 크게 보아서 이후 300년 가까이 서인, 노론 독주 정치의 지속을 가져왔다. 병자호란이 어떻게 하여 이런 결과를 초래하였는가에 대한 진지한 물음이 요구된다. 왜 무책임하고 무능한 정권이 승승장구하였는가. 여기에는 병자호란 기억의 재생과 전유가 크게 작용하였다.[40] 그러나 당시 청나라를 야만족으로 업수이 여기던 것은 당시 서인 집권층만이 아니라, 당색을 초월하여 사족층 전체, 그리고 일반 백성들이 모두 공유하던 태도이다. 병자호란은 당시 우리 민족 모두에게 치욕

---

40) 이에 대하여는 다음의 연구가 참고된다.김창수, 「18~19세기 병자호란 관련 현창과 기억의 유지」, 『조선시대사학보』 81, 2017.6.

이었고 적어도 직후에는 모든 사람이 복수를 생각하였을 것이다.

이런 우리 민족의 분노와 복수심을 교묘히 이용한 것이 이른바 '북벌론'이다. 북벌의 대의에는 아무도 반대할 수 없었다. 그러나 북벌은 현실적으로 불가능한 것이었고 서인 집권층도 이를 잘 알고 있었다. 북벌에 진정성을 가진 것은 아마도 효종 밖에 없었을 것이다. 그러나 서인 집권층은 북벌과 대명의리론이라는 정치적 구호가 대민 통제와 상대 당파 견제에 매우 효율적임을 잘 알고 이를 이용하였다.

더욱이 숙종대 환국정치기 이후 정권은 대체로 서인을 계승한 노론층에게 독점되었다. 숙종대 이후 대명의리론과 북벌론은 퇴색하였고 국왕 영조는 조선의 신료들이 반청적 자세를 겉으로 내보이는 것을 극도로 경계하였다. 하지만 그 역시 대명의리론 자체를 부정할 수는 없었으며 정조 역시 그러하였다. 탕평정치를 추구하지만 권력의 궁극적 기반은 대명의리론을 정권의 명분으로 하고 있던 노론층이었기 때문이다. 심지어 박지원 같은 북학파 인물도 크게 보아서 대명의리론의 연장선상에 있다고 볼 수 있다. 이것이 조선후기의 실정이었다. 이렇게 된 데에는 정치구조적 요인이 기본적으로 작용하였겠지만 병자호란 등의 기억을 대명의리론과 더불어 끊임없이 환기시키는, 집권층의 지배이데올로기 조작의 강인성을 생각해야 할 것이다. 이런 전통은 오늘에까지 이어지고 있다.

양란의 영향과 관계되는 문제로 이후 소중화의식의 강화라는 문제가 있다.[41] 소중화의식은 유교 문명이 높은 수준에 이른 고려시기에 이미 나타났고 여말선초 주자학 수용 이후 보다 강화되었다. 이후 16세기 조선주자학의 성립에 따른 자긍심 고양은 병자호란의 굴욕이라는 상처와 결합되어 조선주자학자들 사이에서 조선중화주의를 낳았다. 즉 명나라가 망하고 난 시점에서 '명나라를 이념적으로 계승하고 있는 조선은 유일한 중화'라고 생각하였다. 이것은 대명의리론 및 반청정서와 결합하여 집권층의 강력한 지배이데올로기가 되어 반대 정치세력과 대민 통제 강화에 이바지하였다. 이미 연구가 나오기 시작하였지만, 앞으로 병자호란 연구는 그것이 300년간의 지배이데올로기의 유지에 지속적으로 영향을 미쳤는지, 그리고 오늘까지 어떤 영향을 미치고 있는지에 대하여 살필 필요가 있다.

5. 결어

병자호란과 그 결과를 어떻게 보는가 하는 것은 17세기 중엽 이후 조선의 역사를 어떻게 보는가 하는 전체적 문제와 관련되어 있다. 해방 후 남북의 학계는 식민사학의 정체론을 극복하기 위하여 조선후기의 자본주의 맹아론, 새로운 국가체제 지향으로서 실학의 대두 등의 연구에 몰두하였으며 이것은 적지 않은 성과를 거두었다. 최근 이에 대한 회의론이 나타나고 있지만, 이런 연구성과에 기초한 '내재적 발전론'을 부정할 수 없다. 다만 조선후기 내재적 발전론은 당쟁망국론의 입장에 있는 식민지 시기의 조선정치사 연구와는 모순되는 것처럼 보여진다. 이리하여 1970년대 이후 조선의 당쟁을 붕당정치라는 용어로 대체하여 긍정적으로 해석하려는 경향이 나타났다.

지난 400년의 우리역사를 되돌아 보면, 1723년 계해 정변 이후 조선

---

41) 이에 대하여는 다음의 연구가 참고된다. 정옥자, 『조선후기 조선중화사상연구』, 일지사, 1998. 허태용, 『조선후기 중화론과 역사인식』, 아카넷, 2009. 배우성, 『조선과 중화』, 돌베개, 2014.

의 집권층이었던 서인-노론과 이들의 이데올로기인 주자주자학, 이와 결부된 조선중화주의는 나라가 망할 무렵까지 강력하게 조선을 지배하였다. 양란 이후 국제정세는 대략 200년 간의 상대적 안정기가 있었으나 18세기의 탕평정치조차도 국가체제를 근본적으로 쇄신하지 못하였고 국내정치는 결국 가장 파행적인 세도정치로 귀결되었다. 이런 상황에서 19세기 중엽 이후 서구제국주의 세력이 동아시아에 밀려오며 일본이 근대화에 '성공'하고 동양의 제국주의로 나아가는 가운데 조선은 일본의 식민지로 전락되었다.

이렇게 보면 17세기 중엽에서 조선의 망국까지의 역사는 크게 보아서, 혹은 오늘의 관점에서 보아서 "실패의 역사"이다. 사회경제적, 사상적으로 내재적 발전이 있었으나 이것이 사회를 변화시키는 근본 동력이 되지는 못하였다. 특히 정치사는 크게 보아서 서인-노론이 권력 독점과 보수적 지배이데올로기를 통해, 새로운 사회로의 변혁을 충분히 통제하고 왜곡시킬 수 있었다. 우리는 내재적 발전론의 입장에 서면서도, 이런 사실을 냉정하게 직시하여야 역사에서 교훈을 얻을 수 있다.

조선 망국의 원인을 수백년 전의 병자호란, 계해정변에서 찾는 것은 지나치게 멀어 확실한 인과관계 말하기 어렵다고 주장할 수 있으며 다른 원인들을 망국의 원인으로 들 수도 있다. 그러나 17세기 이후 조선에서 수백년간 정치적 폐해가 누적된 것은 부정할 수 없고 정치의 구조적 문제가 국가의 총체적 개혁을 불가능하게 한 것도 부정할 수 없는 사실이다. 또 이것은 내재적인 사회경제적 발전과 새로운 사상의 발전에 큰 제약이 되었다. 정치적, 경제적, 사상적 제약 상황에서 준비 없이 개항을 맞이하여 망국에 이르게 된 것이다. 조선후기 내재적 발전론과 부정적 정치사 인식은 양립불가능한 것이 아니라, 이 둘을 상호연관 관계 하에서, 상부구조의 강력한 역규정성이라는 우리역사의 특수성이라는 관점에서 봐야만 전체 역사상을 제대로 볼 수 있다고 생각한다. 이것은 내면적으로 보는 역사주의적 관점을 배제하는 것이 아니라 그것을 전제로 하는 것이다.

조선 망국 이후 제국주의 열강의 상호 대립이 격화되어 제1차 세계대전이 일어났고 제1차대전 이후 세계자본주의는 '전반적 위기'를 맞게 되어 이것은 제2차 세계대전으로 귀결되었다. 이런 과정에서 미국과 일본이 전쟁을 하게되고 소련이 미국과 연합을 하게 되었으며 일본이 패배한 결과 우리나라는 해방과 분단을 동시에 맞게 되었다. 이것은 남과 북에 각기 분단국가의 수립과 한국전쟁으로 귀결되었다. 한국전쟁의 휴전협정은 국제정치학적으로 보면 20세기 중반 동아시아에서의 해양세력과 대륙세력의 충돌을 무승부 상태에서 미봉한 것이라고 할 수 있겠다. 이런 대결은 이미 임진왜란과 병자호란에서 시작되었다.

1990년 냉전 체제의 와해는 우리 민족에게는 다시 한번의 기회이자 위기였다. 냉전체제의 하부구조로 형성된 남북의 분단체제는 상부구조인 냉전체제가 무너지면 이에 따라 변화가 올 수도 있었다. 그러나 한반도의 분단체제에는 변화가 없고 최근의 상황은 냉전시대보다 더한 대결과 전쟁 일보 직전의 상황에 놓이게 되었다.

이것은 근본적으로 남한 사회의 지도층에게 우리나라의 문제를 우리 손으로 자주적으로 해결하려는 자세가 없으며 17세기 이후 극도로 보수적이고 비주체적인 정치적 체질이 오늘날까지 지속되어 왔기 때문이다. '사대주의'의 심화는 조선왕조의 성립과 더불어 시작되었지만 임진왜란을 거치면서 더욱 강화되었다. 명나라에 대한 '재조지은(再造之恩)'과 '숭명 사대의식'은 양란 후 조선의 사족층 일반에서 절대적인 정치이념이 되었다. 이것은 당파를 초월하여 사족층 일반이 공유하는 '공론(公論)'으로서 광해군이나 주화파 관료들도 부정할 수 없는 것이었다. 이러한 맨탈리티는 다소 변형된 형태로 조선왕조 말까지 지속되었으며 보다 현대의 집권층과 기득권층 내에서 오히려 보다 강화된 "현대판 사대주의" 형태로 이어지고 있다. 이런 자세로는 21세기 급변하는 국제정세와 남북관계 대응할 수 없게 한다. 병자호란 당시 척화파를 되돌아보면서, 내면적으로 이해하는 동시에 거시적 역사의 관점에서 보는 것은 오늘 우리를 치열하게 반성하게 할 수 있다. 여기에 병자호란의 현재적 의미가 있다.[42]

---

42) 18세기까지는 집권층에 저항할 수 있는 민중세력의 형성이 어려웠으나 19세기 초 '민란'(민중항쟁)으로 촉발된 변혁의 움직임은 동학농민전쟁과 의병전쟁 및 민족해방투쟁 및 해방후 남한의 여러 민주화 투쟁을 거쳐 '민중적 민족주의'라는 단단한 흐름을 형성되게 되었다. 그러나 보수 세력과의, 민족과 민중의 명운을 건 싸움은 이 글의 맺음말을 쓰는 2017년 8월 현재의 시점에 보다 치열하게 진행되고 있다고 하겠다.

明淸交替 시기 朝中關係의 추이

韓明基

명지대학교 사학과 교수

목차

1. 머리말
2. 임진왜란 직후 建州女眞의 굴기와
   조선의 대응
3. 광해군 연간 後金의 동향과 조선의

　　對後金, 對明 정책
4. 인조반정과 정묘호란의 발생
5. 병자호란과 朝中關係의 변화
6. 맺음말

1. 머리말

조선왕조는 7년여 동안 이어진 임진왜란으로 혹심한 타격을 받았다. 1598년 도요토미 히데요시(豊臣秀吉)의 죽음 이후 임진왜란은 끝났지만 조선의 고난은 쉽게 끝나지 않았다. 7년의 전란이 남긴 심각한 후유증을 치유하기에도 겨를이 없던 17세기 초, 조선은 또 다른 對外的 難題에 직면하게 된다. 그것은 바로 遼東에서 崛起하고 있던 누르하치(奴兒哈赤)가 이끄는 建州女眞의 군사적 위협, 그 건주여진을 견제하기 위해 조선을 활용하려 했던 明의 以夷制夷 책동에 대처하는 문제였다. 조선은 새로운 군사 강국으로 떠오르고 있던 건주여진과 기존의 패권국 명 사이에서 선택의 기로로 내몰릴 위기에 처해 있었다.

누르하치의 건주여진이 떠오르기 전까지만 해도 조선은 여진의 위협을 그다지 심각하게 생각하지 않았다. 한 예로 광해군 연간, 申欽(1566~1628)은 여진의 위협과 관련하여 다음과 같이 지적한 바 있다.

> 우리나라는 건국한 지 2백여 년 동안 오랑캐의 환란(虜患)을 겪지 않았다. 癸未年 이후 오랑캐에 대한 근심은 하찮은 옴 정도였지 뱃속의 종기에 비할 바는 아니었다. 奴酋가 움직이면 마땅히 큰 도적이 될 것임을 조정이 모르지 않았음에도 어떤 명령을 내리거나 조처를 하여 물리칠 준비를 했다는 말을 듣지 못했다.[1]

계미년(1583년, 선조 16) 일어났던 泥湯介의 亂까지는 그저 '옴(疥癬)' 정도에 불과했지만 奴酋(-누르하치)의 준동은 '뱃속의 종기(心腹癰疽)'라고 할 정도로 심각한 것이라는 진단이다.

그랬다. 누르하치의 건주여진은 이후 세력이 더욱 커져 1616년 後金을 건국하고, 1618년 명에 선전포고하고, 1625년 요동을 장악하고, 1636년 淸으로 변신했다. 거주여진이 이처럼 굴기하는 동안 조선은 1619년 명의 강요에 밀려 사르후전(薩爾滸戰)에 병력을 파견하여 후금과 싸웠다. 조선

---

1) 申欽, 『象村集』 권34 「備虜說」.

에서는 1623년 이른바 仁祖反正이 일어나 광해군 정권이 무너지고 인조 정권이 들어섰다. 인조 정권은 1627년 후금의 침략으로 丁卯胡亂을 겪었고 1636년 丙子胡亂을 맞아 청에게 항복한다. 신흠이 경고했던 대로 건주여진은 결국 '뱃속의 종기'가 되어 조선을 무너뜨렸던 셈이다. 조선을 굴복시킨 청은 1644년 山海關을 넘어 北京을 접수하고, 궁극에는 明淸交替를 이뤄내게 된다. 요컨대 1598년 임진왜란이 끝난 직후부터 1644년까지 청이 入關하기까지 조선은 기존의 국제질서가 뿌리 채 흔들리는 격변 속으로 휘말렸던 것이다.

그렇다면 임진왜란 이후 청의 입관까지 50여 년 동안 이어진 명청교체의 흐름은 조선에 어떤 모습으로 다가왔으며 어떤 파장을 미쳤는가? 또 조선은 그에 대해 어떻게 대응했을까? 조선은 왜 두 차례나 청의 침략을 받고 항복하기에 이르렀는가? 필자는 본고에서 바로 이러한 문제들을 고찰하고자 한다. 구체적으로는 임진왜란 직후 건주여진의 굴기와 그에 대한 조선의 대응 양상, 광해군 연간 후금의 동향과 조선의 對明, 對後金政策과 여파, 인조반정이 야기한 대외적 파장, 정묘호란의 발생 배경과 전개 양상, 그리고 병자호란의 발생 과정과 그것이 몰고 온 결과 등을 고찰하는 작업이 될 것이다.

2. 임진왜란 직후 建州女眞의 굴기와 조선의 대응

1) 건주여진의 굴기 과정

여진족은 12세기 초부터 굴기했다. 1115년 阿骨打가 건국한 金은 1125

년 遼를 멸망시키고, 1127년 開封에 침입하여 徽宗과 欽宗을 납치하고 宋을 멸망시켰다.(靖康의 變). 고려는 이 같은 와중에 1126년 6월, 금에게 奉表稱臣했다. 事大의 대상을 요에서 금으로 바꾸었던 것이다.[2]

1234년 금이 元에게 멸망당한 뒤 여진족들은 만주 일대에 흩어져 수렵, 채취, 농경 등에 종사했다. 1368년 등장한 명은 여진족들을 招撫하려고 노력했다. 그들의 잠재력을 잘 알고 있었기 때문이다. 일찍이 거란인들은 "여진이 만 명에 이르면 대적할 수 없다"는 속언을 만들어냈다.[3] 명의 여진 정책의 목표는 분명했다. 여진족 내부에서 阿骨打 같은 覇者가 再臨하는 것을 막으려고 했다. 그와 관련하여 명은 來朝하는 여진 수장들에게 都督, 都指揮, 指揮, 千戶, 百戶, 鎭撫 등의 직책과 印章, 誥命 등을 주었다. 1404년 永樂帝는 遼東都司, 奴兒干都司를 설치하여 그 아래 衛所를 두고, 위소에 소속된 여진족들과 군신관계를 맺었다. 이것은 여진족이 통일되는 것을 막고 동시에 그들을 활용하려 몽골을 견제하려는 이이제이책이었다.[4]

영락제가 본격적으로 여진을 초무하고 있던 1405년, 조선이 회유하기 위해 애썼던 五都里 여진족 추장 퉁밍거티무르가 建州衛都指揮使에 임명되어 명으로 귀순하자 조선은 심각한 위기감을 느끼기도 했다.[5]

명은 여진족들을 제어하기 위해 경제적인 방책도 마련했다. 여진족들은 인삼, 모피, 진주 등으로써 한족 상인들과 생필품을 교역했는데, 명은

2) 金庠基, 『東方史論叢』 서울대 출판부, 1984, 568~575쪽.
3) (明) 茅瑞徵, 『東夷考略』 『淸入關前史料選集 一』 北京, 人民大學出版社, 1984, 45쪽. "初 女直兵未嘗萬千 及聲伐遼 督諸路兵會來流水得二千五百人 幷召渤海曰 女直渤海本一家 戰鴨子河始滿萬 遼人言 女直滿萬則不可敵".
4) (明) 陳建, 『皇明通紀』 권4 永樂 甲申, 北京, 中華書局, 2008. "謇齋尹氏直曰 文廟以女直種類歸款 分置建州毛憐海西等衛 各授指揮等官 所以渙其群 俾不相統攝 以共戴中國 外禦北虜 誠以夷攻夷之上策也".
5) 河內良弘, 『明代女眞史の硏究』 京都, 同朋社出版, 1992, 41~45쪽.

勅書(=교역 허가증)을 소지한 여진 부족들만 교역에 참가시켰다. 명은 칙서를 통해 여진족의 경제적 목줄을 틀어쥐고자 했던 셈이다.[6]

명의 여진 정책은 萬曆 후반 고비를 맞게 된다. 당시 여진족을 제어했던 핵심 인물은 李成梁(1526~1615)이었다. 조선족 출신인 그는 嘉靖 말년 鐵嶺衛指揮僉事가 되고 1570년 摠兵官으로 승진하여 요동의 병권을 장악했다. 그는 1575년 건주여진 王杲의 반란을 제압했다. 곧이어 왕고의 아들 아타이(阿台)가 원한을 품고 봉기하자 이성량은 아타이도 제압한다. 이 전역에는 누르하치의 조부 기오창가(覺昌安, 叫場)와 부친 타쿠시(塔克世, 他失)도 동참했다. 그런데 古勒寨에 있던 아타이를 제압할 무렵, 타쿠시와 기오창가가 명군에 의해 '誤殺' 당하는 사태가 빚어진다. 기오창가는 왕고의 친척으로 撫順의 馬市에 출입하며 교역했던 상인 출신이었다.[7]

명군에 의해 父祖가 피살되었지만 당시 누르하치는 아직 이성량이나 명에게 저항할 수 없었다. 이성량은 누르하치에게 칙서 30통을 주었다. 누르하치는 다량의 칙서를 확보한 뒤 모피, 산삼, 진주 등의 교역권을 장악하여 막대한 재부를 축적했다. 경제력을 기반으로 군사력을 키운 누르하치는 1583년 부조의 원수를 갚기 위해 거병하여 니칸와일란(尼堪外蘭) 공략에 나선다. 이어 1587년 훼알라(佛阿拉)에 舊老城이라는 근거지를 마련했다. 누르하치의 세력이 커지자 1589년 명은 그에게 建州衛都督僉使를 내렸다.

6) 和田 淸, 「淸の太祖と李成梁との關係」『東亞史論藪』, 生活社, 1933; 金斗鉉, 「淸朝政權의 成立과 發展」『講座中國史 Ⅳ』, 지식산업사, 1989, 143~154쪽; 魏斐德(Frederic E. Wakeman Jr.), 『洪業-淸朝開國史』, 江蘇人民出版社, 1992, 22~43쪽; 孟森, 「淸太祖起兵爲父祖復讐事詳考」『明淸史論著集刊』, 世界書局, 1980; 閻崇年 主編, 『淸朝通史 太祖朝』, 紫禁城出版社, 2003; 石橋崇雄 著·홍성구 譯, 『대청제국』, 휴머니스트, 2009; 劉小萌 著, 이훈·이선애·김선민 옮김, 『여진부락에서 만주국가로』, 푸른역사, 2013 등 참조.
7) 和田 淸, 위의 책, 1933, 362~366쪽.

그를 통제하여 '제2의 阿骨打'가 되는 것을 막으려는 포석이었다.[8]

누르하치는 1589년 건주여진을 통일했다. 그리고 1592년 임진왜란이 일어난다. '假道入明'을 내세운 일본군의 침략에 맞서 遼廣 등지의 명군이 대거 조선에 참전했다. 당시 명군 提督에 李如松이 임명된 것은 시사적이다. 이여송은 이성량의 장남이다. 누르하치를 제어하는 책임자인 이성량의 아들이 명군을 이끌고 조선에서 '한눈을 파는' 상황이 빚어졌던 것이다. 누르하치는 1593년 葉赫部가 중심이 된 해서여진과 몽골 코르친 부족 등 9개 부 연합군의 공격을 古勒山에서 물리쳤다. 이 지역의 여진족들을 관할하던 명군의 주력이 조선으로 빠져나간 상황을 절묘하게 활용했던 것이다.[9] 이후 누르하치는 지역의 霸者로 떠올랐다. 누르하치는 이어 1601년 이후부터 哈達部를 비롯한 해서여진의 나머지 부족들을 잇따라 제압했다. 위기에 처한 해서여진의 葉赫部는 명에 구원을 요청했다. 명은 과거 자신들에게 적대적이었던 葉赫部를 끌어안고 그들을 이용하여 누르하치를 견제하려는 이이제이를 시도한다.

2) 조선의 건주여진 대책

조선의 지식인들은 본래 여진족들을 野人이라 부르며 '오랑캐', '개돼지'로 인식했다. 나아가 '오랑캐가 오면 어루만져 주되 가면 잡지 않으며, 원한을 맺지 않고 釁端을 일으키지 않는' 것을 여진족을 대하는 기본 방침으로 삼았다. 일찍이 金宗瑞가 이야기했듯이 조선은 여진족의 上國으로 자처하며 그들을 상대할 때 恩惠와 威嚴을 병용하는 문제를 놓고 고심했다.[10]

---

8) 閻崇年, 앞의 책, 2003, 18~30쪽.
9) 閻崇年, 「論奴兒哈赤」 『閻崇年自選集』, 北京, 九州出版社, 2016, 39~40쪽.

조선은 來朝해 오는 여진족들을 授職, 回賜 등을 통해 우대하고, 변경을 침략할 경우 정벌을 단행하기도 했다. 후자의 예로써 1433년(세종 15) 建州衛 李滿住가 閭延을 침략하자 조선은 婆猪江까지 원정하여 이만주를 공략했고, 1437년 四郡과 六鎭을 설치하여 서북 일대의 여진족들을 복속시키려고 시도했다. 1467년에는 명의 요청에 따라 건주위를 공격하여 이만주 일족을 제거했고 1479년(성종 10)에도 尹弼商 등을 보내 건주여진을 토벌했다.[11]

16세기 이후 여진족을 제어하는 것은 만만치 않았다. 15세기 말부터 서북에서는 기근 등 자연 재해, 생활고, 軍役 부담, 지방관의 학정 때문에 타 지역으로 이주하거나 여진 지역으로 귀순하는 사람들이 늘어났다. 변경 인구가 줄어들면서 방어가 힘들다는 위기의식이 높아졌다. 또 당시 조선에서는 毛皮 수요가 급증하여 그것을 구입하기 위해 소, 鐵物 등을 모두 여진족들에게 넘겨주고 있다는 지적이 나올 정도였다. 모피 교역 등을 통해 富實해진 여진인들이 조선의 邊民들을 흡수하고 있었던 것이다.[12]

1583년(선조 16) 니탕개의 난을 계기로 조선이 藩胡들을 회유하려고 부심하는 와중에 1592년 임진왜란이 일어났다. 임진왜란을 계기로 누르하치 굴기의 여파가 본격적으로 밀려오기 시작했다. 조선 조정이 의주에 있던 1592년 9월 14일, 누르하치가 원병을 보내려 한다는 소식이 전해졌다. 조선의 비변사 당상들은 부정적인 반응을 보였다. "누르하치가 들어오면

---

10) 『世宗實錄』 권75 세종 18년 11월 庚子.

11) 김구진, 「여진과의 관계」 『한국사』 22, 국사편찬위원회, 1995; 김구진, 「조선시대 女眞에 대한 정책」 『백산학보』 88, 2010 등 참조.

12) 河內良弘, 앞의 책, 1992, 18章, 「貂皮交易の展開」; 김순남, 「16세기 조선과 野人 사이의 모피 교역의 전개」 『한국사연구』 152, 2011.

나라가 망할 것"이라고 경고했다. 결국 누르하치의 來援을 거절하기로 결정했다.[13] 하지만 '야인', '小醜' 등으로 폄하해 왔던 여진족의 달라진 위상을 확인하면서 위기의식이 높아졌다.

임진왜란 시기 함경도 지역 일부 번호들은 조선의 위기를 틈타 침략을 자행했다. 일본군을 막는데 집중해야 했던 조선은 이들을 무조건 토벌할 수 없었다. 전란으로 來朝와 上京이 어려워진 번호들에게 면포를 하사하는 등 회유하려고 시도했다.[14] 당시 누르하치의 압박에 밀렸던 忽溫 부족이나 여타 번호들의 동향도 심상치 않았다. 李瀷(1681~1763)은 저간의 사정을 다음과 같이 기록했다.

신묘(1591) 이후부터 忽剌溫의 추장 卜占台가 자주 난을 일으켜 강 밖 번호들을 다 제압하고 우리 변읍을 침범하여 남녀를 노략하고 혹은 款塞하여 受職을 원했으나 불허했다. 간혹 邊帥에게 병력을 출동시켜 示威하고 羈縻했다. 이에 앞서 老土 번호가 우리 지역에서 경작하는 것을 변장이 사람을 보내 금지했는데 번호가 그를 목 졸라 죽이자 李守一, 李适 등이 길을 나눠 공격하여 廬舍를 불태우고 돌아왔다. 노토는 李滿住의 遺種으로 阿骨打, 盡虜, 遼東의 熟女眞 등의 지역이다. 이들은 본래 婆猪江과 江界에 근접해 살았다. 만주가 죽자 백두산 서쪽으로 이주했는데 우리 북변과 멀지 않았다. 홀라온과 복점태도 兀狄哈의 種落에 불과한데, 올적과 올량은 모두 북쪽 여진 종족에 가깝고 노토와는 다르다. 을사(1605)에 巡察使 徐渻 등이 거병하여 죄를 물으려다 복병을 만나 실패하여 죽은 자가 10에 6~7이 되

---

13) 『宣祖實錄』 권30 선조 25년 9월 辛未.
14) 박정민, 『조선시대 여진인 내조 연구』, 경인문화사, 2015, 208~222쪽.

어 조야가 놀랐고, 홀라온의 위세는 더욱 커졌다. 선조 정미(1607)에 홀라온이 또 慶興 번호를 죽이려 도모하자 번호는 노토에게 구원을 청했다. 노토는 鐵騎 5천으로 백두산 밖으로 나와 우리 穩城 요새를 뚫고 들어와 慶源의 홀라온을 무찔러 烏碣洞에서 대패시켰다. 복점태는 이로 말미암아 부진하게 되었다. 이것이 서북 邊圍의 시말이다.[15]

임진왜란이 일어난 뒤 요동의 명군이 조선에 참전하고, 그것이 누르하치가 굴기하고 궁극적으로 만주의 정세를 격동시키는데 상당한 영향을 미쳤다는 주장은 일찍부터 제기되어 왔다.[16] 그런데 누르하치의 굴기가 조선에 미친 영향으로 특히 주목되는 것은 위에서 이익이 언급한 것처럼 忽溫 부잔타이(卜占台, 布占泰)의 동향과 조선 주변 번호들의 소멸을 들 수 있다. 1593년 누르하치에게 패했던 부잔타이는 조선과 주변 번호들을 침략하여 세력을 키우려고 시도했다. 그는 1605년 3월, 潼關鎭을 함락시켜 조선 관민과 주변 번호들을 참살했다. 격분한 조선은 같은 해 5월, 약 3천 명의 병력을 동원하여 반격했지만 패하고 말았다.[17] 이익이 위에서 '죽은 자가 10에 6~7'이라 한 것은 바로 그것을 가리키는 것이다.

이후 부잔타이에게 위협받은 많은 번호들은 누르하치 쪽으로 귀순한다. 그 과정에서 누르하치와 부잔타이의 대립이 격화되고, 양자는 1607년 두만강 너머 門巖에서 격돌하여 누르하치가 승리를 거둔다.[18] 이후 조선

15) 李瀷, 『星湖僿說』 권19 經史門, 「征尼麻車」.
16) 稻葉岩吉, 『增訂滿洲發達史』 日本評論社, 1934, 215~216쪽, 519쪽; 稻葉岩吉, 『新東亞建設と史觀』 千倉書房, 1939, 72~78쪽; 閻崇年, 앞의 책, 2016, 39~34쪽.
17) 서병국, 『宣祖時代女直交涉史研究』 교문사, 1970, 141~155쪽.
18) 박정민, 앞의 책, 2015, 230~241쪽.

주변의 번호들은 대부분 누르하치에게 넘어갔고, 조선은 완충 지역을 상실한 상태에서 건주여진과 대면하는 상황을 맞게 되었다.

임진왜란 무렵 건주여진과의 또 다른 현안은 採蔘 문제였다. 당시 건주여진인들이 조선 영내로 잠입하여 산삼을 캐가는 일이 빈발했다. 특히 삼을 캐는 수확기가 되면 여진인들이 산골짜기를 뒤덮을 뿐 아니라 산촌마을에 난입하여 부녀자나 가축을 약탈해 가는 경우가 빈발하고 있었다.[19]

선조는 상황을 주시하며 대책 마련에 부심했다. 주목되는 것은 1595년 南部主簿 申忠一을 허투알라에 보내 그들의 동향을 직접 탐지하려고 했던 사실이다. 신충일은 당시의 견문을 『建州紀程圖記』로 남겼다. 왜란 중임에도 신충일을 보낸 것은 건주여진의 굴기에 대한 조선의 위기감이 컸다는 것을 암시한다. 선조는 1606년, '누르하치의 용병술이 뛰어나다'며 그들이 기습해 올 경우에 대비하여 대책을 서두르라고 지시했다. 또 채삼하는 여진인들을 함부로 죽이지 말라고 지시했다. 주민들 사이의 마찰이 분쟁으로 비화하는 것을 막으려는 의도였다. 나아가 건주여진의 동향을 명에 보고하고, 명의 위세를 빌어 그들이 조선을 위협하는 사태를 막으려고 시도했다.

앞서 언급했듯이 임진왜란 시기 여진에 대한 조선의 통제력이 급속히 저하되고, 홀온의 공세에 제대로 대처하지 못하면서 번호들은 대부분 누르하치에게 넘어갔다. 누르하치가 문암전투를 계기로 홀온까지 제압하자 조선의 위기의식은 더 커졌다. 그런데 임진왜란 직후 조선은 일본의 재침 또한 우려하고 있었다.

---

19) 柳夢寅, 『於于集 後集』 권5 「安邊三十二策」.

신은 聖上의 再造之恩을 곡진하게 입었습니다. 신이 늘 감격하여 보답하려 하지만 방도가 없습니다. 그런데 불행하게도 남방의 근심(南虞)이 그치지 않았는데 북방의 경보(北警)는 갑자기 다급해졌습니다. 비록 마음을 다해 막으려 하지만 기세가 나뉘고 힘이 약해서 잿더미 가운데서 스스로 보전하지 못할까 두렵습니다. 천지부모에게 호소하지 않고는 근심을 나라 밖으로 떨쳐내는 것이 진실로 어렵습니다.[20]

위에서 보이듯이 왜란 직후 누르하치의 굴기 때문에 남북에서 이중의 外壓에 직면했던 조선은 명의 영향력을 이용하여 난관을 돌파하려고 시도하게 된다.

3. 광해군 연간 後金의 동향과 조선의 對後金, 對明 정책

1) 후금의 撫順 점령과 派兵을 둘러싼 논쟁

시간이 흐를수록 누르하치의 군사적 위력은 더 커졌다. 그 배경에는 경제적 기반이 자리 잡고 있었다. 농업의 약진, 수공업의 발전, 무역의 이익 등을 통해 재부가 축적되었다. 특히 인삼과 모피 무역의 이익은 막대했다.[21]

---

20) 『事大文軌』 권46, 萬曆 34년 2월 9일 「北虜構釁乞命勅諭奏」.

21) (明) 程開祜, 『東夷奴兒哈赤考』(『淸入關前史料選輯』一, 中國人民大學出版社, 1984). "盖奴酋擅貂蔘之利 富强已非一日"; 劉小萌, 앞의 책, 2013, 181~188쪽.

1616년(광해군 8), 누르하치는 후금을 건국하더니 1618년 '七大恨'을 내걸고 撫順을 점령했다. 누르하치는, 명이 자신의 부조를 살해한 원한을 '칠대한'의 맨 앞에 내세웠지만, 실은 명이 예허를 통해 후금을 견제하려 했던 것에 가장 강한 불만을 표출했다.[22]

명은 토벌군 편성에 착수하는 한편, 조선에 대해서도 누르하치를 치는 데 동참하라고 요구했다. 1618년 윤 4월, 명 병부가 파병을 요구하면서 제시한 명분은 예의 '再造之恩'이었다.[23] 왜란으로 위기에 처한 조선의 王業을 존속시켜준 '재조지은'을 언급한 뒤 조선이 누르하치를 협공하여 '은혜'를 갚을 것을 강조했다.

명의 遼東都司는 1610년(광해군 2), '명이 왜란 당시 천하의 백성을 불구덩이 속으로 내몰아 조선을 구원했다'고 규정하고 임진왜란을 아예 '조선을 구원한 전쟁(東援一役)'이라고 부른 바 있다.[24] 그런데 당시 조선 신료들 상당수가 명의 이 같은 입장에 동조하고 있었다. 金尙憲(1570~1652)은 "임진년 神宗의 皇恩 덕분에 잃어버린 나라를 다시 찾고, 백성들은 잃어버린 삶을 다시 갖게 되었다"고 했다. 또 임진왜란을 계기로 명과 조선은 君臣, 華夷關係에서 父子關係이자 一家가 되었다고 강조했다.[25] 조선에서도 이렇게 명의 '은혜'를 강조하는 와중에 '부모'이자 '시혜자'가 '報恩'을 채근하자 조선의 고민은 깊어갈 수밖에 없었다.

파병 요구를 받아들이는 여부를 놓고 조정에서는 격론이 벌어졌다.

---

22) 岩井茂樹, 「漢人と中國にとっての淸朝, マンジュ」 岡田英弘 編, 『淸朝とは何か』, 東京, 藤原書店, 2009, 95쪽.

23) 『光海君日記』 권127 광해군 10년 윤4월 乙亥.

24) 『光海君日記』 권25 광해군 2년 2월 庚戌.

25) 金尙憲, 『淸陰集』 권9 「謝提督主事曾棟書」

기본적으로 광해군은 반대, 비변사는 찬성으로 갈라져 입장이 서로 달랐다.[26] 1618년 윤 4월, 광해군은 신료들에게 의견을 개진하라고 지시했다. 당시 상황을 『광해군일기』史官은 다음과 같이 기록했다.

> 이때 왕이 徵兵에 응하지 않으려 누차 備局에 전교하여 요광 각 아문에 移咨하여 저지하도록 했는데 廟堂은 고집하며 따르지 않았다. 이에 조정의 의논을 널리 거두라는 명이 있었다. 2품 이상이 아뢰어 입을 합쳐 같은 내용으로 청하니 비록 간사한 元兇도 대의를 범할 수 없음을 알았다. 유독 尹暉가 파병하면 안 된다는 주장을 맨 처음 주장했고, 黃中允, 趙纘韓, 李偉卿, 任兗 등의 무리가 왕의 뜻을 탐색하여 아첨하려고 變詐狂妄한 말로 공공연히 獻議하여 결국 己未戰役에 역관을 보내 오랑캐와 통하고 두 元帥가 투항하게 되었다. 안으로는 君母를 감금하고 밖으로는 皇命을 거부하여 三綱이 끊어졌다.[27]

西人들의 입김이 강하게 투영된 위의 기사를 통해 중요한 사실들을 알 수 있다. 광해군이 외교적 노력을 통해 파병을 회피하려 했다는 것, '원흉(-李爾瞻)'을 비롯한 비변사 신료들은 파병에 찬성했다는 것, 윤휘, 황중윤,

---

26) 한명기, 「光海君代의 大北勢力과 政局의 動向」 『韓國史論』 20, 1988, 326~337쪽; 한명기, 『임진왜란과 한중관계』, 역사비평사, 1999, 244~250쪽.
근래에는 계승범이 광해군과 비변사 사이의 파병 논쟁을 잘 정리했다(「광해군대의 대외정책과 그 논쟁의 성격」 『韓國佛敎史硏究』 4, 2013). 하지만 계승범이 "대간을 포함한 모든 신료들이 비변사의 외교 노선을 지지했고, 비변사는 전체 신료들의 여론을 대변했다"거나 '광해군이 중론을 거부하고 홀로 다른 목소리를 내며 고군분투했다'고 서술한 것(위 논문, 35쪽)은 史實에 부합하지 않는다. 당시 조정에는 朴承宗, 朴自興, 朴鼎吉, 尹暉, 李時發, 李偉卿, 任兗, 鄭遵, 趙纘韓, 黃中允 등 黨派를 초월하여 광해군의 입장에 동조했던 신료들이 엄연히 존재했기 때문이다.
27) 『光海君日記』 권127 광해군 10년 윤4월 甲申.

조찬한, 이위경, 임연 등이 광해군의 입장에 동조했다는 것 등이다.

광해군은 애초 遼東巡撫 李惟藩이 파병을 준비하라고 이자했을 때 "경솔하게 정벌하지 말고 거듭 헤아려 만전을 기해야 한다"는 내용을 回咨에 넣으라고 지시했다.[28] 또 약하고 훈련되지 않은 조선군을 보내봐야 명에 도움이 되지 않는다고 강조했다. 병력을 동원하더라도 국경은 넘지 않고 의주 등지에서 위세만 과시하려는 것이 그의 입장이었다.[29] 그는 파병을 요구한 주체가 황제가 아닌 병부와 요동순무였던 사실도 문제삼았다.[30]

이 같은 생각을 담아 1618년 5월, 명에 보낸 回咨에서 '四面受敵에 처한 조선은 병력이 부족하다', '兵農이 나뉘지 않고 병사들이 훈련되지 않아 실전에 투입하기 어렵다', '일본의 침략 위협이 상존한다'는 등의 사실을 강조했다. 특히 일본의 위협을 강조하는 '倭情可慮論'으로써 파병 요구를 회피하려 한 것이 주목된다.

반면 대다수 비변사 신료들은 '부모'이자 '은인'인 명을 위해 파병해야한다고 강조했다. 그들은 '부모의 나라로서 재조지은을 베푼' 명의 은혜를 갚으라고 촉구했다.[31] 특히 주목되는 인물은 이이첨이다. 그는 大北의 영수이자 정권의 실세였다. 그는 출병을 거부할 경우 발생할 명의 견책을 강조했다.[32] 張晩은 '나라가 망해도 대의를 밝혀야 한다'며 "명의 마음을 잃는 것이 胡騎가 南牧하는 것보다 비참하다"고 강조했다.[33] 상당수 신료들

---

28)『光海君日記』권127 광해군 10년 윤4월 癸酉.

29)『光海君日記』권127 광해군 10년 윤4월 己卯; 권129 10년 6월 丙子.

30)『光海君日記』권127 광해군 10년 윤4월 庚辰, 壬午.

31)『光海君日記』권127 광해군 10년 윤4월 壬午.

32)『光海君日記』권128 광해군 10년 5월 壬辰.

에게, 조선이 파병할 경우 발생할 수 있는 후금의 침략은 별로 중요한 것이 아니었다. 오히려 파병을 통해 번국의 의무를 다함으로써 명과 군신관계를 원만히 유지하는 것이 더 중요했다.

2) 심하전투 패전 이후의 대외정책

광해군은 왜 파병을 회피했을까? 즉위 과정에서 명의 반대 때문에 곤란을 겪으면서 지녔을 개연성이 높았던 '반명감정', 누르하치의 보복 공격에 대한 우려, 내부 변란의 우려, 전비 부담 때문에 영건사업에 차질이 생기는 것에 대한 우려 등 복합적인 것이었다.[34]

비변사 신료들의 반대에 직면한 광해군은 자신에게 동조하는 신료들을 활용하여 상황을 돌파하려고 시도했다. 朴承宗, 朴自興, 朴鼎吉, 尹暉, 李偉卿, 任兗, 趙纘韓, 黃中允 등이 그들이었다. 박자흥, 박정길, 윤휘, 이위경, 임연 등은 파병을 논의하는 국면에서, 박승종과 황중윤 등은 심하전투 이후 후금과의 관계를 설정하는 국면에서 광해군의 입장에 동조했다.

윤휘는 '군대도 없고 재정도 미약하기 때문에 파병을 감당할 수 없다'는 사실을 명에 알리되 병력을 동원하더라도 국경을 넘으면 안 된다고 강조했다. 박자흥은 '野戰에 적합하지 않은 미약한 조선군을 전장에 보내면 오히려 天威를 손상시킨다며 국경에서 기각의 형세를 보여야 한다'고 주장했다. 임연은 '명이 침략을 당해 위기에 처했다면 파병이 필요하지만, 후금을 정벌하려는 상황에서는 파병이 필요 없다'는 독특한 견해를 제시했다.[35] 이위경은 '파병했을 때 혹시라도 일본이 재침할 수 있으므로 국경

---

33) 張晩, 『洛西集』 권2 「副體察使往關西時陳戒箚」

34) 한명기, 앞의 책, 1999, 250~255쪽.

에서 기각의 형세를 보여야 한다'고 강조했다. 박정길은 '황제에게 조선의 어려운 사정을 전달하되 명 장수들에게 섣불리 토벌하지 말고 신중하게 대처하라'고 강조할 것을 주장했다.[36]

윤휘, 임연, 황중윤 등도 명의 후금 원정이 성공할 가능성이 낮다고 보고 국경에서 성원해야 한다는 광해군의 입장에 동조했던 것이다. 광해군은 1618년 5월, 陳奏使로 임연을 낙점했다.[37] 이어 박정길, 윤휘 등을 북경으로 파견했다. 자신의 입장에 동조하는 신료들을 보내 황제에게 직접 조선 사정을 알려 파병을 피하려는 의도였다.

광해군의 시도는 무산되고 만다. 명군 經略 楊鎬의 벽에 막혔기 때문이다. 양호는 요양에 머물며 조선 사신의 북경 행을 견제하고 소지한 국서와 자문 등을 검열했다. 그는 '왜란 때 살려주었는데 조선은 무익한 문서만 왕복시킨다'며 질책했다.[38] 이어 성절사 윤휘가, 파병하여 양호의 지휘를 받으라는 내용의 칙서를 받아오자 광해군의 외교적 노력은 무산되었다.[39]

조선은 결국 1만 3천여 명을 파병했다. 광해군은 어쩔 수 없이 파병하면서도 조선군의 피해를 최소화하기 위해 노력했다. 御前通事 출신인 형조참판 姜弘立을 도원수로 임명한 것 자체가 범상치 않은 선택이었다. 漢語에 능통해야 명군 지휘부의 압박에 휘둘리지 않을 수 있다는 판단이 작용한 인선이었다. 광해군은 강홍립에게 '명군 지휘부에 일방적으로 밀리

---

35) 윤휘, 박자흥, 임연의 생각은 『光海君日記』 권128 광해군 10년 5월 壬辰.

36) 이위경, 박정길의 생각은 『光海君日記』 권128 광해군 10년 5월 己丑.

37) 『光海君日記』 위와 같은 조. "備忘記傳曰 陳奏使 以任兗送之 任兗獻議 亦附於尹暉黃中允 持首鼠兩端之論 謂天朝必不能一擧得志 迎合王旨 故有特遣之命"

38) 『光海君日記』 권134 광해군 10년 11월 庚寅.

39) 『光海君日記』 권132 광해군 10년 10월 甲申.

지 말고 패하지 않는 전투를 하라'는 지침을 주었다.[40]

압록강을 건넌 뒤 總兵 劉綖 휘하에 배속되어 전진하던 조선군은 1619년 3월, 深河 부근 富車에서 벌어진 전투에서 참패한다. 강홍립은 남은 병력을 이끌고 투항했다. 일찍이 '광해군이 密旨를 내려 후금군에게 투항하라'고 했다는 주장이 제기되었지만[41] 실상은 아닌 것으로 보인다. 패전 직후인 1619년 5월, 비변사는 조선군 전사자를 8~9천명이라고 보고했다.[42] 전체 병력의 70%에 육박하는 비율이다. 애초부터 투항을 예정했다면 발생할 수 없는 수치이다.

그럼에도 인조반정 이후 조선에서는 '광해군 등이 강홍립과 공모하여 師期를 누설하여 명군의 원정을 망치고 요동을 잃게 만들었다'는 담론이 만들어졌다.[43] 하지만 徐光啓 이래 사르후 전투를 언급했던 사람들은 당시 원정군의 주력인 명군이 후금군을 이기는 것은 애초부터 불가능했다고 평가한다. 병력의 수와 자질, 화기 등 무기의 수준, 군량 보급 능력, 지휘관들의 역량과 人和 등 승패를 결정하는 모든 조건에서 명군이 열세였다는 것이다.[44] 특히 유정은 조선군에게 무조건 전진하라고 강요했고, 조선군은 악천후와 군량이 끊긴 상태에서 전장으로 내몰렸다.[45] 광해군과 강홍립의 공모설은 인조반정을 정당화하기 위해 만들어진 기억인 것이다.

---

40) 『光海君日記』 권137 광해군 11년 2월 丁巳.

41) 田川孝三, 『毛文龍と朝鮮との關係について』 『靑邱說叢』 三, 1932, 6~15쪽.

42) 『光海君日記』 권140 광해군 11년 5월 己酉.

43) 한명기, 앞의 책, 1999, 309쪽.

44) 徐光啓, 『徐光啓集』 권3 「敷陳末議以殄兇酋疏」, 上海古籍出版社, 1984; 黃仁宇, 「1619年的遼東戰役」 『明史研究論叢』 5輯, 江西古籍出版社, 1991; 閻崇年, 앞의 책, 2003, 347~358쪽.

45) 李民寏, 『紫巖集』 권5 「柵中日錄」 "時 雪深數尺 馬無所食 糧無所繼……"

심하전투 패전 이후 명은 이중적인 태도를 보였다. 한편에서는 조선이 파병하여 명을 위해 殉死했다고 찬양했지만 다른 한편에서는 조선군의 항복에 의혹의 눈길을 보내며 원병을 다시 요구했다. 광녕이 함락된 1622년 무렵에는 조선을 활용해야 한다는 조바심이 더 커져 각지의 장수들이 다투어 조선으로 오려고 한다는 상황이었다.[46]

광해군은 명의 의심을 불식시키려 노력하는 한편, 재징병 요구를 회피했다. 심하전투 당시 분전하다가 전사한 金應河를 현창하는 사당을 건립하고, 그를 추모하는 『忠烈錄』을 만들어 요동 지역에도 유포시켰다. 거국적으로 그를 추모하고 있다는 사실을 알려 명의 의심을 잠재우기 위한 詐術이었다. 또 재징병을 요청하려고 온 梁之垣 등을 賄賂를 통해 회유했다. 나아가 후금이 조선을 침략할 가능성이 거론하며 그들의 침략로인 寬甸, 鎭江 등지에 명군을 배치해 달라고 요청했다. 누르하치의 보복이 임박했음을 강조하여 재징병 요구를 원천적으로 차단하려는 속셈이었다.[47]

그렇다면 광해군은 후금에는 어떤 정책을 취했을까? 광해군의 대후금 대책의 핵심은 세 가지였다. 우선 후금의 동향을 파악하고 관련 정보를 수집하되 조선 사정이 유출되지 않도록 주의를 기울였다. 다음은 유연하게 그들을 羈縻하려 했다. 마지막으로 후금이 침략하는 상황을 상정하여 방어 대책을 마련하려 했다. 조총과 화포를 제작하는 한편 일본에서 조총과 장검 등의 수입을 타진했다. 병력 확보와 조련, 지휘관 양성 등에도 힘을 기울였다. 요컨대 기미책을 통해 현상을 유지하되 침략에 맞설 수 있는 자강책을 마련하는 것이었다.[48]

---

46) 한명기, 앞의 책, 1999, 265~272쪽.
47) 한명기, 앞의 책, 1999, 273~279쪽.

광해군의 이 같은 기조는 이어졌다. 심하전투 이후 광해군은 고려가 금에 취했던 외교를 본받자고 강조했다. 그는 阿骨打 시절처럼 강성해진 후금을 명이 감당할 수 없다고 보았다. 조선은 우선 미봉책으로 침략을 피하되 "안으로 자강하고 밖으로 기미하여 고려가 했던 대로 해야 나라를 보전할 수 있다"고 강조했다.[49] 후금과 사자를 왕래시키고, 후금에 억류되어 있던 강홍립의 서신을 수취하여 그들의 정세를 파악하곤 했다.

당시 광해군은 이 같은 정책을 추진하면서 황중윤, 박승종 등의 보좌를 받았다. 황중윤은 일찍이 "명과의 관계를 끊고 후금과 通好하자"거나 "關外의 산천은 다시 중국의 소유가 아니다"라고 했던 인물이다.[50] 그는 광해군이 후금에 기미책을 썼다는 사실을 기록으로 남겼다. 비변사는 和議에 반대했지만 광해군은 太王이 獯鬻을 섬겼던 사례 등을 원용하면서 후금을 기미하려고 시도했다는 것이다.[51] 광해군 말년 영의정을 지냈던 박승종도 후금을 다독이는 기미책으로 상황을 미봉하자고 주장했던[52] 인물이다.

1621년 遼東路가 막혀 명과의 육로가 차단된 이후 광해군은 "전쟁 중에도 使者는 왕래시켜야 한다.", "兵事는 詐術을 피하지 않는다.", "고담준론은 국가 안보에 보탬이 되지 않는다."는 등의 지론을 바탕으로 명과 후금 사이에서 전쟁을 피하여 조선의 안보를 유지하기 위해 부심했다.[53] 그

---

48) 『光海君日記』 권147 광해군 11년 12월 辛未. "大槪 一邊羈縻 一邊自强 誠是長算 固不可廢一"

49) 『光海君日記』 권166 광해군 13년 6월 丙子.

50) 『仁祖實錄』 권1 인조 1년 4월 壬申.

51) 黃中允, 『東溟先生文集』 권5 「上大人」 "廟堂 時方會議 屢日不決 皆不欲爲和 而上意專在羈縻 至以太王獯鬻文王昆夷爲援例 未知畢竟出於何策也"

52) 『光海君日記』 권172 광해군 13년 12월 庚寅.

런데 그의 위기는 조선 내부로부터 다가오고 있었다. 무엇보다 원병 출병에 필요한 막대한 전비를 조달하는 과정에서 부담이 하층민들에게 전가될 수밖에 없었다. 민생이 피폐해지고 재정이 악화되면서 광해군이 추진하는 영건사업에 대한 반대와 비판이 거세졌다. 광해군이 그것을 묵살하고 영건사업을 밀어붙이면서 여론은 악화되었다. 광해군은 또한 심하전투 이후, 과거 이이첨의 주도로 조정에서 축출된 李廷龜, 李貴, 崔鳴吉 등을 다시 등용했다. 광해군은 이들로써 출병 논의 과정에서 대척점에 섰던 이이첨을 견제하려 했다. 영건사업으로 민심을 잃은 광해군과 광해군으로부터 견제 받게 된 대북파의 실세 이이첨의 관계에 균열이 생기면서 인조반정의 조짐이 커져가고 있었다.[54]

4. 인조반정과 정묘호란의 발생

1) 仁祖反正과 對明, 對後金關係

광해군 정권은 1623년 3월, 이른바 仁祖反正으로 무너졌다. 반정 세력은 특히 '광해군 정권이 후금과 내통했다'는 것을 인조 정권의 '立國의 근본'으로 강조했다.[55]

명은 공식적으로 인조의 집권을 '簒奪'로 인식했다.[56] 일각에서는 휘

---

53) 『朝鮮迎接都監都廳儀軌』 天啓 1년. "遼路斷折 賊勢所向 至今未知何 我國之無謀甚矣 古者兵交 使在其間 兵不厭詐 亦是勝算…… 高論淸淡 無補國家之危亡 更速善處事"

54) 한명기, 앞의 책, 1999, 286~301쪽.

55) 『仁祖實錄』 권34 인조 15년 1월 癸亥.

56) 『明熹宗實錄』 『兩朝從信錄』 天啓 3년 4월 戊子. "朝鮮國王李琿爲其侄李倧所簒".

하 인물을 상인으로 변장시켜 조선에 보내 정정을 탐색하기도 했다. 당시 遼餉을 관장하던 戶部侍郎 畢自嚴이 대표적인 인물이었다. 그는 '새 정권을 승인하여 후금과 싸우게 하여 戰功이 드러난 뒤에 인조를 책봉하자'고 주장했다. '찬탈'을 빌미로 새 정권을 이용하려는 방책이었다. 책봉을 받는 것이 시급했던 인조와 반정공신들은 '인조를 빨리 책봉해 주어야 후금과의 대결에 적극적으로 나설 수 있다'며 명 조정 신료들을 채근했다.[57]

인조 책봉을 논의하는 과정에서 모문룡의 역할이 매우 중요했다. 그는 반정 직후 '광해군은 명을 배신했는데 인조는 배신자들을 처단하고 충성심을 갖고 있다'고 보고했다.[58] 그러자 병부상서 趙彦은 모문룡이 조선에 의탁하고 있으므로 인조를 빨리 책봉하라고 촉구했다.[59]

명은 인조를 책봉하는데 2년 가까이 시간을 끌었다. '찬탈'을 징치해야 한다는 명분과 조선을 이용하여 후금을 견제해야 하는 현실 사이에서 고민했기 때문이다. 또 東林黨과 奄黨의 대립 여파도 있었다. 동림당계의 吏科給事中 魏大中 등은 '군신의 명분을 훼손한 인조를 책봉하면 안 된다'고 역설했다.[60] 그런데 1623년 이후 魏忠賢의 엄당 세력이 조정을 장악했다.[61] 당시 모문룡은 엄당에 아부하면서 그들의 비호를 받고 있었다.[62]

1625년 1월, 天啓帝는 모문룡에게 인조를 책봉한다는 사실을 알리고

---

57) 한명기, 앞의 책, 1999, 338~348쪽; 한명기, 「朝中關係의 관점에서 본 仁祖反正의 역사적 의미-명의 조선에 대한 '擬制的 지배력'과 관련하여」 『南冥學』 16, 2011.

58) 『明熹宗實錄』 권37 天啓 3년 8월 丁丑.

59) 『明熹宗實錄』 (梁本) 권42 天啓 4년 5월 壬戌.

60) 洪翼漢, 『花浦朝天航海錄』 권1 天啓 4년 11월 20일.

61) 謝國楨, 「東林黨議及天啓間之黨禍」 『明淸之際黨社運動考』 上海世紀出版集團, 2005, 46~47쪽; 閻崇年, 『明亡淸興六十年』 北京, 中華書局, 2006, 95~98쪽.

62) (明) 柏起宗, 『東江始末』 "平遼總兵毛文龍者…… 遂踞海島 創爲牽制之說 媚逆瑂爲奧援 歲糜金

조선과 협조하여 후금을 제압하라고 지시했다.[63] 이것은 모문룡을 인조 책봉의 '은인'으로 부각시켜 새 정권을 '길들이려는'는 포석이었다. 요컨 대 인조 정권은 집권 직후부터 모문룡에게 '코가 꿰일 수밖에' 없는 상황 에 직면했다.

조선의 새 정권은 명과 후금에 대해 어떤 태도를 취했을까? '광해군이 명을 배신했다'는 것을 집권의 명분으로 삼은 이상 親明, 排金을 표방하는 것은 당연했다. 1623년 4월, 인조는 새 정권의 과업으로 '恤民'과 '討賊'을 제시했다.[64] 하지만 '후금 토벌'은 당시의 사회경제적 상황에서는 실현 가 능성이 없었다. 李時發(1569~1626)은 당시를 '兵事는 거론도 하지 말고 도 탄에 빠진 백성들을 휴식시켜야 할 시기'라고 규정한 바 있다.[65]

실제로 1623년 3월 22일, 인조는 '후금을 羈縻하면서 민심이 진정되기 를 기다려야 한다'는 승지 韓汝溭의 말에 동의했다. 또 후금과의 관계를 끊 어 침략을 부르는 것은 무익한 경거망동이라고 지적했다. 후금을 기미하여 전쟁을 피하되 모문룡이 경거망동하지 못하게 타이를 것을 주문했다.[66]

후금을 기미하여 현상을 유지하겠다는 인조의 구상은 비변사에 의해 재확인된다. 3월 27일, 비변사도 광해군대 했던 것처럼 후금을 계속 접대 하면서 기미할 것을 주장했다.[67] 비록 '排金'을 내세웠지만, 어렵사리 집 권했던 인조와 반정공신들은 후금과 모험을 벌일 생각은 없었다. 그들은

錢數十萬 濫秩都督 滿門封蔭 擧朝無不患之"

63) 『明熹宗實錄』 권55 天啓 5년 1월 丁丑.

64) 『仁祖實錄』 권1 인조 1년 4월 甲申.

65) 李時發, 『碧梧遺稿』 권4 「登對後論選將鍊兵箚」.

66) 李元翼, 『梧里先生別集』 권1 「領相時引見奏事」.

67) 『仁祖實錄』 권1 인조 1년 3월 丁巳.

'친명'을 강조하면서 후금과 '현상유지'을 원하고 있었다.[68] 그리고 이 같은 기조는 정묘호란 때까지도 이어진다.

1624년 1월에 일어난 李适의 亂은 인조 정권의 입지를 더욱 악화시켰다. 반란은 곧 실패했지만, 반군은 전무후무하게 한양까지 점령했다. 관군과 반군의 교전, 반군의 입경과 패퇴, 인조의 파천과 환도 과정에서 전사, 처형, 학살, 도망, 私刑 등이 발생하고 亂民들이 궁궐과 관아에 난입하여 방화, 약탈 등이 일어나면서 재정과 민생은 심대한 타격을 입었다. 난을 계기로 조선의 군사력은 더 약화될 수밖에 없었다.[69]

집권한지 불과 1년도 안 되어 붕괴될 뻔했던 인조 정권은 반란 이후 모든 역량을 '政權 保衛'에 투입했다. 인조 護衛를 위해 御營軍 병력을 늘리고 摠戎軍을 창설했다. 반정공신들이 거느린 軍官의 수를 대폭 늘리고 잠재적인 반란 세력을 색출하기 위해 譏察에 몰두했다. 이렇게 '정권 보위'에도 급급했던 상황에서 '후금 토벌'은 어불성설이었다.[70]

이괄의 난을 계기로 인조 정권은 모문룡에게 훨씬 심각하게 휘둘릴 수밖에 없었다. 이괄은 인조의 숙부 興安君을 국왕으로 추대했는데 당시 인조는 아직 책봉을 받지 못한 상태였다. 명 조정이 홍안군을 승인할 경우

---

68) 한명기, 앞의 책, 1999, 361~366쪽.
계승범은 정변 성공 이후의 인조대 외교는 광해군대 비변사의 노선으로 조정되었다고 했다. 이어 '인조반정 이후에도 조선의 외교노선이 크게 바뀌지 않았다'는 필자의 주장을 단순한 인식이라고 비판했다. 또 '필자가 주체도 명시하지 않고 인조대의 외교 노선이 달라지지 않았다고 서술하여 혼란을 초래했다'고 비판했다.(계승범, 앞의 논문, 2013, 32쪽). 하지만 필자는 그의 비판에 동의할 수 없다. 왜냐하면 필자는 西人 일파의 대후금 정책이 '현상유지책'이자 '광해군이 취했던 기미책과 같은 성격을 지닌 것'이라고 명시한 바 있다. (한명기, 앞의 책, 1999, 363쪽). 향후 광해군대와 인조대 비변사의 인적 구성과 그들이 취한 대외정책의 실상을 다시 검토할 필요가 있다.

69) 한명기, 「李适의 亂이 仁祖代 초반 대내외 정책에 미친 여파」『전북사학』48, 2016.

70) 한명기, 위의 논문, 2016.

인조 정권은 무너질 수밖에 없었다. 이 때문에 모문룡의 존재감은 훨씬 커졌고, 인조 정권은 그에게 필사적으로 매달렸다. 실제로 인조 정권은 이괄의 반군이 모문룡과 결탁하여 淸北 일대에서 버티는 상황을 가장 심각하게 우려했다.[71]

모문룡은 1624년 2월, 자신이 반군을 토벌하겠다며 군량과 군수 물자를 빨리 공급하라고 독촉했다.[72] 인조 정권은 그의 요구를 거부할 수 없었다. 이후 모문룡에 대한 接濟 부담은 격증하여 1627년이 되면 그에게 보내는 양곡의 양이 1년 경비의 3분의 1에 이른다고 할 정도였다. 또 모문룡 휘하의 毛兵과 遼民들이 청북 등지에서 자행하는 민폐 또한 극에 이르렀다. 이 때문에 조선은 요민들을 또 다른 紅巾賊으로 인식할 정도였다.[73]

이괄의 난 이후 모문룡에게 휘둘렸던 상황은 1624년 7월, 그를 기리는 송덕비를 세웠던 것에서 절정을 이룬다. 인조반정의 元勳 김류가 찬술한 비문은 현실과는 정반대인 내용으로 가득 차 있었다. 모문룡의 엄청난 탐학과 징색에도 불구하고 '그가 추호도 私意 없이 조선과 조선 백성들을 후금으로부터 지켜주었다'고 찬양했다.[74]

1625년 6월, 인조를 책봉하기 위해 明使 王敏政 등이 입경했다. '반정'으로 잡은 정권을 '반란' 때문에 잃어버릴 뻔했다가 겨우 되찾은 상황에서 인조 정권은 冊封使들에게 아낌없이 재정을 퍼부었다. 그들을 접대하는데 약 20만 냥의 銀을 썼다. 그것은 거의 2년 치 호조 경비에 해당하는

71) 金起宗, 『西征錄』. "此賊有上中下三策 以銀蔘厚結毛將 據有淸川以北 部署諸城 號令一道 上策也 陰結奴酋 倚仗聲勢 中策也 間道疾趨 直向京城 下策也"
72) 『備邊司謄錄』 3책 인조 2년 2월 24일, 25일.
73) 한명기, 앞의 책, 1999, 374~384쪽.
74) 金瑬, 『北渚集』 권8 「欽差平遼便宜行事摠鎭左軍都督府都督同知毛公文龍功德碑銘幷序」.

것이자 미곡 20만석을 구입할 수 있는 금액이었다.[75] 요컨대 이괄의 난을 계기로 인조 정권은 '親明 비용'을 과다하게 지출하면서 재정 악화와 민생 불안을 초래했고, 궁극에는 '국가 보위'나 '후금 토벌'을 위한 역량은 심각하게 훼손되었다.

이괄의 난은 후금과의 관계에도 부정적인 영향을 미쳤다. 우선 난의 주도자의 한 사람인 韓明璉의 아들 韓潤 등이 후금으로 귀순했다. 이들은 조선 내부 사정을 후금 지도부에 알리고 누르하치에게 조선을 치라고 권유했다.[76] 또 인조 정권이 집권 이후 후금을 기미하여 '현상 유지'를 꾀했음에도 불구하고, 모문룡을 접제하고 모병 등을 방임하여 그들의 발호를 유발함으로써 후금을 자극하는 결과를 빚게 된다. 이괄의 난 이후 정권 유지를 위해 모문룡을 후대했던 정책이, 인조 정권의 의도와는 달리 후금과의 군사적 긴장을 더 악화시키는 결과를 초래했던 것이다.

2) 정묘호란의 발생과 전개, 여파

인조 정권이 집권 이후 후금을 기미하면서 현상유지를 꾀했음에도 1627년 후금으로부터 침략을 당한 까닭은 무엇인가?

우선 후금의 내부 사정을 들 수 있다. 1626년 汗位에 오른 홍타이지의 권력은 미약했다. 다이샨(代善), 아민(阿敏), 망굴타이(莽古爾泰) 등 형들의 견제를 받는 와중에 지도력을 확보하는 것이 절실했다. 경제 사정도 열악했다. 1626년 무렵 극심한 기근 때문에 곡가가 폭등하고 아사자가 속출하는 상황에 직면했다. 이런 위기를 돌파하기 위해 홍타이지가 선택한 것

---

75) 『承政院日記』 6책, 인조 3년 6월 13일, 『仁祖實錄』 권1 인조 1년 4월 甲申.
76) 『滿文老檔』 天命 10년 1월 6일.

이 바로 조선 침략이었다.[77] 홍타이지는 침략을 시작하면서 '조선 征討'와 '모문룡 제거'라는 두 가지 목표를 내세웠다. 모문룡이 후금의 叛民을 끌어들인다고 비난하고 '만약 조선도 취할 수 있으면 그렇게 하라'고 강조한 바 있다.[78]

광해군 말년부터 청북 지역에서는 모문룡과 휘하의 모병들이 발호하고 있었다. 또 요동의 漢人들도 모문룡을 좇아 조선으로 쇄도하여 후금의 불만이 높아가고 있었다. 인조반정과 이괄의 난을 계기로 조선이 모문룡에게 '코가 꿴' 상태가 되자 상황은 더 악화되었다. 조선은 모문룡을 후대했고, 청북 일대에 屯田을 허용했고, 모병과 요민들의 작폐를 방임했다. 모병들은 '조선과 합세하여 후금을 공격한다'고 허풍을 쳤다. 청북 일대에 널려 있던 둔전과 그곳에서 횡행하던 모병들은 후금의 조선 침략을 유발하는 '인계철선'이 되었다.[79]

정묘호란 당시 조선군은 후금군을 감당할 수 없었다. 조선은 이괄의 난으로 망가진 군사적 역량을 회복하지 못한 상태였다. 강홍립의 회고에 따르면 "凌漢山城을 공격할 때 후금군 한 명이 깃발을 휘두르자 조선군은 저절로 무너졌다"고 할 정도였다.[80]

모문룡은 후금군을 피해 해상으로 도주했다. 조선 조정은 강화도로 파천하고 分朝를 설치하여 장기 항전을 도모했다. 그런데 후금군은 황해도까지 남하한 뒤 조선에 화친을 요구한다. 원정이 길어질 경우 寧遠城에 있

---

77) 김종원, 「정묘호란시의 후금군의 출병 동기」 『동양사연구』 12, 1978; 노기식, 「만주의 굴기와 동아시아 질서의 변동」 『중국사연구』 16, 2001.

78) 『淸太宗實錄』 권2 天聰 1년 1월 丙子.

79) 한명기, 『정묘·병자호란과 동아시아』, 서울, 푸른역사, 2009, 46~53쪽.

80) 申達道, 『晩悟先生集』 권7 「江都日錄」 丁卯 2월 10일.

는 袁崇煥으로부터 공격을 받을 것을 우려했기 때문이다. 바로 이 같은 상황에서 조선과 후금은 화약을 체결한다.[81]

정묘호란은 조선에 어떤 영향을 미쳤는가? 인조 정권은 이괄의 난 이후 3년 만에 또 찾아온 위기 앞에서 당황했다. 모든 역량을 강화도 방어에 투입했다. 또 전쟁 이전 개혁의 과제로 추진했던 號牌法, 軍籍 정리, 士族 收布 등도 민심을 잃은 원인이라는 이유로 모두 폐기했다. 인조는 반정 이후 수많은 獄事로 죽은 사람이 많았던 것, 민생을 어렵게 했던 것, 호패법 등을 강행했던 것 등에 대해 사과하는 교서를 발표했다.[82]

인조 정권은 과거 축출했던 광해군 정권의 주요 인물들을 기용하기도 했다. 尹暉, 李民宬, 朴蘭英, 李一元, 文希聖 등이 그들이었다. 광해군의 외교 정책에 동조했던 이들을 등용하는데 김류와 이귀가 주도적인 역할을 했다. 이들은 후금과 기미하고 화친하는 것은 위기를 극복하여 保民하기 위한 權道로서 명에 대한 의리와 결코 괴리되지 않는다고 강변했다.[83]

후금과의 화친은 조야의 격렬한 비판에 직면했다. 司諫 尹煌(1571~1639)은, 후금과 화친한 것은 사실상 항복이라고 규정하고, 후금 사신과 主和論者들을 참수하라고 촉구했다.[84] 인조와 반정공신들은 곤혹스러울 수밖에 없었다. 인조는 윤황이 자신에게 '항복' 운운한 것에 격분했지만 그를 강하게 처벌하지는 못했다. '오랑캐' 후금과 화약을 맺고 告天盟誓까지 했던 것은 인조반정의 명분을 크게 훼손하는 것이었기 때문이다.

---

81) 한명기, 위의 책, 2009, 53~57쪽.

82) 張維, 『谿谷集』 권2 「八道宣諭敎書」

83) 金容欽, 『朝鮮後期政治史硏究 1』 서울, 혜안, 2006, 202~204쪽.

84) 『仁祖實錄』 권15 인조 5년 2월 壬子.

명은 정묘호란 당시 어떤 태도를 취했을까? 원숭환은 후금에 사자를 보내 조선 침략을 힐문하고 속히 병력을 철수하라고 촉구했다.[85] 또 三叉河 근처까지 병력을 출동시켜 후금군의 배후를 견제하려고 시도했지만 조선에 도움은 되지 못했다. 모문룡은 후금과 화친한 것을 빌미로 조선이 명의 은혜를 배신했다고 질타했다.[86] 당시 명 병부는 '조선이 후금군을 끌어들였다'고 의심하면서 조선이 후금에 정복되지 않을까 우려했다.[87] 조선 내부의 비난에 더하여 모문룡과 명 조정의 부정적인 태도 때문에도 조선 조정은 곤혹스러울 수밖에 없었다.

후금은 정묘호란을 통해 무엇을 얻었을까? 후금은 우선 면포 1만 5천 필 등의 歲幣와 開市 약속을 얻어냈다.[88] 이후 조선은 개시를 통해 후금에게 양곡, 과일, 약재 뿐 아니라 명나라산 紬緞, 일본산 후추, 丹木 등도 제공했다. 또 각종 書冊도 제공했다. 후금은 조선과의 교역에서 얻은 물자들을 몽골과 교역하거나 하사하는데 활용하기도 했다. 홍타이지는 정묘호란을 통해 사회경제적 위기를 극복하고 체제를 정비하는데 적지 않은 도움을 받았다.[89]

후금은 정치적 성과도 적지 않게 거두었다. 조선과 화약을 맺음으로써 명과 대결할 때 '뒤를 돌아봐야 하는 염려'를 크게 덜 수 있었다. 실제로 홍타이지는 후금군이 귀환한 직후인 1627년 5월, 명의 錦州城 공략에 나선다. 당시 홍타이지는 명장 紀用에게 조선과 화약을 맺은 사실을 강조했

85) 『淸太宗實錄』 권2 天聰 1년 3월 壬申.
86) 申達道, 『晩悟先生集』 권5 「椵島奉使時聞見啓」 4월 27일.
87) 『兩朝從信錄』 권33 天啓 7년 3월.
88) 『仁祖實錄』 권15 인조 5년 5월 壬子, 庚申.
89) 한명기, 앞의 책, 2009, 76~82쪽.

다.[90] 또 홍타이지는 1627년 5월, 조선의 王弟 原昌君에게 들려 보낸 국서에서 '명이 유독 天子國을 운운하며 자신들을 능멸하므로 하늘에 고하고 명 정벌에 나선다'고 강조했다.[91] 정묘호란 직후부터 자신들이 명과 대등하다는 것을 조선에 과시하려 했던 것이다. 명과의 군신관계를 유지한다는 전제 아래 후금과 화약을 맺었던 조선의 의도와는 달리 양국관계는 정묘 직후부터 파탄의 조짐을 보이고 있었던 셈이다.

5. 병자호란과 朝中關係의 변화

1) 정묘화약의 파탄 과정

후금과 형제관계의 화약을 맺었지만 朝金關係는 쉽게 안정되지 않았다. 우선 '아우' 조선과 '형' 후금이 丁卯和約을 바라보는 인식이 서로 달랐기 때문이다. 조선은 화약을 '위기를 늦추기 위해 犬豕들과 맺은 權道'로,[92] 후금은 '조선을 정복할 수 있었음에도 은혜를 베풀어 살려준 전쟁'으로[93] 인식했다.

다음으로 椵島 문제를 놓고 갈등이 이어졌다. 모문룡은 양국 관계를 계속 훼방했다. 1628년 淸北에 병력을 매복해 놓고 조선을 왕래하는 후금 사신들을 습격했다. 그러자 후금은 조선이 화약을 어기고 모문룡과 결탁

---

90) 『淸太宗實錄』 권3 天聰 1년 5월 丁丑.
91) 『淸太宗實錄』 권3 天聰 1년 5월 庚午.
92) 『仁祖實錄』 권15 인조 5년 2월 辛丑.
93) 『淸太宗實錄』 권8 天聰 5년 1월 庚子.

하여 자신들을 공격하려 한다고 비난했다. 1629년 후금은 宣沙浦를 기습하여 모병들을 처단하는 실력 행사로 맞섰다.[94] 조선은 毛營과 후금 사이에서 '샌드위치'의 처지로 내몰리고 있었다.

명과 군신관계를 유지하는 한 조선은 모문룡와의 관계를 단절할 수 없었다. 그런데 모문룡은 이미 1626년경부터 후금과 내통하고 있었다. 후금은 그에게 明朝의 운세가 종말에 이르렀다며 투항할 것을 종용했다.[95] 1629년, 모문룡은 원숭환에 의해 주살되었지만 이후에도 가도의 존재는 조금관계에서 계속 '불씨'가 되었다. 모문룡의 후임으로 가도에 온 명 장수들의 작폐와 훼방 또한 그치지 않았기 때문이다.[96]

후금은 또한 조선에게 개시 횟수와 세폐를 늘리라고 압박했다. 조선 내부에서는 후금에게 명나라 산 주단 등을 넘겨주는 것에 대한 비판이 제기되었다.[97] 후금은 또 조선을 왕래하는 자국 사신들을 明使와 동등하게 접대하라고 요구했다. 사회경제적 측면에서도 조선의 고민이 커질 수밖에 없었다.

정묘화약이 파탄으로 귀결된 데는 보다 근본적인 원인이 있었다. 정묘 이후 조선의 '형'인 후금이, 조선의 '임금'인 명을 군사적으로 압도했기 때문이다. 명은 위기에 처할수록 조선의 도움을 원했고, 후금은 명을 압도함

---

94) 『仁祖實錄』권19 인조 6년 8월 甲辰; 『承政院日記』20책 인조 7년 2월 2일

95) (淸) 談遷, 『棗林雜俎』「毛文龍」, 中華書局, 2006, 597쪽. "天啓丙寅六月 金人遣毛文龍書曰 古國家興亡 皆天運循環… 將軍豈能救之乎 良禽擇木而棲 賢臣擇主而事… 今將軍縱竭力辨事 君臣皆迷 反受禍患 南朝氣運已盡 時勢已盡 悔之不及"

96) 모문룡의 피살이 후금에 대한 배후의 위협을 약화시키고 孔有德, 耿仲明 등의 반란을 유발하여 궁극에는 명 멸망의 원인이 되었다고 보는 분석도 있다(昭槤, 『嘯亭雜錄』「毛文龍之殺」, 中華書局, 1997, 363쪽).

97) 金尙憲, 『淸陰集』권17 「請勿以中國物貨與虜節」

에 따라 조선으로부터 명과 동등한 대접을 받으려고 했다. 조선은 결국 어느 한쪽을 선택할 수밖에 없는 한계 상황으로 내몰리게 된다.

그 첫 계기는 1629년, 후금이 長城 외곽의 喜峰口를 통해 皇城을 기습했던 사건이었다. 황성 입구까지 진출했던 후금군은 원숭환에 의해 저지되었지만, 遵化, 永平, 灤州 등 畿輔 지역을 공포로 몰아넣고 막대한 수량의 人畜을 획득했다. 격노한 崇禎帝는 '후금과 내통했다'며 袁崇煥을 처형한다. 명은 자멸의 길로 들어선다.[98]

황성이 포위되었다는 소식을 접한 조선은 자괴감 속에 후금에 대한 적개심이 높아졌다. 하지만 섣불리 움직일 수 없었다. 오히려 1630년 2월, 가도의 陳繼盛 등이 조선을 왕래하는 후금 사신 仲男 일행을 습격하려 했을 때 의주부윤 李時英은 명군을 따돌리고 중남 일행을 피신시켰다.[99] 조선은 이 사건을 계기로 가도와 후금 모두로부터 의심을 받게 된다.[100]

위기는 1633년 다시 찾아왔다. 당시 陸戰에서 연승했던 후금은 수군과 전함 보유를 열망했다. 가도를 제압하고 병력과 물자를 원거리까지 수송하는데 절실했기 때문이다. 홍타이지는 1629년 5월, 조선에 병선을 빌려달라고 요구했다. 조선은 거부했다.[101] 홍타이지는 1633년 1월, 다시 借船을 요구했다. 이때 조선은 화약의 파기까지 고려할 정도로 반발했다. 그런데 같은 해 3월, 登州에서 봉기한 명의 叛將 孔有德과 耿仲明이 병선과 수군을 이끌고 후금으로 귀순하는 사건이 발생했다. 명은 조선에 이자하여

---

98) 皇城 기습에 대해서는 閻崇年, 「迂道遠襲燕京之役」 『淸朝通史 太宗朝』, 2003, 103~142쪽 참조.
99) 『仁祖實錄』 권22 인조 8년 3월 庚子; 4월 甲寅.
100) 한명기, 앞의 책, 2009, 117~122쪽.
101) 『淸太宗實錄』 권9 天聰 5년 5월 辛丑.

이들을 협공하자고 요구했고, 후금은 孔耿 등에게 공급할 군량을 조선에 요청했다. 선택의 기로로 내몰린 조선은 명편을 든다. 조선은 수군을 동원하여 공경 일당을 추격했고, 압록강 부근에서 공경 일당을 엄호하던 후금군과 교전까지 벌였다.[102] 후금이 조선의 '본심'을 확인하고 정묘화약이 사실상 끝나는 순간이었다.

후금이 병선과 수군까지 확보하자 정세는 급변했다. 후금은 이제 가도는 물론 산해관을 우회하여 명의 내지를 공략할 수 있게 되었다. 조선의 강화도 또한 안전할 수 없게 되었다. 공경 등이 귀순하기 직전인 1633년 4월, 후금의 寧完我는 '과거 하늘이 우리에게 조선을 주었음에도 정복하지 않고 화약을 맺었던 전철을 되풀이해서는 안 된다'고 강조했다.[103] 정묘화약을 맺은 것을 후회하면서 조선에 대한 반감을 노골적으로 드러냈던 것이다.

홍타이지는 1633년 6월, 여러 버일러들을 모아놓고 전략회의를 열었다. 병선과 수군을 확보하여 군사력이 확충된 상태에서 명, 몽골, 조선 가운데 어디를 먼저 공격할 지를 논의하려는 목적이었다.[104] 대다수 버일러들은 '가장 약한 조선과는 당분간 현상을 유지하며 교역하되 상황을 봐 가며 처리하자'는 의견을 제시했다. 공경 일행의 귀순을 저지하는데 실패하고, 그 과정에서 후금과 원한을 맺게 된 상태에서 정묘화약은 파탄으로 접어들고 있었다.[105]

---

102) 한명기, 앞의 책, 2009, 472~481쪽.

103) 羅振玉 編, 『天聰朝臣工奏議』, 天聰 7년 4월 8일. 「寧完我請收撫孔耿辦法奏」 『清入關前史料選輯 二』, 中國人民大學出版社, 1989, 55~56쪽. "參將寧完我謹奏…… 昔日 我兵伐朝鮮抵王京 天與不取 講和而回 至如今 我們不知惹了多少氣 此昭昭轍轍 良可鑑戒也"

104) 『清太宗實錄』 권14 天聰 7년 6월 戊寅.

2) 병자호란과 조선의 대외관계

홍타이지는 1634년 차하르(察哈爾)몽골을 제압하고 릭단한(林丹汗)이 갖고 있던 元帝國 傳來의 옥새를 얻었다. 그것은 과거 원나라 황제가 지녔던 내륙 아시아와 중화의 지배자라는 위상이 홍타이지에게 넘어갔음을 의미했다.[106)]

실제로 후금 신료들은 옥새 획득을 계기로 천명이 홍타이지에게 돌아왔다고 인식했다. 1636년 2월 4일, 滿蒙漢 신료들은 홍타이지에게 帝位에 오르라고 촉구했다. 수차례 사양하던 홍타이지는 조선이 형제국이니 같이 상의하라고 지시했다. 1636년 2월 16일, 홍타이지의 명을 받은 龍骨大, 馬夫大 등과 몽골인 77명이 의주에 도착한다.[107)]

용골대 등의 입국 소식에 조선 조야는 격분했다. 洪翼漢 등은 '세상에는 大明天子가 있을 뿐인데 정묘 당시 그들의 명령을 듣는데 급급하여 이런 사태가 빚어졌다'며 일행을 참수하라고 촉구했다. 대다수 斥和臣들이 논의를 주도하면서 조정 분위기는 청과 罷盟하는 방향으로 흘러갔다. 반면 崔鳴吉, 李景奭, 趙翼 등 主和臣들은 '稱臣은 불가하지만 일단 정묘년의 화약을 유지하는 것이 중요하다'고 강조했다.[108)]

인조는 결국 후금과 맺은 화약을 끊겠다는 내용을 담은 교서를 반포한다. 교서에는 '정묘화약은 부득이하여 羈縻를 허락한 권도였다', '지금 이 오랑캐의 참람한 호칭을 차마 들을 수 없어 존망을 따지지 않고 국서를

---

105) 한명기, 앞의 책, 2009, 135~140쪽.

106) 杉山正明, 『モンゴル帝國と長いその後』 東京 講談社, 2008, 298~302쪽.

107) 이 문제의 전말은 中村榮孝, 「淸太宗の朝鮮征伐に關する古文書」 『日鮮關係史の研究』 東京, 吉川弘文館, 1969 참조.

108) 한명기, 앞의 책, 2009, 140~150쪽.

물리쳤다', '팔도 백성들은 조정의 정대한 조처에 분발하여 죽음을 맹세하고 원수를 갚으러 나서라', '충의로운 선비는 책략을 아뢰고 용감한 사람은 자원하여 征討에 나서 국은에 보답하라'는 내용을 담고 있었다.[109] 그리고 3월 7일, 인조는 교서를 평안감사에게 보냈는데, 교서를 가져가던 禁軍이 용골대 일행의 복병에게 붙잡혀 교서는 청으로 넘어가게 된다.[110] 청은 絶和하겠다는 조선의 '본심'을 문서상으로도 확인하게 되었다.

최근에는 당시 청으로 넘어간 조선의 교서가 정묘호란 당시 맺은 화약을 끊거나 후금을 배척한 것이 아니라며 필자 등이 그 교서를 '절화 교서'로 단정하여 역사적 기억과 사실을 왜곡했다는 주장이 제기된 바 있다.[111] 하지만 필자는 오수창의 이 주장을 받아들일 수 없다. 각주 110)에서 보이듯이 『인조실록』은 용골대 일행에게 탈취당한 이 교서의 내용을 '絶和備禦事'라고 기록했다. 오수창은 '絶和備禦'를 '뒷날 실록을 편찬할 때 그 문서를 정의한 내용으로 보아야 한다'고 했다. 그런데 과연 그럴까? 오히려 그것은 실록의 史臣을 비롯한 조선의 대다수가 교서를 '절화교서'로 인식했음을 암시하는 것이다. 교서를 보낸 주체인 조선에서 이렇게 인식했다면 청측은 더더욱 확실하게 '절화교서'로 받아들일 수밖에 없다고 보아

---

109) 『仁祖實錄』 권32 인조 14년 3월 丙午. "我國卒致丁卯之變 不得已權許羈縻 而谿壑無厭 恐喝日甚 此誠我國家前所未有之羞恥也 含垢忍痛 思將一有所奮 以湔此辱者 豈有極哉 今者此虜 益肆猖獗 敢以僭號之說 託以通議 遽以書來 此豈我國君臣所忍聞者乎 不量强弱存亡之勢 一以正義斷決 郤書不受 胡差等累日要請 終不得接辭 至於發怒而去 都人士女 雖知兵革之禍 迫在朝夕 而反以斥絶爲快 況八路若聞朝廷有此正大之擧 危迫之機 則亦必聞風激發 誓死同仇 豈以遠近貴賤而有間哉 忠義之士 各效策略 勇敢之人 自願從征 期於共濟艱難 以報國恩"

110) 『仁祖實錄』 권32 인조 14년 3월 壬子. "以絶和備禦事 下諭平安監司 禁軍齎書以去 被執於胡差伏兵"

111) 오수창, 「병자호란에 대한 기억의 왜곡과 그 현재적 의미」 『역사와 현실』 104, 2017. 이 논문에서 오수창은 특히 '誓死同仇'라는 문구를 상세히 검토한 뒤 인조의 교서는 외교 문서를 받지 않은 것을 정당화하고 향후 침략에 대비하라고 명령한 것에 불과함에도 청이 내용을 왜곡하여 침략의 구실로 삼았다고 강조했다.

야 합리적이다. 오수창은 또 교서 속의 '誓死同仇'를 '죽음을 맹세하고 원수를 갚으려 한다'가 아니라 '함께 대적하다(共同赴敵)'는 뜻으로 해석해야 한다고 했다. 그런데 과연 청이 '誓死同仇'를 그렇게 받아들일 수 있을까? 십중팔구 조선이 자신들을 '원수(仇)'로 여긴다고 하여 격앙될 수밖에 없었을 것이다. 백번 양보하여 오수창의 주장처럼 '함께 대적하다'라고 이해하더라도 조선이 자신들을 '敵'으로 인식한다고 받아들이지 않았을까?

오수창 주장의 문제점은 더 있다. 그는 '誓死同仇'의 해석만을 문제 삼았지만, 위의 교서가 '절화교서'일 수밖에 없는 결정적인 구절이 또 있다. 바로 '今者此虜'에 보이는 '虜'라는 용어다. 이것은 '胡虜'로서 '오랑캐', '야만인'을 뜻한다. 정묘호란 이후 조선이 후금에 보내는 국서에서 후금과 후금 사신들을 貴國, 貴使, 貴价, 貴差 등으로 표현했던 것[112]과는 달리 '虜'라는 용어는 조선이 청을 더 이상 '귀국'으로 여기지 않고 '오랑캐'로 대하겠다는 의도가 담긴 것이다. 청이 자신들을 '奴賊'이라 지칭했던 조선의 문서를 보고 몹시 격앙된 반응을 보였던 사례를 고려하면[113] '此虜'야말로 이 교서가 '절화교서'임을 보여주는 명백한 증거인 셈이다.

이미 1633년 孔耿이 후금으로 귀순할 때 조선이 후금군과 전투를 벌였던 것을 계기로 정묘화약은 사실상 파탄 상태였다. 그것은 공경의 귀순 무렵, 후금의 寧完我가 '정묘 당시 하늘이 준 조선을 취하지 못한 것이 후회스럽다'고 언급한 것에서도 알 수 있다.[114] 그런데 '稱帝' 논의와 仁烈王后

---

112) 貴國, 貴使, 貴价, 貴差 등의 용어는 『朝鮮國來書簿冊』 등에 수록된 조선의 국서들 가운데서 어렵지 않게 확인할 수 있다.

113) 『承政院日記』 55책 인조 15년 1월 17일. 홍타이지는 '賊'을, '몸을 숨기고 몰래 갖는 것'으로 정의하고 조선에게 '왜 奴賊인 자신들을 공격하지 않느냐?'고 조롱하는 투로 힐문한 바 있다.

114) 각주 103 참조.

弔祭를 위해 왔던 용골대 일행은 '사신의 목을 치라'고 운운하는 조선의 험악한 분위기에 놀라 도주했다. 도주하던 용골대 등은 평양에 도착하여 관사에 들어가지 않고 산위에 모여 좌우를 관망하며 의심하고 두려워했다는 기록이 나온다.[115] 조선의 살벌한 분위기에 목숨의 위협을 느꼈기 때문일 것이다. 이런 상황에서 '此虜', '誓死同仇', '自願從征' 등 적개심이 가득한 직설적인 문구들이 담긴 인조의 교서는 청의 입장에서 '절화교서'로 인식될 수밖에 없었다. 요컨대 인조의 교서는 당시 조정의 분위기를 주도하던 척화신들의 의견을 반영하여 작성된 절화교서로 보는 것이 합리적이다.

1636년 3월, 홍타이지는 帝位에 올랐다. 당시 즉위식에 참석했던 조선 春信使 羅德憲과 李廓은 홍타이지에 대한 拜禮를 끝까지 거부했다. 홍타이지는 같은 해 4월, 조선의 '背盟'을 힐책하는 글을 보내온다. 그는 누르하치 이래 조선에 품었던 불만을 열거한 뒤, 조선이 명만 섬기는 것을 비꼬았다. 그는 有德者는 누구라도 天子가 될 수 있다며 조선이 받드는 명은 '皇覺寺의 승려 朱元璋이 잠시 얻은 천하일뿐'이라고 강조했다. 이어 조선이 먼저 釁端을 야기했다고 힐책했다. 구체적으로는 '인조가 書生, 文臣, 文人 등의 이야기를 듣고 맹약을 저버렸다'고 지적했다.[116] 여기서 언급된 서생, 문신, 문인 등은 臺諫을 비롯한 조선의 척화신들을 지칭한 것으로 보인다.

1636년 12월 9일, 청은 침략을 개시했다. 개전 초, 적의 동향을 정확히 탐지하는데 실패하여 청군이 강을 건넌 지 한참이 지나서야 조정에 침략

---

115) 『仁祖實錄』 권32 인조 14년 3월 壬子.
116) 張存武·葉泉宏 編, 『淸入關前與朝鮮往來國書彙編 1619~1643』 臺北, 國史館, 2000, 天聰 10년 4월 15일 「金汗責朝鮮國王背盟書」.

소식이 보고되었다. 특히 都元帥 金自點 등이 도주하면서 청군 선발대는 5일 만에 서울까지 진입했다. 조선 조정은 14일 남한산성으로 들어갔다. 당시 남한산성은 병력도, 군량도, 방한복도 제대로 준비되지 않은 곳이었다. 조선 조정은 '춥고 배고픈' 남한산성에서 47일을 버텼지만 끝내 항복할 수밖에 없었다.[117]

홍타이지는 삼전도에서 만몽한 신료들이 도열한 가운데 인조로부터 三拜九叩頭禮를 받았다. 그것은 '끝까지 청을 배척했던' 조선마저 청에게 臣屬함으로써 명이 완전히 고립되었음을 상징하는 장면이었다. 홍타이지는 철수하면서 昭顯世子를 비롯하여 십만에 가까울 것으로 추산되는 被擄人들을 심양으로 연행했다. 이후 피로인들을 贖還하는 등의 문제를 놓고 조선 사회는 심각한 후유증을 앓게 된다.[118]

청은 이후 인조를 철저히 '길들이려고' 시도했다. 인조를 살려주고 왕위를 유지시켜 준 것을 '再造之恩을 베푼 것'이라고 강조했다.[119] 청은 때때로 '인조를 入朝시킨다'거나 '왕위를 교체할 수 있다'는 등 풍문을 흘리면서 압박했다. 이 때문에 인조는, 瀋館에 유치된 소현세자와의 관계가 소원해졌고 부자는 청에 대한 충성 경쟁에 내몰리게 된다.

청은 조선 신료들에 대한 통제의 고삐도 늦추지 않았다. 反淸 혐의가 있는 신료들을 심양으로 연행하여 심문하거나 심지어 죽이기까지 하는 등 폭력적으로 탄압했다. 또 고위 신료들의 아들들을 심양에 인질로 유치시킴으로써 그들을 '길들이려고' 시도했다.[120]

---

117) 개전 초기 청군의 진격 상황에 대해서는 羅萬甲, 『丙子錄』 「急報以後日錄」에 자세하다.
118) 한명기, 「병자호란 시기 조선인 포로문제에 대한 재론」 『역사비평』 85, 2008.
119) 『淸太宗實錄』 권33 崇德 2년 1월 戊辰.

항복 이후 인조는 청에 순응하여 권력을 유지하려고 시도했다. 그는 '척화신들이 나라를 그르쳤다'며 '復讐雪恥'를 주장하는 신료들을 질타하고 제거했다. 최명길 등 친청파 반정공신들을 중용하여 정국을 운영했다. 최명길 등은 청의 심기를 거스르지 않으면서 종사를 보전하는 것을 국정의 최우선 목표로 삼았다. 하지만 인조는 1642년(인조 20), 漢船과의 밀통 사건에 최명길이 연루된 사실을 드러나자 그를 바로 해임한다. 인조는 이후 죽을 때까지 자신에게 영합하는 인물들을 중용한다. 김류와 김자점이 대표적이다. 두 사람은 모두 반정공신으로 병자호란 당시 저지른 과오 때문에 군율로 치죄해야 할 대상이었다.

인조의 친청 행보가 이어지자 신료들은 격하게 반발했다. 일부 신료들은 인조를 향해 '그럴 거면 반정은 왜 했냐?'며 인조반정의 명분, 나아가 인조 집권의 정당성에 대해서까지 의문을 제기했다.[121] 하지만 인조는 멈추지 않았다. 1645년(인조 23), '인조가 청을 섬기는 것을 부끄러워하는 신료들을 미워한다'는 기록까지 등장한다.[122] 인조는 항복을 계기로 청에 기대면서 '추대된 임금'이 지닐 수밖에 없는 한계를 벗어 던지려 했던 것이다.

청은 병자호란에서 무엇을 얻었을까? 청은 우선 後顧의 우려를 제거할 수 있었다. 또 조선으로부터 군사 원조를 끌어낼 수 있었다. 병자호란 이후 청은 조선 수군과 화기수들을 가도와 錦州 등지를 공략하는데 활용했다. 명에게 충성을 다했던 조선을 굴복시킨 것 자체가 청에게는 자신감의 원천이 되었다. 홍타이지는 1637년, 명장 祖大壽에게 조선이 자신의

---

120) 한명기, 앞의 책, 2009, 172~184쪽.
121) 『仁祖實錄』 권44 인조 21년 9월 丁巳.
122) 『仁祖實錄』 권46 인조 23년 윤6월 辛巳.

'股肱之臣'이 되었다고 과시했다.[123] 궁지에 몰린 명에게는 충격이 아닐
수 없었다. 나아가 자신들에게 끝까지 저항하려 했던 조선을 '고굉지신'으
로 길들일 기회를 갖게 된 것은 만몽한을 넘어서는 제국의 수립을 지향하
던 청에게 큰 보탬이 되었다.[124]

한편 병자호란 이후에도 명은 조선을 활용하여 청을 견제하려는 미련
을 버리지 못했다. 한 예로 1642년(인조 20), 松山 등지가 청군에게 포위된
상황에서 명 병부는 王武緯를 보내 조선에서 軍援을 얻어내 청을 견제하
려고 시도했다. 왕무위는 승려 출신 獨步 등을 통해 조선의 동향을 파악했
는데, 그는 "조선의 명을 향한 마음이 6이고, 청을 향한 마음이 4"라고 하
여 명에 대한 조선의 충성심이 여전히 크다고 진단했다. 다만 청의 위세와
협박, 국왕의 質子와 質臣들이 억류되어 있기 때문에 조선이 두려워한다
고 지적했다. 이어 조선이 청에게 '겉으로는 순종하지만 속으로는 반역하
려는 마음을 지니고 있다(陽順陰逆)'고 보고한 바 있다.[125]

병자호란을 계기로 조선의 對日認識과 태도가 달라지는 조짐을 보이
는 것도 주목된다. 임진왜란 이후 조선은 일본을 '萬世不共之讐'로 인식
했지만 병자호란 이후 일본에 대한 적개심은 상대적으로 완화되었다. 오
히려 청을 '만세불공지수'로 여기면서 일각에서는 일본과 우호관계를 맺

---

123) 『清太宗實錄』 권37 崇德 2년 7월 戊辰.

124) 한명기, 앞의 책, 2009, 214~234쪽.

125) 中國國家博物館 編, 『中國國家博物館館藏文物研究叢書 明清檔案卷』「崇禎十五年二月初十日兵
部爲宣諭朝鮮輸誠傾向共計圖奴幷陳各島駐屯情形題稿及二月十三日兵部遵旨諭麗直申大義等事行
稿」 上海古籍出版社, 2006, 157쪽. "欽奉明旨 往覘麗國情形 有無向背 前件 該臣奉旨往麗 至雲從島
地方 與麗之安州接壤 差千摠陳汝禹 同麗僧獨步 今還俗改名李世忠先去探信 據麗國回稟幷國王回咨
及犒官兵銀米等項 其心 向天朝似有六分 順奴四分 其順者 一則 畏奴勢脅 質子質臣在彼 二則 恐我中
國不能炤管到底 幷恐鎮帥貪利忘義貽害之也 所以觀望兩可躊躇 未敢明言 而爲陽順陰逆耳"

어 청을 견제하자는 '以倭制淸論'이 대두했다. 대표적인 인물은 趙絅과 宋時烈이었다.[126] 병자호란을 계기로 청이 조선이 복수해야 할 대상이 되고, 과거의 '원수' 일본이 조선의 '우방'으로 인식되는 변화가 나타났던 것이다.

6. 맺음말

임진왜란 이후에도 조선의 대외적 위기는 이어졌다. 서북에서 누르하치의 건주여진이 굴기했기 때문이다. 이성량의 장남 이여송이 명군 제독으로 조선에 참전한 것이 암시하듯이 왜란은 건주여진의 굴기를 자극했다. 왜란 시기 조선은 누르하치의 공세에 밀려 두만강 주변의 번호들이 이탈하는 상황을 감수해야 했다. 왜란으로 위기에 처한 조선은 건주여진과의 마찰을 애써 회피하는 한편, 명을 통해 그들의 위협을 차단하는 借重之計를 쓸 수밖에 없었다.

광해군 연간(1608~1623), 조선은 후금의 위협과 조선을 후금 견제에 활용하려는 명의 획책 사이에서 고민하게 된다. 그 과정에서 후금을 기미하여 현상을 유지하려 했던 광해군과 명의 '은혜'에 무조건 보답해야 한다는 신료들의 갈등이 빚어졌다. 1619년 명의 압박과 신료들의 채근에 밀려 파견했던 원정군이 참패하자 광해군의 발언권이 높아진다. 그는 윤휘, 황중윤, 박승종 등의 보좌를 받아 명의 재징병 요구를 거부하고, 후금과의 기미

---

126) 趙絅, 『龍洲遺稿』 권6 「辭司諫疏」; 韓元震, 『南塘先生集』 권31 「尤庵先生書東坡詩跋」; 한명기, 앞의 책, 2009, 352~357쪽.

책을 계속 추진했다. 하지만 영건사업에 몰두하여 재정과 민생이 피폐해 지면서 민심이 이반했고 측근들마저 이탈하면서 정치적 위기에 직면한다.

1623년 인조반정이 일어나자 명의 조선에 대한 '擬制的 지배력'이 부활된다. 명은 조선의 정변을 '찬탈'로 규정하면서도 후금과의 대결에 이용하기 위해 인조를 책봉한다. 인조 정권도 '討賊'을 운운하며 명에 호응한다. 하지만 1624년 이괄의 난을 계기로 인조 정권은 '토적'은커녕 정권 유지도 장담할 수 없는 위기에 처한다. 인조정권은 이후 '친명'을 더 강하게 표방하면서 모문룡에게 '코가 꿰였고' 엄청난 '친명 비용' 부담에 시달린다.

1627년의 정묘호란은 모문룡이 '인계철선'이 되어 일어났다. 강화도로 파천한 인조 정권은 '위기 극복을 위한 권도'임을 내세워 후금과 화약을 체결한다. 하지만 그것은 집권 과정에서 내세운 명분과 '국시'를 허무는 행위로 인식되었다.

후금과 형제관계를 맺은 이후 조선은 대외적으로 이중의 정체성을 갖게 된다. '명의 신하'이자 '후금의 아우'가 된 조선은 '샌드위치'의 처지로 내몰린다. 모문룡은 조선을 명의 은혜를 저버린 '배신자'로 힐난했고, 후금은 조선이 여전히 '모문룡을 비호한다'고 압박했다.

위태롭게 이어지던 朝金關係는 1629년 후금의 황성 기습 사건, 1633년 공유덕 등의 후금 귀순을 계기로 파국으로 접어든다. 無力한 조선은 전자를 통해 명에 대한 부채의식을 새삼 환기했고, 후자를 통해 후금군과 교전까지 벌임으로써 '본심'을 노출하고 말았다. 1635년 홍타이지가 제위에 오르려 하자 양국관계는 파국을 맞는다. 1636년 홍타이지의 '칭제' 문제를 논의하자며 용골대 일행이 입국했을 때 조선의 척화신들은 '胡差 참수'를 운운하며 화약 파기를 요구했다. '오랑캐가 칭제를 운운하는 것 자체를 받아들일 수 없다'는 것이 그들의 생각이었다. 반면 주화신들은 '칭신은 거부하되 정묘화약을 끝까지 유지하며 기미하자'고 맞섰다. 인조는 척화신들의 입장에 서서 후금과의 절교를 표방하는 교서를 반포했고, 교서를 평안도로 가져가던 전령이 용골대 일행에게 붙잡히는 기막힌 사건이 발생한다.

조선의 본심을 확인했던 청은 1636년 병자호란을 일으킨다. 조선은 청군의 돌격을 막지 못했고 '城下之盟'을 통해 청에 신속한다. 이후 청의 감시와 압박이 강화되자 인조와 주화파 신료들은 청에 순응함으로써 위기를 돌파하려 시도한다. 특히 인조는 사거할 때까지 '친청' 행보로 일관하여 신료들의 반발을 샀다. 일각에서는 인조반정의 정당성에 의문을 제기하는 비판까지 등장한다.

청은 병자호란을 통해 많은 것을 얻었다. 당장 조선을 굴복시켜 명을 고립무원의 처지로 몰아넣었고, 조선의 군사력을 명 공격에 활용할 수 있었다. 뿐만 아니라 명에 忠順했던 조선을 장악하여 만몽한을 넘어서는 제국의 위상을 내세울 수 있게 되었다. 망국의 벼랑 끝으로 몰렸던 명은 병자호란 이후에도 조선을 활용하려고 시도했다. 나아가 조선에서는 청을 '복수해야 할 怨讐'로 여기는 분위기 속에 일본을 '우방'으로 활용해야 한다는 以倭制淸論이 대두되었다.

17세기 초반, 조선은 명청교체라는 격변을 맞아 주변 강국들을 움직일 만한 지렛대를 갖지 못한 종속변수의 위치로 내몰렸다. 조선은 생존을 위해 고투했지만 1636년 병자호란을 겪으며 최악의 상황으로 내몰린다. 과거 夷狄으로 멸시해 왔던 청과 일본 사이에 끼여 버렸다. 이 새로운 환경 속에서 조선은 일본에 대한 원한을 유보하고 유화적인 입장으로 돌아설 수밖에 없었다. 대청 적개심과 대일 적개심이 길항하고 있었던 것이다.

병자호란의 開戰원인과 朝·淸의 군사전략 비교연구

이종호

건양대학교 군사학과 교수

목차

1. 서론

2. 전쟁배경과 朝·淸의 군사전략

3. 병자호란의 開戰과 전쟁과정

4. 朝·淸의 군사전략 비교분석

5. 전쟁의 함의와 결론

1. 서론

역사는 승자의 기록이라고 하지만 송파의 삼전도비[1] 앞에 서면 오랫동안 진실이라고 믿었던 이 말도 또 다른 의미로 새겨진다.

1637년 2월 24일 병자호란의 승자인 청 태종 홍타이지(皇太極)는 높은

[1) 삼전도비는 현재 서울 송파구 석촌호수 인근에 있다. 1637년 병자호란에서 패배한 인조가 청 태종에게 항복했던 현장에 청이 1639년에 건립하였고 도승지 겸 예문관 제학이던 이경석(李景奭)이 비문의 내용을 적어 넣었다. 비문에는 조선이 청에 항복하게 된 경위와 청 태종의 침략을 "공덕"이라고 찬미한 굴욕적인 내용을 적어 넣었다. 자주국방의 중요성을 일깨워주는 역사적 유물이다.

단상에서 승리의 미소를 짓고 있었고 패자인 조선 국왕 인조는 단하에서 삼배구고두례(三拜九叩頭禮)의 치욕을 감당해야 했다. 이후 조선은 오랑캐라고 멸시하던 청을 종주국으로 섬기면서 공물과 특산품을 상납하고 청나라가 구축한 동아시아 질서에 편입되었다.

한동안 조선의 지식인층은 숭명배금주의(崇明排金主義)와 재조지은(再造之恩)으로 대표되는 반청의식을 바탕으로 조선을 소중화로 인식하면서 정신적 측면에서 청을 거부하였으나 북벌계획이 실패하고 청이 제국으로서의 정치적 위상이 확립됨에 따라 결국 조선에는 명에 이어 청에 대한 사대주의가 정착되었다. 이러한 상황은 약 260년 후인 1894년 청일전쟁이 발발할 때까지 지속되었다.[2]

그러나 지금 조선의 한민족은 역사의 수레바퀴 속에서 강인한 생명력으로 살아남아 새로운 국가 발전의 열망을 이어가고 있으나 청나라를 세우고 중국 전역을 통치하였던 만주족은 흔적도 없이 역사의 뒤안길로 사라져 버렸다. 역사의 아이러니라고 할 수 있는 이것을 어떻게 이해해야 할 것인가? 동시에 17세기 동아시아 역사에 있어서 거대한 변동(The Great Tranformation)의 단초가 되는 병자호란을 어떠한 시각으로 접근하고 이해해야 할 것인가? 여기에 대한 의문을 가지고 본 연구를 시작하게 되었다.

동아시아 국제질서는 17세기 명·청 교체기라는 큰 변동을 겪게 된다. 이 과정에서 발생한 병자호란의 결과는 조선, 명, 몽골, 일본 그리고 청의 만주족에게 있어서 동아시아 국제질서 내에서의 국가적 지위 변동에 결정적인 전환점이 되었다. 명, 청, 몽골과 청, 명, 조선 그리고 청, 조선, 일본

---

2) 이종호, "청과 일본의 동아시아 패권전쟁 비교연구", 「한국동북아논총」 제16집 1호 (한국동북아학회, 2011), 187쪽.

등 다중 삼각관계에서 청, 몽골, 조선이 동맹관계로 결합되어 명과 대치하는 양극 관계로 변환되었다.

바로 이 시대는 조선이라는 국가의 역사발전 단계에 있어서 임진왜란과 정묘호란, 병자호란으로 이어지는 35년간의 전란기를 매듭짓고 조선후기 근세사회로 발전해 가는 전환점이 된다. 이렇게 중요한 전쟁에 대한 연구는 지금까지 주로 정치, 경제 및 사회사의 시각에서 연구되었을 뿐 정작 중요한 부분인 군사사적 접근은 미흡했다고 보인다.

특히 전쟁의 과정과 결과에 가장 많은 영향을 주는 양국의 군사전략적 관점에서의 연구는 보다 깊은 연구가 필요하다.

따라서 본 논문에서는 지금까지 학계에서 연구해왔던 성과물을 바탕으로 병자호란에 임하는 조선과 청의 군사전략을 비교 분석함으로써 과연 당시의 국제환경과 군사력 그리고 국가적 자원과 수단을 고려해 볼 때 적절했는지 그렇지 않으면 무모했는지 살펴볼 것이다. 그리고 오늘날 우리에게 주는 함의가 무엇인지 도출해보고자 한다.

2. 전쟁배경과 朝·淸의 군사전략

가. 전쟁의 배경

임진왜란이라는 국제전쟁의 공간에서 여진족을 통합하여 후금을 건국하고 한(汗)에 즉위한 누루하치(奴兒哈赤)는 명에 대해서는 군사적 대결을 지속하되 조선과는 되도록 원만한 관계를 유지하려 하였다. 그러나 영원성 전투에서 부상을 당한 후 사망하여 그의 아들 홍타이지가 1626년 한

위(汗位)를 계승함으로써 후금의 대외정책에 큰 변화가 일어나기 시작하였다. 당시 후금이 처한 상황에서 가장 심각한 문제는 경제적 위기에 있었다. 팔기군에 의한 강력한 무력을 앞세워 요동지역을 병합하고 몽고 제부의 귀속으로 통치해야 하는 강역과 인구는 규모면에서 방대해졌으나 한인들의 동요로 후금이 주력했던 농업경영은 실패하였고 한랭 기후의 도래로 흉작이 겹쳐서 경제상황이 극한으로 내몰렸다.[3]

홍타이지는 국가의 규모가 확대되면서 국가경영체제를 중국의 정부체제를 모방하여 재편하였다. 특히 한인관료의 도움으로 관제를 개혁하여 중국식 관제인 6부(六部)를 설치하고 대외정책에 대한 국가전략을 재편하였다. 그는 주변국 정세와 후금이 처한 현실을 정확히 진단한 후에 후금의 국가전략을 대명화의(對明和議)와 요동고수(遼東固守)로 결정하였다.[4]

당시 조선, 명, 후금의 삼각관계에 있어서 결정적 전환점은 명의 제국 말기적 정치, 경제, 사회혼란과 누루하치의 뒤를 이어 대조선 강경론자인 홍타이지의 등장 그리고 조선에 있어서 인조반정을 계기로 광해군을 축출한 서인정권이 기존의 중립외교노선을 부정하고 친명배금(親明排金)정책으로 선회하게 된 것이라고 할 수 있다. 더군다나 후금의 배후를 위협하기 위해 설치한 가도(椵島)의 동강진에 주둔한 모문룡(毛文龍)군을 조선 정부가 지원함으로써 양국 사이의 갈등은 고조되었다.

또한 당시 인조반정의 논공행상에 불만을 품고 발생한 이괄(李适)의 난 이후 그 잔당이었던 한윤(韓潤) 등이 후금으로 망명하여 조선 내부의 정세를 제보하면서 후금의 조선 침공을 부추긴 면이 있다.

---

3) 김문기, 『17세기 강남의 기후변동과 명·청 교체』, 부경대학교 박사학위논문, 2008, 176~182쪽.
4) 노기식, '만주의 흥기와 동아시아 질서의 변동'(중국사), 2009. 47쪽.

결국 홍타이지는 조선 침공을 결심하고 원숭환이 지휘하는 영원성 지역의 명군과는 일시적으로 휴전을 하고 나서 후금의 주력을 조선으로 전환하여 정묘호란을 일으켰던 것이다.

정묘호란에서 후금의 전쟁 목표는 세 가지로 요약된다. 첫째는 가도(椵島)의 모문룡 군의 세력을 제압하여 배후의 위협을 제거하는 것이다. 둘째는 명의 충순한 번국(藩國)인 조선을 견제하는 것이다. 셋째는 조선과 교역하여 양곡 등 필요한 물자를 획득하는 것이었다. 1627년 1월에 발발한 정묘호란은 그해 3월 정묘화약(丁卯和約)으로 종결되었다. 전쟁결과 양국은 형제의 맹약을 맺고 개시(開市)를 개설하여 국경무역이 시작되었다. 또한 조선은 아우의 나라로서 형의 나라인 후금에 매년 막대한 양의 세폐(歲幣), 즉 공물을 보내게 되었다.

후금의 무력에 의해 이루어진 정묘화약은 처음부터 지켜지기 어려운 것이었다. 후금의 입장에서는 세 가지의 전략목표 중에서 두 가지를 달성했으나 첫 번째 목표인 가도의 모문룡 군을 제압하는데 실패했다. 조선과 중강개시와 회령개시를 개설하고 형제관계를 맺음으로써 두 번째와 세 번째의 목표는 달성했으나 그것은 명과 조선이 전통적으로 유지해왔던 군신관계를 용인해 주는 바탕 위에서 수립한 것이었다. 따라서 양국 간에는 병자호란이 발발하기까지 약 10년간 많은 외교적 분쟁과 갈등이 거듭될 수밖에 없었다.[5]

조선은 정묘호란을 통하여 후금의 군사력을 실감하였고 정묘화약을 체결함으로써 전쟁의 확대를 방지할 수 있었다. 그러나 이후 10년간 명과

---

5) 한명기, 『정묘·병자호란과 동아시아』(서울: 도서출판 푸른역사, 2009), 89~90쪽.

후금의 전쟁상황 속에서도 가까스로 유지하였던 불안한 평화를 깨트리고 양국은 왜 전쟁을 선택할 수밖에 없었는지 의문이다. 전쟁의 원인(遠因)과 전쟁의 근인(近因)으로 구분하여 살펴보고자 한다.

1) 전쟁의 원인(遠因)

(1) 동아시아 국제질서의 변화

당시 동아시아 국제질서는 명, 후금, 몽골과 후금, 명, 조선 그리고 후금, 조선, 일본 등 다중 삼각관계로 구성되어 있었다. 그러나 독립변수는 명과 후금이었으며, 두 국가의 관계가 변동되면서 다른 삼각관계도 급격한 변동이 발생하였다. 하지만 다중 삼각관계가 유지되고 있는 균형된 상태에서는 명을 패권국으로 하는 질서가 아직까지는 유지될 수 있었다.

무력충돌과 변화의 시작은 명이 장악하고 있었던 요동에서 시작되었다. 요동은 요하(遼河)의 동쪽 지역으로 중국의 지정학적 시각에서 보면 동으로 한반도를 견제하고 여진족과 접촉할 수 있으며, 서로는 산해관(山海關)과 접하고 있어서 북경으로 바로 연결되고 남으로는 발해만을 끼고 있어 해양으로 나아갈 수 있다. 또한 북으로는 요하를 넘어 사막, 초원지대의 몽골과 접촉할 수 있다. 때문에 명, 청 시대에 걸쳐서 요동은 동아시아 역사 변동의 한 축이 되었다.[6]

누루하치는 1616년 한(汗)으로 즉위하고 국호를 금(金), 연호를 천명(天命)이라 하고 명에 대해 독립을 선포하였다. 1618년 4월에는 7대한서(七大恨書)를 발표한 후 무순(撫順)과 청하(淸河)를 점령하여 명과 전면전쟁에 돌

---

6) 남의현, 『명대 요동도사 지배의 한계에 관한 연구』, 강원대학교 박사학위논문, 2006, 1~2쪽.

입하였다.

명은 후금의 위협이 가중되자 조선에 대해 임진왜란의 재조지은(再造之恩)을 강조하며 원병을 요청하였다. 1619년 명과 조선의 연합군은 후금의 팔기군과 사르후(薩爾滸)전투를 치루지만 모두 섬멸되어 버린다. 누루하치는 조·명 연합군을 대파한 후 요동 진출을 가속화 한다.

1621년에는 심양이 함락되고 이어서 명의 요동도사(遼東都司)가 설치되어 있는 요양이 팔기군에게 점령당한다. 누루하치가 수도를 허투알라(赫圖阿拉)에서 요양으로 천도하여 요동 경영을 본격화하자 명군은 방어선을 요하 서쪽으로 조정할 수밖에 없었으며, 명과 조선의 육로 통행은 후금에 의해 차단되고 말았다.

요동을 중심으로 명과 후금의 군사적 충돌이 확대되면서 명은 몽골, 조선과 연합하여 후금의 팽창을 저지하려 하였다. 후금 또한 요동지역으로 세력을 확장하면서 몽골과 대외경제 확대라는 공통의 목적을 위하여 연합관계를 형성해 나갔으며, 사신의 왕래와 혼인(婚姻) 등을 통하여 관계를 더욱 공고히 하려고 하였다. 그리고 조선은 오랫동안 명의 번국(藩國)이며, 임진왜란 기간 중에는 조·명 연합군을 구성하여 일본을 패퇴시킨 군사동맹국이므로 후금은 이를 배후의 위협으로 생각하였다. 따라서 견제와 위협 그리고 군사적 수단을 통해 조·명 관계를 단절시키려고 노력하였다.

(2) 후금의 국력신장과 제국건설의 야망: 몽골과 만주북방 제부족의 통합

후금이 국가팽창과 생존을 위해서는 먼저 몽골을 복속하여 통합된 힘으로 대명 우위를 확보하는 것이 선결 조건이었으므로 누루하치 시대에는 동몽골지역의 커르친부(科爾沁部)와 내할하5부(內喀爾喀5部)를 복속하

였으며, 홍타이지 시대에는 몽골에서 가장 강력한 부족인 챠하르부(察哈爾部)를 복속하여 후금의 지배체제 안으로 흡수하였다.[7]

후금은 몽골의 통합을 위해 세력을 넓혔던 차하르부(察哈爾部)의 릭단 한에 대항하여 동몽골의 지도자들과 연맹을 결성하고 10여 년에 걸친 대규모 원정전쟁을 수행하였다. 1634년 태종 홍타이지는 릭단 한이 죽은 후 그의 아들 콩고르가 복속을 해 옴에 따라 몽골의 제부를 후금에 병합하고 만주 8기(滿洲 八旗)에 분편되어 있던 몽골군들을 분리하여 몽골 8기(蒙古 八旗)를 별도로 창설하였다. 더군다나 릭단 한이 가지고 있던 역대전국옥새(歷代傳國玉璽)까지 수중에 넣음으로써 천명(天命)을 획득했다는 정치적 이념을 창출할 수 있었다.[8]

또한 만주 북방지역에 대한 명의 영향력을 차단하고 경제적으로 안정적인 재원을 확보하기 위하여 북방 제부족에 대한 복속전략을 계속 강화해 나갔다. 특히 1634년부터 복속하지 않는 흑룡강 지역의 색륜부(索倫部)와 동해 제부에 대한 대대적인 원정전쟁을 개시하였는데 이때는 이미 몽골지역에 대한 병합이 이루어지고 있었으므로 강압적인 무력행사보다는 후금으로의 귀부에 중점을 두고 있었다.[9]

1636년 몽골의 제부(諸部)가 후금에 병합되고 만주 북방의 제부족이 대부분 후금에 귀부해 옴에 따라 후금은 통치영역 면에서나 군사력 측면에서 명에 대해 자신감을 가지게 되었다. 이제 후금은 명의 내지를 공략하

---

7) 조병학, 『입관전 후금의 몽골 및 만주족 통합에 관한 연구』, 중앙대학교 사학과 박사학위논문, 2002, 20쪽.
8) 노기식, 『후금시기 만주와 몽고 관계 연구』, 고려대학교 사학과 박사학위논문, 1999, 197~199쪽.
9) 조병학, 전게서, 1999, 117~118쪽.

기 위해서 산해관 방면으로 공격할 필요 없이 동몽골의 장성지역(長城地域)으로 우회하여 침입할 수 있게 되었으며, 동아시아 역학관계는 명에게 매우 불리한 국면으로 전환되었다.

1636년 4월 11일 후금의 태종 홍타이지는 만몽한(滿蒙漢) 민족을 대표하는 황제의 위(位)에 오르고 국호를 대청(大淸)이라 하였으며, 숭덕(崇德) 원년으로 개원하였다.

홍타이지는 동년 6월 새로이 탄생한 청조(淸朝)의 위력을 과시하고 명의 수도인 경사(京師)일대의 방어력을 탐색하기 위해 약 8만 여 명의 팔기군을 장성지역으로 침입시켜 경사에 인접한 창평(昌平)을 공략하고 이후 1개월 동안 화북지역을 철저히 유린하였다. 청병은 그해 7월 약 18만의 인축(人畜)을 노략하여 퇴각하였다. 화북에서 철수한 청은 몇 달이 지나지 않아 조선에 대해서 대규모 원정전쟁(병자호란)을 단행한다.[10]

청은 팔기군을 앞세운 우세한 기동전력으로 명의 수도 주변일대를 공략함으로써 명군이 수세적인 태세를 취할 수밖에 없도록 강요하였으며, 명의 화북지역에 대한 수회의 대규모 침공이 성공을 거두자 청은 군사적으로 대명 전략적 우위를 확보하였다고 판단하였다.[11] 이때 청은 조선이 비록 정묘화약(丁卯和約)을 통해 형제국이 되었다고 하나 아직까지 유일하게 명과 동맹관계를 유지하고 있으므로 명에 대해 본격적인 군사행동에 들어가기 전에 배후의 위협을 사전에 제거하여 양면전쟁의 위험을 제거하고자 하였다.

---

10) 정병철, 『天崩地裂의 시대, 명말청초의 화북사회』, 전남대학교 출판부, 2008, 66쪽.

11) 1627년 정묘호란에서 조선에 승리한 후금은 배후의 위협을 제거한 이후 명에 대해 대규모 침공을 단행하였다. 제1차 침공은 1629년, 제2차 침공은 1634년, 그리고 제3차 침공은 1636년 대청제국을 수립한 지 4개월 후인 동년 6월 침공하였다.

2) 전쟁의 근인(近因)

(1) 정묘화약에 대한 양국의 시각 차이와 갈등의 확대 그리고 파국

정묘호란이 종결되고 병자호란이 발발하기까지 10년 간 지속적으로 발생하였던 조선과 후금간의 갈등은 정묘화약에 대한 극명한 시각차이가 근원이다. 후금은 정묘호란을 통해서 조선과 형제관계를 수립하고 중강개시와 회령개시를 개설하여 정치·경제 전략적 이점은 획득했으나 가도의 모문룡 군의 격멸 그리고 명과 조선 간 국교를 단절시킴으로써 배후의 위협을 제거한다는 군사전략적 목표 달성에는 실패하였다.

그럼에도 불구하고 후금은 조선을 군사적으로 굴복시켰다는 우월감과 조선의 영역을 완전히 점령하지 않고 정묘화약을 통하여 전쟁을 종결시켜 주었다는 시혜의식을 가지고 있었다. 그래서 후금 사신의 예우를 명 사신과 동일하게 하라고 요구하였고 조선의 포로 중에서 도망한 자와 요동지역에서 만주족의 횡포로 조선경내에 들어 온 한인 망명자의 소환, 세폐의 증액 그리고 형제관계를 군신관계로 조정하자는 것 등을 지속적으로 요구 하였다.

반면에 조선은 군사력의 열세를 인정하고 일단은 후금과 정묘화약을 체결함으로써 전쟁의 참화가 확산되는 것을 방지하였으나, 신료와 사대부들은 소중화 의식(小中華 意識)을 바탕으로 오랑캐인 여진족 정권과 형제관계를 수립한 것에 대하여 국가적 치욕이라고 생각하였다. 따라서 조선은 정묘화약 이후 후금의 추가적인 요구사항에 대하여 미온적이거나 오히려 거부적인 태도로 일관하였다.

정묘화약에 대한 양국의 극명한 인식의 차이는 이를 자국의 이익에 부합되도록 변경하려는 전략적 의도와 결부하여 언제든지 명과 후금의 군사적 균형의 추이와 같은 정세의 변화에 따라 양국관계의 파국이 현실화 될 수 있는 촉매제가 되었다. 후금의 홍타이지는 팔기군의 기동전력을 이용하여 명의 화북지역에 대한 공략이 성공하고 대릉하 전투에서 결정적인 승리를 얻은 다음 산동에서 공유덕과 경중명의 대규모 수군까지 귀순해 오자 대명관계에 자신감을 갖게 되었다. 그 결과 1633년 6월 향후 대주변국 정책에 대한 전략회의를 실시하여 조선 문제는 경제적 이득을 고려하여 당분간 포용하되 결정적인 상황의 변화를 기다려 완전히 복속시키는 것으로 확정하였다.[12]

(2) 군사적 분쟁

평안도 철산 앞바다의 가도에 군사적 거점을 확보하고 있던 모문룡 군은 후금이 명을 공격할 때 조선군과 연합하여 배후를 위협할 수 있는 존재였다. 따라서 후금은 정묘호란 당시 이를 제거하기 위해 노력했으나 실패하자 조선으로 하여금 명군에 대해 일체의 지원을 못하도록 압력을 행사하였다. 그러나 조선은 이를 묵살하였을 뿐만 아니라 모문룡 군에게 군량과 물자를 조달해 주고 군사적 협력관계를 계속 강화하였다.

그러나 명 조정의 실권을 쥐고 모문룡을 비호해 주던 위충현(魏忠賢)이 실각하자 그 파장이 조선에까지 영향을 미치게 되었다. 모문룡이 신변의 위협을 느끼고 후금에 투항할 의도를 간파한 요동경략(遼東經略) 원숭환이 1629년 6월 그를 피도로 유인하여 살해하였던 것이다. 또한 1630년 유흥치(劉興治)가 가도에서 반란을 일으켰다가 심세괴(沈世魁) 등에게 살해되는

---

12) 한명기, 전게서, 2009, 135~140쪽.

사건이 발생하였다. 이러한 혼란을 틈타 후금은 모문룡의 잔당을 토벌하기 위해 조선에 사신을 보내 선박의 제공을 요구하였으나 인조는 대명의리론을 들면서 이를 거부하였다.[13]

결국 조선으로부터 선박의 지원을 받지 못하게 되자 후금은 자체적으로 평안도 연안에서 선박 11척을 획득하여 가도 공략을 시도하였다. 그러나 명 도독 황룡(黃龍)에게 해전에서 대패함으로써 군사작전은 실패하였다.[14]

이 사건으로 조선과 후금 관계가 악화될 무렵인 1632년 산동의 등주에서 명의 장수 공유덕과 경충명이 반란을 일으켰다. 명의 토벌군에 의해 등주가 함락되자 이들은 여순 방면으로 도주하여 후금에 투항하였다. 이들의 규모는 병선 185척, 병력 수만 명에 이르렀으며, 후금의 홍타이지가 고대해왔던 것이 현실화된 것이다. 즉, 후금은 수군을 이용함으로써 산해관을 우회하여 천진(天津)과 등래(登萊)를 공략할 수 있는 길이 열린 것이다. 후금은 확보한 수군전력을 진강(鎭江) 일대에 계류시켜 놓고 지리적으로 접근이 용이한 조선 측에 병선을 관리하는 병력의 군량을 제공해줄 것을 요청하였다. 동시에 당시 가도의 명군 총병 황룡과 부총병 심세괴도 조선 측에 군량 공급과 공유덕 군을 소탕하는데 동참할 것을 요청 하였다. 양자 사이에서 고심하던 조선은 명군의 제의를 받아들여서 가도에 군량을 공급하고 군대를 파견하여 공유덕 일당을 토벌하는 전투에 참가하였으며, 이 과정에서 후금군과 교전을 벌이기도 하였다.[15]

---

13) 최동희, 『조선의 외교정책』(서울: 집문당, 2004), 52~53쪽.

14) 『仁祖實錄』 권24, 인조 9년 6월, 康午.

15) 한명기, 전게서, 2009, 135~140쪽.

이와 같은 조선의 군사행동은 후금이 조선 문제를 군사력으로 해결하려고 결정하게 하는 단초를 제공하였다.

(3) 인조의 척화유시문을 용골대 일행이 입수, 開戰의 빌미 제공

후금은 1636년 4월 홍타이지가 만몽한(滿蒙漢) 민족을 대표하는 황제의 위(位)에 오르고 국호를 대청(大淸)으로 선포하기 전에 이를 조선에 알리기 위해 용골대를 사신으로 보냈다.

조선 조정 내에서는 이 문제와 관련하여 큰 동요가 발생하였다. 홍타이지를 황제에 추대하기 위한 존호의 진상에 조선이 참여하는 것은 명과의 사대관계를 고려할 때 절대로 수용할 수 없다는 것이 대부분의 의견이었다. 특히 용골대가 홍타이지 명의의 국서 이외에 두 개의 별서를 가지고 왔는데 이를 접수하는 과정에서 문제가 생겼다. 이 별서는 조선이 명을 배신하고 후금으로 귀순할 것을 권유하는 내용이 포함되어 있었기 때문이다. 조선의 대청 강경론자들은 대청관계를 단절하고 용골대 등 사신들을 참수함과 동시에 서한을 불태우라고 주창하였다. 용골대는 조선의 적대적인 분위기에 두려움을 느끼고 급히 도성을 떠나 본국으로 복귀하였다. 이때 인조는 척화를 결심하고 청의 침공에 대비하라는 유시문을 각도에 내렸다. 그러나 평양감사에게 전달해야 하는 유시문이 용골대 일행에게 입수되어 그 내용이 노출되고 말았다.[16]

인조의 유시문이 노출된 경위가 어떻든 간에 이 사건은 청이 조선을 침공하게 되는 가장 결정적인 빌미가 되었던 것이다.

---

16) 육군군사연구소, 「한국군사사 제7권」(서울: 경인문화사, 2012), 306~307쪽.

나. 조선의 군사전략

인조의 즉위 초에 조선은 후금의 침공에 대비하여 중앙군의 재편성과 함께 지방군을 재정비할 목적으로 속오군(束伍軍)[17] 훈련을 담당하는 전담 영장제(營將制)를 시행함으로써 군사력을 증강시키려고 노력하였다. 또한 평안도에서 황해도, 개성으로 이어지는 서북지역 방어에 전략중점을 두고 압록강변의 의주와 창성을 제1차 방어선으로 하면서 영변, 안주, 평양을 내륙 거점방어의 중심으로 삼는 평안도 지역 방어전략을 수립하였다. 그러나 1624년(인조 2년)에 발생한 평안병사 이괄의 난으로 평안병영이 위치한 영변 일대는 초토화되고 평안도 지역의 군병의 수효는 급감하여 청북지역(청천강 이북)에 대한 실질적인 방어는 포기할 수밖에 없었다.

이러한 배경에 따라 전략방침이 수도권 방비를 강화하면서 예상 주공로 방향에 대하여 전력을 집중시키는 것으로 수정됨에 따라 의주대로와 내륙직로가 모이는 안주를 중심으로 청남지역(청천강 이남지역) 방어를 강화하는 전략이 수립되었다. 이는 정묘호란 때에 후금군 주력의 진출로가 의주–용천–곽산–안주–평양이었고 일부 병력이 창성을 공격하여 내륙직로를 견제했던 사례를 고려하여 현실적으로 판단한 것이다.[18]

특히 후금군이 대명전쟁을 치르면서 다양한 공성 전술을 익히게 되고 서양식 대형 화포인 홍이포를 생산하여 대규모 화포부대를 운용함에 따라 조선은 그들의 공성능력에 대한 대비책을 강구해야만 했다. 이에 따라 대로상에 위치한 평지 읍성의 방어는 안주성을 제외하고는 모두 포기하

---

17) 임진왜란시 유성룡의 건의로 편성된 지방군, 양인과 천인이 모두 대상이며, 병농일치제로 평상시에는 농사 및 무예연습, 유사시 소집됨, 영장 통솔 하에 5개사(司), 1사에 5개초(哨), 1초에 3개기(旗), 1기에 3개대(隊), 1대는 화병(火兵) 1명을 포함하여 11명으로 구성, 1개의 영(營)은 2,475명으로 편성

18) 육군군사연구소, 전게서, 2012, 311~314쪽.

고 인근의 산성을 중심으로 방어거점을 옮겨 방어체계를 갖추는 '산성위주의 수세적 방어전략'으로 전환하였던 것이다.

이러한 전략방침에 따라 서북지역의 방어병력은 각각 지정된 산성으로 이동 배치되었다. 의주는 백마산성, 용천은 용골산성, 선천·곽산·정주는 능한산성, 평양은 자모산성, 황주는 장수산성을 입보처로 하여 들어가 지키게 하였다.

수도권 방비를 위해서는 정묘호란 전에 중앙 상비군 강화를 위해 창설했었던 호위청, 어영청 등 군영의 병력을 증강시키고 훈련도감의 전력도 청의 기병에 대응하기 위하여 마군(馬軍: 기병) 5초(600여 기), 보군(步軍) 25초(4,400명) 등 약 5,000여 명으로 증원하였다. 또한 남한산성에 수어청이라는 군영을 신설하여 수도권 방위력을 확대 개편하였다.

수도 방위를 하는 각 부대는 병력이 2교대 또는 8교대의 순환식 근무를 하기 때문에 실제로 위기 시 즉각 대응할 수 있는 전력은 편제병력 중에서 12,000여 명 수준이었다.

조선은 정묘호란을 통하여 청의 군사적 능력을 실감하고 재침공에 대비하여 서북지역의 방어체제를 강화하였다. 만일 이 지역에서 방어에 실패할 경우 국왕은 강화도로 이동하여 훈련도감과 어영청의 전력으로 방어하고 세자는 남한산성으로 들어가 수어청 전력으로 수도권 방어에 임하여 강화도에 대한 압력을 둔화시키다가 각 도의 속오군을 중심으로 편성된 근왕군이 도착하면 수도권에서 결전을 시도하는 방어전략을 수립하였다. 이러한 군사전략의 개념에 따라 강화도와 남한산성의 방어체제를 우선적으로 정비하였다.

〈 표 1 〉 병자호란 직전 수도 한성 방어를 위한 상비군 현황

부대	규모	역할
호위청	1,000명	1623년 인조반정에 참여한 군사들로 창설한 부대로서 국왕의 호위 임무수행
어영청	6,200명	1624년 후금군이 침공할 것에 대비하여 국왕이 친정(親征)할 때 직접 지휘하는 근위부대
총융청	20,000명	1624년 경기도의 병력을 통합하여 창설한 부대, 후금 침공시 국왕은 강화도, 세자는 남한산성 이동, 각 도의 군사력 집결, 반격 시 주력의 역할 수행
훈련도감	5,000명	1593년 임진왜란 시 유성룡의 건의로 창설된 중앙 상비군, 정병 양성과 수도방위 임무수행, 전 인원이 급료를 받는 직업 군인으로 편성됨.
수어청	12,700명	1627년 남한산성의 수비를 위해 창설, 경기도 남부지역의 각 진을 총괄 지휘하는 임무수행
총　계	45,000명	

출처: 유재성, 「병자호란사」 국방부 전사편찬위원회, 1986년, 27~36쪽. 연구자가 재정리.

다. 청의 군사전략

청 태종 홍타이지는 즉위 후 全 만주와 몽골을 정복하고 명나라로 진공한다는 전략목표를 실현하기 위하여 우선적으로 자신들에게 적대적이었던 조선을 침공(정묘호란)하였다. 이를 통하여 배후의 위협을 해소하고 경제적 이득을 획득하였으며, 이어서 차하르부(察哈爾部)의 릭단 한에 대항하여 10여 년에 걸친 대규모 원정전쟁을 성공적으로 수행함으로써 몽골을 완전히 복속시켰다. 그리고 만주 8기(滿洲 八旗)에 분편되어 있던 몽골군들을 중심으로 몽고 8기(蒙古 八旗)를 창설하여 군사력을 획기적으로 증강하였다.

홍타이지는 1636년 몽골의 제부(諸部)를 병합되고 만주 북방의 제 부족들을 대부분 통합함에 따라 대청(大淸)의 황제의 위(位)에 올랐다. 이제 동아시아 역학관계는 명, 청, 조선의 삼각관계로 정립되었다. 청(淸)은 통

치영역에서나 군사력 측면에서 이제 명과 대등할 정도의 수준이 되었고 산해관 방면뿐만 아니라 동몽골의 장성지역(長城地域)으로 우회하여 명을 침공할 수 있게 되어 군사전략 수행의 융통성이 확대되었다. 그러나 청(淸)이 명과 전면전을 수행하기 위해서는 배후에 위치하고 있는 조선군과 가도의 명군 전력이 있는 한 내선작전[19]을 수행해야 했다.

따라서 청 태종 홍타이지는 기동력이 우세한 팔기군을 기반으로 하여 내선작전의 이점을 활용한 선제적 공세전략을 수행하였다. 우선 1636년 6월 아지게(阿濟格)에게 약 8만의 병력을 주어 장성지역으로 우회하여 화북지역을 침공하게 하였다. 약 1개월의 전역을 통하여 청은 팔기군을 앞세운 우세한 기동력으로 명의 군사력을 수세적인 태세에 몰리게 하였으며, 획득한 물자와 인력을 활용하여 조선 침공을 준비하였다. 그해 겨울 압록강이 동결되자 청은 배후의 위협이라고 인식하였던 조선군과 가도에 주둔하고 있는 명군을 격멸하기 위해 조선을 침공하였다.[20]

청 태종은 1627년 정묘호란 때 조선을 공략했던 작전경험을 십분 활용하였다. 즉, 조선군이 방비하고 있는 주요 산성의 거점은 우회하고 기동로의 인접에 있는 도시는 점령하면서 조선의 중심인 한성을 향해 신속하게 공격하였으며, 기동력이 있는 선봉부대를 주력부대 앞에 먼저 진출시켜서 조선 국왕이 강화도로 가는 길목과 남부 지방으로 가는 길을 차단함으

---

19) 내선작전은 아군이 2개 이상의 적 사이에 위치할 경우에 수행하는 작전이다. 수개 방향의 외부로부터 위협하는 적에 대하여 아군의 후방 병참선을 내부에 확보한 가운데 실시하는 작전이다. 내선작전의 핵심은 가용한 전력을 통합하여 개개의 적에 대하여 각개격파하는 것으로 전투력의 집중과 시간적 요소가 중요시된다.

20) 김문기, "병자호란 전후의 조선·명·청 관계와 김육의 조경일록(朝京日錄)", 조선시대사학보, 2006, 89~90쪽.

로써 한강 이북에서 전쟁을 조기에 종결할 수 있는 전략을 수립하였다.

이를 위하여 가용병력 중에서 청 팔기병 7만 8천 명, 몽고 팔기병 3만 명, 한병(漢兵) 2만 명 등 도합 12만 8천 명을 조선 원정군으로 편성하였다. 최소한의 잔여병력을 통합하여 패륵 아파타이(阿巴泰)가 갈해성(噶海城)에서 대명전선에 대비하도록 하였으며, 무영군왕(武英郡王) 아지게(阿濟格)가 우장(牛莊)에 주둔하여 명군이 해로를 이용하여 조선을 지원하지 못하도록 차단임무를 수행하게 하였다.[21]

선봉부대는 호부승정 마푸다가 지휘하는 청 기병 1개기 6천 명으로 편성하여 안동에서 압록강을 도하한 다음 조선군과의 접촉을 회피하면서 신속히 기동하여 한성과 강화도의 통로를 차단하도록 하였다. 좌익군은 예친왕 도도가 지휘하는 청 기병 5개기 3만 명으로 편성하였으며, 이 부대는 선봉부대를 후속하면서 한성 이남으로 진출하여 조선 국왕의 남부지방 이동통로를 차단하도록 하였다. 본군은 청 기병 5개기와 몽골 및 한병의 혼합부대로 약 7만 명으로 편성하였으며, 청 태종과 함께 좌익군을 후속하면서 의주, 안주, 평양, 황주 등 각 성을 공략하고 한성으로 진출하도록 하였다. 그리고 일부부대를 기동로의 주요 도시에 잔류시켜서 병참선을 방호하게 하였다. 우익군은 예친왕 도르곤이 지휘하는 청 기병 2개기와 한병의 혼합군 2만 2천 명으로 편성하였으며, 벽동에서 압록강을 도하한 다음 창성과 영변을 공략하고 평양과 개성을 거쳐 임진강을 도하하여 강화도로 진출하도록 하였다.

청군은 조선군의 방어전략을 이미 파악하고 있었다. 그래서 산성을 중

---

21) 유재성, 『병자호란사』 (서울: 국방부전사편찬위원회, 1986), 133~134쪽.

심으로 한 조선군의 방어 거점은 철저히 무시하고 주요부대의 진출경로 상에 있는 각 산성의 주변에는 소규모 부대를 잔류시켜서 조선군이 다른 지역으로 전환하지 못하도록 고착시키는 한편 주력부대는 수도 한성에 조기에 진입하기 위하여 신속히 남하하도록 하였다. 그리고 수도 한성이 위협을 받게 되면 조선 국왕이 강화도로 옮겨 가서 장기 항전을 할 것으로 판단하고 이를 차단하기 위하여 마푸다를 선봉부대로 우선 투입 하였던 것이다.

3. 병자호란의 開戰과 전쟁과정

가. 병자호란의 開戰

청 태종은 마침내 조선 정벌을 공표하고 조선 원정군에 편성된 모든 병력에 대하여 1636년 12월 25일까지 심양에 집결할 것을 하달하였다. 청 태종은 개전에 앞서서 12월 21일 제신들을 이끌고 '조선 정벌'의 이유를 하늘에 고하는 의식을 열었다.[22]

심양에서 부대편성을 마친 청군은 12월 28일 새벽에 선봉부대를 필두로 하여 조선을 향해 부대기동을 개시하였다. 마푸다가 이끄는 청군의 선봉대는 1637년 1월 3일 압록강을 도하 후 의주를 우회하여 안주 방면으로 남하하였고, 좌익군도 이날 오후 압록강을 도하하여 비어 있는 의주성에 입성 후 저녁에는 임경업 군이 방어하고 있던 백마산성에 대한 공격을

---

22) 한명기, 전게서, 2009, 151쪽.

개시하였다. 청 태종의 본대는 1월 5일 압록강을 도하하여 의주-용천-곽산-정주 등을 차례로 점령하고 1월 9일 안주까지 진출하였다. 안주성에는 평안병사 유림이 약 3천명의 병력으로 방어에 임하고 있었다. 청 태종은 안주성 공격이 실패하자 이곳에 일부 병력 만 잔류시켜 놓고 주력을 인솔하여 평양으로 직행하였다. 청군의 우익군은 압록강을 도하한 후 창주의 당아산성을 점령한 후 곧장 영변으로 진출하였다. 영변의 철옹산성에는 부원수 신경원이 약 3천 명의 병력으로 방어에 임하고 있었다. 도르곤이 지휘하는 청군은 이를 점령하는데 실패하고 철수하였으나 신경원이 청군을 추격하다가 오히려 역습을 당해 큰 타격을 입고 철옹산성도 함락되었다. 이후 청 우익군의 주력은 중화-토산방면으로 계속 남하하였다.[23]

나. 조선의 대응책과 남한산성의 포위

1636년 11월경 청군의 공격이 임박하였다는 정보가 조선에 입수되기 시작하였다. 조선 조정 내에서 서북지역의 방비가 아직 충분하지 못하므로 화친을 도모하자는 주화론과 청군과 일전을 겨루자는 척화론 사이에 논쟁이 오가는 중에 청군의 침공이 개시되었다. 청군의 공격에 대한 최초 보고가 조선 조정에 도착한 것은 청군 선두부대가 안주까지 진출하였다는 도원수 김자점의 1월 8일 보고서였다.[24]

조선 조정은 청군이 이미 안주까지 진출했으므로 안주-평양 선에서 청군의 남하를 저지하는 것은 어렵다고 판단하고 도원수 김자점에게 황해도 및 개성의 군병을 황주에 집결시켜 청군의 남하를 저지하게 하였다.

---

23) 육군군사연구소, 전게서, 2012, 299~302쪽.
24) 『仁祖實錄』 권33, 인조 14년 12월, 癸未.

동시에 강화도, 수도 한성, 남한산성을 연하는 수도권지역의 방어태세를 강화하여 청군의 예봉을 차단하고 나서 각 도에서 집결된 근왕병으로 반격작전을 하는 전략을 시행하였다. 이를 위해서 검찰사 김경징으로 하여금 강화도의 방어를 책임지도록 하였고, 심기원을 유도대장으로 임명하여 한성을 지키도록 하였으며, 수어사 이시백으로 하여금 남한산성에 들어가 하삼도와 연락하면서 근왕병의 재편성에 착수하도록 하였다. 각 도의 감사와 병사에게는 병력을 인솔하여 수도권에 집결하도록 하였다. 이러한 전략에 따라 인조는 1월 9일 강화도로 이동하였으나 이때 이미 마푸다가 지휘하는 청군의 선봉대가 한성 근교의 양화진과 개화리 일대까지 진출하여 강화도로 가는 통로를 차단했다는 사실을 알고 그날 밤 늦게 남한산성으로 입성하였다.[25]

인조가 남한산성으로 들어가자 이제 전쟁양상은 남한산성을 중심으로 전개되기 시작하였다. 청군의 주력부대가 점차 남한산성 주위를 포위하는 형태로 배치가 되어 남한산성의 조선군과 청군 사이에 공방전이 진행되었으며, 그 외곽에서는 조선 조정의 지시에 의해 각 도의 조선군이 근왕군으로 남한산성 방면으로 진출하면서 이를 차단하려는 청군과 여러 차례의 치열한 전투가 진행되었다. 즉, 남한산성을 중심으로 한 2중 포위전 형태의 전투가 지속되었던 것이다.

청 태종이 약 7만 명의 본군을 인솔하여 1월 22일 남한산성에 도달한 후 본격적인 포위공세를 개시하였으나 산성의 조선 수비군 1만 4천 명이 견고하게 요새화된 방어진지에서 조직적으로 방어함으로써 청군의 공격

---

25) 유재성, 전게서, 1986, 144~147쪽.

은 진척이 없었다. 이에 따라 청 태종은 전쟁이 장기화될 것을 우려하여 인조에게 조속히 출성항복을 하도록 요구하면서 각 도의 근왕군에 대한 차단작전을 시행하였다.

〈 표 2 〉 **병자호란 당시 근왕군과 청군의 주요전투**

구 분	전투지역	근왕군의 주요 전투 결과
강원도 근왕군	검단산 (남한산성 남방 1km)	• 원주목사 이중길, 원주영장 권정길이 강원도 근왕군 7천명 편성 • 원주영장 권정길이 선봉대로 1천 명을 인솔 검단산 도착, 남한산성과 연락 노력 • 청군 2천 명이 좌우 측방포위공격, 1차 저지 • 청군 3천 명이 2차 공격, 조선군 패퇴 • 강원도 근왕군은 경기도 미원 일대로 철수
경기 황해도 근왕군	황해도 토산	• 도원수 김자점은 5천 명으로 황주 방어 후 청군을 추적, 토산까지 남하 • 청군 우익군 6천 명과 전투, 조선군 패퇴 • 김자점군은 2천 명을 수습하여 미원에 전개
평안도 근왕군	경기도 김화	• 평안감사 홍명구, 평안병사 유림이 5천 명의 근왕군으로 평양−평강을 거쳐 김화 일대에 전개 • 청군 6천 명과 1일차 전투에서 승리, 조선군 탄약 부족 • 야간에 전투이탈하여 가평으로 이동
충청도 근왕군	험천현 (남한산성 남방 10km)	• 충청감사 정세규, 충청병사 이의배, 7천 명의 근왕군을 인솔, 험천현까지 진출 • 청군 양굴리(楊古利)의 7천 명과 전투 • 조선군 패퇴, 수원−공주 방향으로 철수
전라도 근왕군	광교산 (남한산성 남방 40km)	• 전라감사 이시방, 전라병사 김준용, 8천 명의 근왕군으로 경기도 광교산 진출 • 험천현에서 조선군을 격파한 양굴리의 7천 명과 전투 • 2일간 전투, 조선군의 승리, 청장 양굴리 전사 및 패퇴
경상도 근왕군	쌍령 (남한산성 동남방 10km)	• 경상감사 심연, 좌병사 허완, 우병사 민영의 8천 명 근왕군이 대구−문경−여주 이동 • 허완과 민영 등 선봉대 2천 명이 쌍령 진출 • 청군 6천 명과 전투, 조선군 궤멸, 좌·우병사 전사 • 본대의 심연은 전의를 잃고 조령으로 철수

출처: 육군 군사연구소, 한국군사사 제7권, 2011년, 302~309쪽. 연구자가 재정리

또한 청 태종은 인조의 출성항복을 압박하기 위하여 예친왕(睿親王) 도르곤에게 조선 국왕의 왕자, 종실, 백관 및 그 가족들이 대부분 피난해 있는 강화도를 조기에 공략하도록 임무를 주었다.[26]

1637년 1월 내내 각 도에서 올라 온 조선 근왕군은 남한산성에 진입하기 위하여 검단산, 토산, 김화, 광교산 등에서 청군과 격렬한 전투를 수행하였다. 근왕군은 김화전투와 광교산전투에서 청군에게 승리하기도 하였으나 전력이 미약하여 남한산성까지는 도달하지 못하였으며, 대부분의 근왕군은 전투에서 패하고 전력을 보존하기 위하여 철수하였다.

특히 토산전투에서 패배한 도원수 김자점군은 경기도 미원으로 이동하여 여기서 한성을 지키다가 철수한 유도대장 심기원군 2천 명, 함경도 근왕군 7천 명, 강원도 근왕군 6천 명 등 도합 1만 7천 명의 병력을 확보하고 청군의 동태를 관망하였다.

각 도의 근왕군은 남한산성을 포위하고 있는 청군의 외곽에 포진하여 전력을 정비하면서 새로운 기회를 엿보는 수세적인 태세를 유지하였다.

다. 강화회담과 전쟁의 종결

조선 조정 내에서 김류와 최명길 등 주화론자들과 김상헌과 정온 등 척화론자 사이의 논란도 1637년 2월 청군의 예친왕(睿親王) 도르곤에 의해 강화도가 함락되고 조선 국왕의 비빈과 왕자, 종실, 백관 및 그 가족들이 포로가 되어 삼전도의 청 태종 본진에 억류되자 강화협상 쪽으로 기울어지게 되었다.

---

26) 『淸太宗實錄』 권28, 崇德, 2년 1월, 甲辰.

청군도 일단 산성 공략과 같은 적극적인 공세행동은 자제하고 조선국왕의 출성항복을 계속 요구하였다. 강화협상의 쟁점은 항복을 둘러 싼 국서의 형식과 의례절차에 집중되어 있었다.[27]

청군이 산성 공략을 시도하지 않은 이유가 명확하지는 않지만 명군의 배후위협이 여러 가지 요인 중의 하나일 것으로 보인다. 병자호란의 발발에 따라 명 조정에서는 조선의 상황을 살피고 조선과 우호적인 관계를 유지하는 쪽으로 방향을 잡았으며, 2월 초에 명군 약 7만 명 규모를 동원하여 청의 배후를 요격하는 부대기동을 시도하였기 때문이다.[28]

조선국왕 인조는 출성항복 만은 조정하려고 강화협상을 계속 이어 간 반면에 청 태종은 인조의 자진 출성항복만 면제해 준다면 더 많은 실리를 획득할 수 있었음에도 불구하고 이를 끝내 관철시켰다.

2월 21일 인조의 출성 항복을 수락한다는 국서가 청군 측에 발송되었고 그 다음날 출성할 경우 인조의 안전을 보장한다는 청 태종의 국서가 도착하였다. 청의 국서에는 종전 이후 조선의 의무사항이 포함되어 있었다. 그것은 대략 12가지 조항으로 구성되어 있었다. 핵심적인 내용은 첫째 조선과 명의 사대관계를 청산하고 청과 새로운 사대관계를 맺을 것, 둘째 명에 대한 원정 시 군대를 보낼 것, 셋째 청에서 도망쳐 온 조선인 포로들과 조선에 있는 여진출신 향화인(向化人)을 송환할 것, 넷째 재무장이나 군비 강화책을 금지할 것, 다섯째, 해마다 세폐(歲幣)를 보낼 것 등이었다.[29]

27) 허태구, 『병자호란의 정치·군사사적 연구』, 서울대학교 국사학과 박사학위논문, 2009, 115-117쪽.
28) 김영숙, 『조천록을 통해 본 명청교체기 요동정세와 조명관계』, 인하대학교 사학과 박사학위논문, 2011, 166-167쪽.
29) 허태구, "병자호란 강화협상의 추이와 조선의 대응", 조선시대사학보, 2010. 78~79쪽.

청은 조선을 직접 지배할 수도 있는 유리한 상황이었으나 그렇게 하지는 않았다. 그 대신에 대청체제를 수립하고 청 태종이 이제 더 이상 동북 변방에 위치한 '소국의 한(汗)'이 아니라 滿·蒙·漢을 아우르는 다민족국가의 황제임을 드러내는 의식행사를 대내외에 천명할 필요가 있었던 것이다. 즉, 제국 통합의 상징적 효과를 극대화하기 위하여 1637년 2월 24일 조선국왕 인조를 출성항복하게 하여 삼전도에서 항례(降禮)를 수행하였던 것이다.

4. 朝·淸의 군사전략 비교분석

17세기 조선과 청의 군사지도자들이 구상하고 수행하였던 군사전략을 오늘날의 시각에서 분석하는 것은 여러 가지 면에서 제한사항이 있을 것으로 보인다. 왜냐하면 군사전략의 개념적 접근방식이 시대적 변화에 따라 많이 상이하기 때문이다. 즉, 오늘날 우리가 군사전략을 구성하는 기본요소 또는 세 지주라고 공감하는 군사전략 목표, 군사전략목표를 달성하기 위한 군사전략개념의 수립 그리고 이를 수행하기 위한 군사자원의 사용 외에도 그 당시에는 대명의리(對明義理)와 같은 예(禮), 명분(名分)의 문제가 군사전략 수립의 중요한 구성요소가 되었기 때문이다.[30]

그러나 현대의 군사이론가들이 2,500년 전에 저술된 손자병법의 군사사상과 군사전략적 함의를 찾아서 미래 전략과 전술의 발전방향을 모색하고 있는 것처럼 전쟁의 본질은 고대로부터 현대까지 변하지 않는다는

---

30) 이종호, "군사전략", 『군사학개론』 군사학연구회 편저(서울: 플래닛미디어, 2014), 192~194쪽.

것이 군사적 상식이다.[31]

이를 진리라고 이해한다면 약 400년 전의 병자호란에서의 군사전략을 오늘날의 군사전략적 관점에서 비교분석하는 것도 의미가 있을 것이다. 그 중에서도 본 논문에서는 당시 조선과 청의 군사전략 기획가들이 수립하고 시행하였던 군사전략이 국가목표와 국방목표 달성에 가장 최선의 방법이었는가, 그리고 가용한 자원으로 이를 달성할 수 있었는가, 또 선정한 군사전략이 도덕적 측면과 비용 대 효과측면에서 허용될 수 있었는가? 라는 면에서 살펴보고자 한다.

이러한 사항들을 확인하는 요소들이 소위 군사전략의 구비조건이다. 이 구비조건의 타당성을 평가하는 요소에는 크게 적합성, 달성 가능성, 용납성 등 세 가지가 있다.[32]

가. 적합성(Adaptability)

적합성이란 군사전략이 국가목표와 국방목표에 부합하며, 기여할 수 있는가를 검토하는 것이다. 이것은 합목적성이 주관심사이며, 군사적으로 최선의 전략이라 할지라도 그것이 국가목표와 국방목표에 공헌하지 못한다면 의미가 없는 것이다.

조선군은 청의 팔기군과 사르후전투,[33] 정묘호란 등에서 실전을 통하여 그 능력과 위력을 충분히 실감하고 있었다. 그래서 보병과 화기 중심의

---

31) 이종호, "손자병법의 전쟁전략 연구", 『전쟁철학』 이종호 공저(서울: 백산서당, 2009), 110쪽.

32) 황성칠, 『군사전략론』(경기: 한국학술정보, 2013), 269~270쪽.

33) 사르후전투는 1619년 명과 조선의 연합군이 요동경략(遼東經略) 양호(楊鎬)의 지휘로 만주 팔기군과 사르후에서 격돌한 전투이다. 이곳에서 명군이 참패함으로써 요동일대가 후금의 누루하치에게 넘어가게 되었으며, 조선군 1만 명은 이 전투에서 많은 피해를 입고 잔여병력이 누루하치에게 항복하였다.

조선군이 야지에서 팔기군의 대규모 기병과 일전을 겨루는 것은 위험성이 높다는 것도 정확히 인식하고 있었다.

따라서 산성위주의 수세적 방어전략을 취하여 청군을 수도권까지 축차적으로 저지하면서 유인한 후에 남한산성과 강화도, 수도 한성이 서로 연계하여 청군을 최대한 격멸하면서 시간을 획득하고, 각 도에서 근왕군이 집결하면 결전을 시행한다는 개념은 합리적인 전략으로 보인다.

그러나 조선의 국가 및 국방목표 달성을 위한 전략적 중점이 왕실의 보존문제인데 이당시가 되면 강화도라는 곳이 더 이상 안전한 곳이 아니었다. 이미 명의 수군장수 공유덕과 경충명이 전선 185척을 이끌고 청에 귀순한 이후라서 청군은 해군력 면에서 강력한 힘을 보유하게 되었다. 조선 원정작전 간 청 태종은 이 해군 전력을 무영군왕(武英郡王) 아지게(阿濟格)에게 지휘하도록 하여 우장(牛莊) 일대에서 명군이 해로를 이용하여 조선을 지원하지 못하도록 차단임무를 수행하게 하였다.

따라서 가도에 위치한 명군이나 강화도를 요해처로 하여 이동하려는 조선 왕실도 이러한 청군의 능력을 간과했으므로 큰 위험에 처하게 되었다.

청군은 명과의 전면전에서 승리하기 위하여 배후에 위치하고 있는 조선군과 가도의 명군 전력에 대해서 기동력이 우세한 팔기군을 기반으로 하여 내선작전의 이점을 활용한 선제적 공세전략을 수행하였다. 우선 1636년 6월 아지게(阿濟格)에게 약 8만의 병력을 주어 장성지역으로 우회하여 화북지역을 침공하게 함으로써 명의 군사력을 수세적인 태세에 몰리게 하였으며, 이때 획득한 물자와 인력을 활용하여 조선을 침공하였다.

조선 침공의 전략목표를 달성하기 위하여 우선 조선국왕이 강화도로 들어가지 못하게 차단한 후에 모든 가용전력을 수도 한성일대에 집중하

여 조선군을 포위 격멸하는 단기결전 개념을 적용하였다. 그러나 조선국
왕과 조선군 주력이 남한산성과 강화도 일대에서 장기 농성을 한다면 압
록강으로부터 한성까지의 병참선 상에 온전하게 전개되어 있는 조선군과
지방에서 올라온 근왕군에 의해 청군은 후방이 위협받을 수 있을 뿐만 아
니라 대명전선에서도 병력의 열세로 인하여 대단히 우려할 만한 사태가
발생할 수도 있다는 위험한 부분을 간과하고 있었다.

나. 달성가능성(Feasibility)

달성 가능성이란 군사전략개념 시행으로 목표달성이 가능한가 그리
고 그 개념이 가용자원 및 능력(정신, 물질적)으로 시행이 가능한가를 검토
하는 것이다. 가용자원은 현존 및 잠재 군사력 그리고 동맹국의 군사력도
포함된다.

조선군이 가용병력과 전투력 면에서 청군에 상대적으로 열세라는 것
을 군사지도자들은 충분히 인식하고 있었다. 따라서 군사전략 목표를 달
성하기 위하여 야전에서의 조기 결전을 회피하고 산성위주의 수세적 방
어전략을 채택하였던 것이다. 그러나 문제는 청군이 수도권까지 진출하는
시간을 지연시켜야 하는데 대규모 기병집단이 산성공략을 포기하고 도로
위주로 신속히 남하한다면 이를 저지할 방법이 없는 것이다. 이러한 우려
는 실제 전장에서 그대로 재현되었다.

또한 지방에서 근왕군이 수도권 일대에 집결할 때까지 강화도, 남한산
성, 수도 한성이 서로 연계하여 수도권 일대에서 적 주력을 최대한 저지
해야 하는데 이 전략을 실행하기에 위험요소가 너무 많다. 즉 수도 한성은
성의 규모가 너무 커서 제한된 병력 밖에 없는 중앙군으로서는 방어임무

수행이 곤란하고, 청군의 대규모 기동집단이 육로와 해로에서 남한산성과 강화도를 포위 공격한다면 각개격파 당할 수 있다.

또한 청군으로서는 국왕 인조의 군대를 포위하고만 있어도 각도의 근왕군이 이동을 해오기 때문에 계획된 장소에서 결정적 시기에 조선군을 차례로 타격할 수 있는 것이다. 결국 이러한 문제점 때문에 전쟁 후반부에 가서는 근왕군은 모두 저지가 되고 국왕 인조만이 남한산성에서 고립무원의 불리한 위치에 있게 되었던 것이다.

청군은 주 전장이 대명작전이었고 조선원정은 보조 전장이었다. 따라서 우수한 기동집단을 기반으로 하여 내선작전의 이점을 최대로 활용한 단기결전으로 전쟁을 마무리 지어야 했다.

청군의 수뇌부는 정묘호란에서의 경험도 있어서 조선군의 전략을 이미 꿰뚫고 있었고 공유덕과 경충명의 수군으로 인하여 강력한 수군전력도 확보된 상태였기 때문에 군사전략 수립에 훨씬 많은 융통성이 있었다. 또한 1636년 6월 화북 침공의 성공적인 결과에 따라 전쟁 소요물자까지 충분히 확보하였으며, 동맹군인 몽골 8기도 분편됨에 따라 추가적인 기동부대가 가용한 상황이었다.

이에 따라 청군은 대명전선에는 최소한의 병력만 배비하고 건국 이래 가장 규모가 큰 원정부대를 편성함으로써 그들이 계획한 단기결전을 성공적으로 수행하였다.

다. 용납성(Acceptability)

용납성이란 군사전략개념이 국내적·국제적으로 용납될 것인가를 검토하는 것으로 크게 도덕적 측면과 비용 대 효과 측면으로 구분하여 검토한다. 먼저 도덕적 측면은 국내외적으로 여론이 용납할 수 있는지를 고려해야 한다. 비용 대 효과 측면은 여러 가지 전략개념 안 중에서 최소의 비용으로 추구하는 목표를 달성할 수 있는 안을 고려해야 한다는 것이다.

조선군은 병력과 전투력 면에서 청군에 비하여 결정적인 열세에 있었으며, 요동지역이 청군에게 실함된 이후 명과의 교역, 군사적 지원 등 동맹군과의 협력은 매우 곤란한 상황이었다.

그럼에도 불구하고 임진왜란 당시 명이 조선을 도와서 나라를 소생시켜 주었다는 재조지은(再造之恩)의 의식과 중화문화권의 일익을 조선이 담당한다는 대명의리론(對明義理論) 등 국가적 명분 때문에 군사적 모험을 하게 되었다.

그리고 당시 조선은 임진왜란과 정묘호란과 같은 국가적 시련기를 거치면서 인구, 농경, 산업 등이 아직까지 회복되지 않았기 때문에 북방의 대규모 기병위주의 군사력과 대치할 정도의 군대를 편성하고 주요 방어거점에 강력한 거점을 구축한다는 것은 국가 재정 형편상 불가능한 사항이었다. 조선의 군사지도자들은 현실적으로 실현시키기에는 대단히 곤란한 문제에 국가의 운명을 걸었던 것이다.

청 태종의 입장에서 조선에 대한 침공은 대명우위의 명분과 실리를 동시에 얻을 수 있는 매우 중대한 결단이었다.

그러나 청군도 경제적 측면에서는 대단히 어려운 현실에 있었다. 왜냐하면 계획했던 것보다 급격하게 국가의 규모가 커지고 몽골 및 북방의 제부마저도 병합함에 따라 이들의 경제적 문제도 해결해 줘야 했기 때문이다. 그래서 청 태종은 1634년 몽골에 대한 마지막 대규모 원정작전을 실시하기 전에 화북지방과 산해관 일대에 대한 침공작전을 주도하여 수많은 인축과 재물을 노획하였다. 조선에 대한 원정작전을 시행하기 전에도 그해 6월 화북지방에 대한 침공작전을 수행하여 전쟁물자를 확보할 수 있었다.

그렇더라도 청 내부에서 급격하게 확장되는 경제적 소요를 충당할 수는 없었다. 따라서 조선 침공은 이를 해소하기 위한 한 방편이었을 수도 있다. 병자호란의 전쟁양상을 자세히 들여다보면 국면별로 전투는 단시간 내에 종결되고 대부분의 시간은 청군과 몽골군의 인축과 재물의 노획작전이 주를 이루고 있었기 때문이다. 그것이 국제적, 인륜적 관점에서는 비난 받을 수 있겠으나 청군의 입장에서는 국가의 생존이 걸린 문제였다.

라. 구비조건에 의한 朝·淸 군사전략의 상호 비교분석

조선과 청의 군사전략을 구비조건으로 비교분석하면 다음의〈표 3〉과 같이 도표로 설명할 수 있다.

〈표 3〉 朝·淸 군사전략의 구비조건 비교분석

구 분	청(淸)	조선(朝鮮)
적합성	• 대명작전에 전념할 수 있도록 배후의 위협 제거 필요 • 내선작전의 이점 최대한 활용 • 강력한 수군 확보로 육·해군 작전 협력 및 전략운용의 융통성 확대 • 그러나 조선군 장기항전 시 위험	• 산성위주의 수세적방어전략으로 청군 진출 지연 제한 • 조선 왕실과 수뇌부의 안전 유지가 곤란 • 청의 수군전력 확보에 따라 강화도가 더 이상 요해처 제한
달성 가능성	• 단기결전이 가능한 기동부대 편성 및 우수한 전투원 확보 • 사전 명의 화북지역 침공을 통해 대명전선을 안정시키고 전쟁수행물자를 충분히 확보 • 선봉부대의 능력으로 조선국왕의 강화도 이동 차단 가능	• 남한산성, 수도 한성, 강화도가 연계성 있는 방어작전 제한 • 청군이 신속히 강화도 진입로 차단시 국왕 인조 파천 불가 • 청군에 비해 근왕군의 전력이 상대적 열세, 통합된 지휘체제 불비 그러나 장기전 전환 가능
용납성	• 청 태종이 滿·蒙·漢을 통합한 다민족국가의 황제로 선포 • 국가의 규모가 확대됨에 따라 경제적 문제 해소의 필요성 대두, • 인축과 재물 노획작전 중점적 수행	• 군의 전력열세, 동맹군 지원 불가상황에서 명분론에 따른 군사적 모험 감행 • 청의 우세한 전력을 상대할 수 있는 군사력 건설, 방어거점 수축을 위한 재정적 지원 제한

조선군과 청군의 군사전략개념을 구비조건 측면에서 비교분석해 볼 때 가용전력과 능력 면에서 청군은 대체로 타당성 있는 군사전략을 수립했던 것으로 보인다. 물론 전략개념을 수행하는 과정에서 예기치 못한 상황이 초래되어 전략기획가들이 구상했던 단기결전 수행이 어렵게 되었고 강화협상과 조선국왕 인조의 출성항복으로 전쟁승리를 대신하였다. 청 태종은 인조의 항례(降禮)를 통해 滿·蒙·漢을 아우르는 다민족국가의 황제라는 것을 대내외에 천명하는 극적인 연출을 할 수 있었다.[34]

　　조선군은 상대적 전력의 열세 속에서 인조가 강화도로 파천하는 것이 실패하자 남한산성으로 계획을 조정하였다. 수도 한성을 비롯하여 국토가 청군에 의해 유린당했지만 남한산성의 방어준비의 견고함과 근왕군의 계속적인 산성 진입 노력은 오히려 청군에게 전쟁의 장기화를 우려하도록 하였다. 그러나 조선군의 산성위주 수세적 방어전략은 대청전쟁에서 여러 가지 제한사항을 노출했다.

5. 전쟁의 함의와 결론

　　병자호란은 지금까지 삼전도에서의 패배의식만이 주로 부각되어왔다. 그러나 조선이라는 국가의 역사발전 측면에서 이 사건을 들여다보면 이 단계는 임진왜란과 정묘호란, 병자호란으로 이어지는 35년간의 전란기를

---

34) 한명기, 전게서, 2009, 165쪽. 한명기는 여기에서 청 태종이 삼전도에서 '성하지맹'을 맺은 것은 끝까지 자신들을 인정하지 않으려고 했던 조선을 신속시킴으로써 온전한 의미에서 만·몽·한을 아우르는 '황제'를 표방할 수 있는 상징적 의미를 지니는 것이라고 주장하고 있다.

마무리하고 조선후기 근세사회로 발전해 가는 전환점이 되었음을 알 수 있다.

동아시아 국제질서는 17세기 명·청 교체기라는 큰 변동의 과정을 겪게 된다. 이 과정에서 발생한 병자호란의 결과는 청, 몽고, 조선이 동맹관계로 결합되어 당시의 패권국인 명과 대치하는 양극 관계로 국제질서를 변환시켰다.

역사적 대변동 시기에 약소국 조선이 군사전략적으로 대처할 수 있는 방법은 매우 한정적이었다. 그렇다하더라도 지금까지는 이렇게 중요한 전쟁에 대한 연구가 주로 정치, 경제 및 사회사의 시각에서 연구되었을 뿐 정작 중요한 부분인 군사사적 접근은 미흡했다고 보인다.

따라서 전쟁의 과정과 결과에 가장 많은 영향을 주는 양국의 군사전략적 관점에서 본 연구를 진행해 본 결과 병자호란에서 조선과 청의 군사전략기획가들은 당시의 안보환경 속에서 제한된 자원을 가지고 타당성 있는 군사전략 개념을 창출하기 위해 많은 노력을 투자했다는 것을 알 수 있었다.

특히 조선군은 당시의 국제환경과 청군에 비해 매우 열세한 군사력 그리고 제한된 국가적 자원과 수단을 고려하여 산성위주의 수세적 방어전략을 수립하여 시행하였는데 이는 대규모 기병집단의 청군에 대항하여 여러 가지 대안 중에서 조선군이 어쩔 수 없이 채택하게 된 전략개념이었다.

조선군이 채택했던 전략개념이 청군과 대비하여 적절했는지 그렇지 않으면 무모했는지 결론을 내리기에 앞서서 클라우제비츠가 전쟁론에서 주장하였듯이 전쟁은 본질적으로 불확실성, 마찰 그리고 우연성이 지배하는 공간이라는 것을 이해해야 한다.[35]

병자호란 초기의 전쟁양상은 조선과 청의 군사지도자들이 사전에 예측한대로 진행되었다고 볼 수 있으나 1637년 1월과 2월 남한산성을 중심으로 한 청군과 조선군의 2중 포위의 형세와 전쟁양상은 그 당시 누구도 예측하지 못했던 새로운 형태의 전쟁이었다.

물론 남한산성에서 고립무원의 입장에 처해진 인조와 조선군 수뇌부가 가장 많은 고통에 직면했겠으나 강력한 요새로 변해버린 남한산성 주위에 포진하고 있었던 청군도 혹한 속에서 전쟁의 장기화에 대한 우려를 떨쳐낼 수는 없었다. 또한 청군은 각도에서 올라 온 근왕군을 차례대로 각개격파 했으나 완전히 격멸할 수는 없었으며, 자신들도 양굴리 등 고위 군사지도자의 전사와 장병들의 피해가 막심한 반면에 청군의 외곽에 전개된 조선의 근왕군은 규모가 점점 커지고 있는 것에 불안해할 수밖에 없었다. 조선군과의 장기전과 불필요한 전투력의 소모는 차후 대명전역에 큰 부담으로 작용할 것이 뻔한 상황이었다.

군사력의 상대적 불균형으로 인하여 이미 전투 자체의 판정은 끝난 상황이었지만 조선군과 청군의 대치가 이어질 수밖에 없는 조건이 형성되었다. 그러한 상황에서 청이 조선을 직접 지배하려고 시도할 수는 없었으며, 유리한 입장에서 강화협상을 조기에 타결한 후에 주전장인 대명전역으로 주 전력을 전환해야 했던 것이다.

조선군은 열세한 전력으로 청군에 대응하기 위해 차선책을 채택했으나 전쟁의 상호과정 속에서 피아 쌍방 간의 2중 포위전의 형태가 조성되었다. 변화된 상황을 잘 이용함으로써 조선은 전쟁에서는 패배하였으나

---

35) Carl von Clausewitz, Edited and Translated by Michael Howard and Peter Paret 8th. ed, On War(Princeton, New Jersey: Princeton University Press, 1984), pp.156-158.

국가체제는 유지할 수 있는 길이 열린 것이다.

병자호란이 종결되고 약 400년이라는 역사의 수레바퀴가 굴러가면서 동아시아의 지역 국제질서는 또다시 예측 불허의 격랑 속으로 빨려가고 있다. 미국의 패권이 아직 건재하다고 하지만 G2로 격상된 중국은 지나간 한 세기를 수모와 치욕의 역사로 치부하고 중국을 중심으로 한 새로운 동아시아의 질서를 확립하려고 국가적 역량을 집중하고 있다. 동아시아 역사의 순환론적인 현실 속에서 남북으로 분단된 한반도의 운명이 지금 이 시대를 살아가고 있는 우리들에게 달려 있다. 역사로부터 지혜를 빌려야 할 때이다.

朝鮮 政府의 捕虜 送還 노력

강성문

(전)육군사관학교 사학과 교수

목차

1. 서론

2. 조선 정부의 포로 송환

3. 후금·청의 포로 송환

4. 포로 송환의 사회적 영향

5. 결론

1. 서론

정묘·병자호란으로 호칭되는 朝淸戰爭은 전쟁 자체의 기간이 짧아서 이로 인한 전사자수나 물적 피해는 적었음에도 불구하고, 전쟁의 결과로 인한 정신적 피해와 전후처리상에 있어서 조선이 치른 그 대가와 영향은 심대하였다. 역대의 다른 전쟁과 달리 전후처리가 국가의 주요한 당면 과제로 등장하게 된 것은 稱臣事大로 표현되는 양국간의 외교문제이기도 하였지만, 현실적인 문제로는 수십만 명에 달했던 포로 문제였다.

조선은 전쟁 중에도 초미의 관심사로 제기되었던 것이 포로 송환 문제였다. 그리고 이는 위로는 왕실로부터 아래로는 일반 서민들까지도 연관된 문제였기에 범국가적 차원의 과제였던 것이다. 이와 같은 민족적 과제를 당대의 정부와 사회는 어떻게 해결했을까 하는 의문을 가지게 된다. 물론 이 문제에 관련된 기존의 연구 성과도 있어서 사건의 전말을 이해하는데 도움이 되는 것은 사실이다. 이들 연구는 포로 송환 문제를 주로 贖還貿易이라는 경제적 측면에 중점을 둔 이해이거나 혹은 특정 문제에 관련된 이해의 수준이었다.[1]

이에 본 연구에서는 포로 송환 문제를 기본적으로는 포로 송환 자체의 실상을 이해하는데 중점을 두었다. 이를 위해 포로 송환의 주 대상자가 조선인 중심임에도 불구하고 균형적인 이해를 위해서 양국간의 공동 관심사로 시행되어진 포로 송환문제로 이를 취급하게 되었다. 또한 포로 송환의 결과로 인해 조선 사회에게 미친 문제는 무엇이었을까 하는 점이다. 나아가 이 시기의 포로 송환상에 나타나는 주요한 특성에 관한 정리를 통해서 포로 송환에 대한 보편적 특성을 밝히는데 도움을 주고자 한다.

---

1) 朴容玉, 「丁卯亂 朝鮮被擄人刷贖還考」『사학연구』 18, 1964. 朴容玉, 「丙子亂被擄人贖還考」『史叢』 9, 1964. 박용옥씨는 포로 송환 문제를 贖還 貿易에다 중점을 둔 이해를 통해서 결과적으로 대청무역의 발전과 신문화수입이라는 역사 발전에 기여한 긍정적 평가를 시인하고 있다. 속환녀 문제에 대한 전반적인 추세는 森岡康의 논문(「贖還被擄婦人の離異問題について」『朝鮮學報』 26집, 1963)을 참고할 것.

2. 조선의 포로 송환

가. 정묘호란기

1627년 1월 13일에 후금군의 조선 침공으로 발발한 정묘호란은 동년 3월 3일 丁卯和約인 江都誓約으로 일단 종결되었다. 이 정묘화약의 내용은 첫째로 조선과 후금은 형제의 맹약을 맺는다. 둘째로 후금은 화약이 성립되는 즉시 군사를 철퇴한다. 셋째로 양국은 서로 封疆을 지켜 압록강을 넘지 않는다. 넷째로 조선은 후금과의 강화 후에도 명나라와 단교하지 않는다. 다섯째로 양국은 매년 춘추 2차에 걸쳐 사절을 교환하고, 조선 領內의 會寧城과 義州·九連城 사이 압록강 가운데의 蘭子島에 開市하여 무역을 한다.[2]

조선과 후금간의 휴전이 성립되었음에도 불구하고 후금은 청천강 이북의 군대를 철수시킨다는 약속을 이행하지 않았다. 후금군은 椵島에 주둔하고 있었던 명나라의 毛文龍軍을 막는다는 구실로 약 4,000여 명의 병력을 이 지역에 주둔시켰다. 그들은 전승국이라는 우월한 입장을 내세워 조선에게 '漢人 망명자의 송환' 등을 강요하면서 6개월간이나 체류하였다.

조선은 강도서약이 조인되기 이전부터 후금국의 劉海에게 보낸 서신의 내용에서 군사가 귀환하는 날 우리 지경에 머물지 말고 士女들을 노략치 말 것과 동행중인 조선의 將官과 금번에 사로잡힌 관민 및 將卒을 모두 일일이 송환해 줄 것을 왕자에게 당부했던 것이다.[3] 종전과 더불어 포

---

2) 『仁祖實錄』 卷15 仁祖 5년 2월 庚申條 참고.
3) 『인조실록』 권15 인조 5년 2월 신유조.

로 송환 문제는 양국간의 전후처리문제로 등장하였다. 이어 조선은 후금국 두 왕자에게 다음과 같은 揭帖을 보내면서 포로 송환을 정식으로 요구하게 된 것이다.

다만 한 가지 실로 측은히 여겨지는 일이 있습니다. 귀국의 군사가 우리 나라를 깊숙이 들어오면서부터 우리 나라 남녀 백성들이 사로잡혔는데 그 숫자가 매우 많습니다. 이들은 제각기 부모와 남편과 아내가 있는 자들입니다. 만약 잡혀서 이역의 땅에서 떠돌다 죽게 된다면 이는 진실로 어진 사람으로서는 차마 못할 일입니다. 귀국은 땅도 넓고 병사도 넉넉하니 사소한 포로들이 별 도움을 주지는 못할 것입니다. 강을 건너기 전에 모두 돌려보내 주신다면 의로운 명성이 무궁할 뿐만 아니라 어진 마음이 사물에까지 미치어 하늘이 필시 굽어보실 것입니다.[4]

라 하면서 조선은 후금국에게 포로 송환을 강청하고 있었다. 이와 같은 포로 송환을 내세우고 있는 명분으로는 宣傳官을 통한 국서 상에서 조선측은 和約으로 인해 양국이 一家가 되었음을 명분으로 포로 송환을 요망하였다.[5] 이에 대한 성과는 즉각적이어서 후금국은 다음 달인 동년 4월에 定州·宣川·郭山·鐵山 읍민 32,100여 명을 송환하여 주었다. 송환은 계속되어 嘉山 등의 포로 2만여 명도 송환하여 주었다.[6] 이처럼 후금군이 被

---

4) 『인조실록』 권15 인조 5년 3월 경오조.
5) 『인조실록』 권15 인조 5년 3월 병자조.
6) 『인조실록』 권16 인조 5년 4월 갑진조와 갑인조 참조. 『大東野乘』 권31 「續雜錄」 2 정묘년 4월 10일 조에는 후금국 호송관이 조선인 포로 12,000명을 송환해 주었다.

拉한 인원수는 주격전지에서는 1개 군읍에서 8천여 명에 달하는 엄청난 인원수였다.

주격전지가 아닌 후방 지역에 속하고 있는 평양 부근에서는 6개 군읍에서의 포로 수는 4,986명에 달하였다. 2차 격전지에서는 1개 군읍의 포로가 8백여 명에 달하는 실정이었다.[7] 이와 같은 포로 수치는 조선에 침입한 후금군이 일반 양민을 대상으로 무차별 피랍작전을 전개한 증거로 보여진다. 또한 포로 숫자가 피살인 수의 20배나 달하고 있는 기록은 후금군의 조선인 피랍에 대한 지대한 관심의 증거라 하겠다.[8]

후금측이 조선측의 포로 송환을 순순히 들어준 이유는 무엇일까 하는

---

7) 『인조실록』 권16 인조 5년 5월 신사조. 金起宗의 보고 내용을 정리하면 다음과 같다.

郡縣	被擄人	被殺人	逃還人	기타
平壤	2,193	158	344	掩骼 1,169
江東	225	(34)	67	
三登	1,500	28	111	
順安	576	44	78	
肅川	370	60	33	
咸從	121	(17)	(34)	
合計	4,986	290(341)	623(657)	1,169

平壤 등 6읍의 피해자는 포로(피로인) 4, 986명, 피살인 290명, 도망자(도환자) 623명이다. 강동과 함종의 피살인과 도환자에 대한 기록이 누락된 것은 해당자가 전무한 사실보다는 당시의 미확인을 의미한다. 미확인에 대한 추정치 계산은 전체 평균치로 추정하는 것이 일반적인 방법이다. 그러나 이 방법을 본문에 적용하기에는 무리라고 본다. 첫째로 6개 군읍에 불과한 제한된 자료와 둘째로 각 지역마다의 피해 편차가 크다는 점이다. 그러므로 평균치 방법보다는 전체적인 성향에 의한 추정치 방법을 선택하는 편이 보다 적합하다고 본다. 강동의 피살인 추정치는 전체 피살인에 대한 전체 도환자의 비율인 1/2로 추정해서 34명으로 추산된다. 함종의 피해는 가장 적었고 이에 근접한 강동의 1/2 수준이다. 이를 기준으로 함종의 피살인은 17명으로, 도환자는 34명으로 추정된다. 이 자료를 통해 1개 군읍의 평균 포로수는 800명으로 추정할 수 있겠다. 평양은 타 지역과는 달리 그 피해가 컸음을 피살인과는 별도로 掩骼으로 표현된 희생자이다. 엄격은 흔히 장기간의 遺棄로 인해 발생된 肉脫된 屍身을 말한다. 이는 전투의 치열함과 더불어 후금군이 의복을 탈취해 가는 것을 방지하기 위해서 시체를 소각시킨 결과 그 신원을 확인할 수 없어서 피살인과는 별도 파악한 것으로 추론된다.

8) 『인조실록』 권16 인조 5년 5월 신사조. 金起宗의 보고문에는 6읍의 被擄人 4,986인, 被殺人 290인, 逃還人 623인으로 집계하였다. 原被擄人(被擄人+逃還人)은 5,609인(4,986+623)으로 피살인의 20배나 되었고, 도환인은 원피로인의 1/10의 수준인 것을 참고할 수 있다.

점이다. 후금국이 이들 조선인 포로를 즉각적으로 송환해 준 사실은 후일의 포로에 대한 경제적 가치 인식과는 분명히 달랐다는 점이다. 또한 이들 포로에 대한 조치가 정식적인 포로 송환의 성격이 아닌 일시적인 억류인에 대한 호혜적 성격을 강하게 반영하고 있다는 점이다. 오히려 후금군으로서는 포로의 본국 이송에 대하여 부담을 느끼고 있었던 것으로 보인다. 후금국이 조선인 포로 송환의 명분상의 목적을 국서를 통하여 이해할 수 있겠다. 후금측의 국서에 대한 조선측의 답에서

> 포로를 돌려보내 준 것에서 맹약을 실천하는 호의를 알 수 있으니 매우 훌륭하다. 지난날 두 나라가 맹약할 때 이미 각각 국경을 지킨다는 말로써 희생을 잡아 피를 마시고 하늘에 맹서하였다. 그런데 지금 보내온 글을 보니, 군대를 머물게 할 것인데 군량을 보조하라는 등의 말이 있다. 이는 하늘에 고하여 맹서하고 전쟁을 끝내어 백성을 안정시키려는 뜻이 아닌 듯하니 귀국이 필시 그러하지 않을 줄로 안다.[9]

조선측의 답서 내용을 통해서 포로 송환 대가로 후금측은 병력 주둔의 양해와 군량의 조달이라는 즉 '留兵助粮'의 목적이었다. 당시 후금은 명나라의 경제적 봉쇄로 인해 수만 명에 달하는 조선인 포로의 식량을 담당하기에 벅찼던 것이다. 그러므로 이 포로의 송환 대가로 식량을 요구한 것은 당연한 처사라 하겠다.

조선은 송환된 포로인을 원거주지보다는 안전한 內地로 이주시켰다.

---

9) 『인조실록』 권16 인조 5년 4월 갑진조.

원거주지는 명군인 毛文龍軍의 주둔지인 椵島와 인접해서 이들에 의한 피해가 염려되었던 것이다. 당시 毛兵에 의한 인접 지역의 피해가 심했던 것이다. 金起宗의 보고에 의하면 모병에 의한 定州 군민의 피해 실정을 보여주고 있다. 또한 모병에 보내는 양곡으로 1결에 2두씩을 거두어서, 모병에 보내는 쌀이 국가 경비의 3분의 1이나 되어 국가 재정의 큰 부담이 되었다.[10]

송환인의 내지 이주는 변방지의 空虛라는 문제점이 있었지만 이들 신병상의 안전을 위해 內地로 이주시킨 것이다. 자활 능력이 없었던 이들 송환민에 대한 구제책은 조선 정부로서는 큰 부담이 되었던 것이다.[11]

후금측은 궁핍한 물자의 조달을 위해 포로 송환을 중개로 하여 조선과의 開市를 적극적으로 요구하게 되었다. 그러나 조선측은 포로 送還價인 贖還價 마련에 대한 부담으로 인해 이에 대해 소극적인 태도였다.[12] 양국간의 和盟이 성립된 5개월 후인 인조 5년 8월에 후금측이 開市를 먼저 제기하였고,[13] 이어 9월에도 개시를 재차 요구하였던 것이다.

이에 대한 조선측의 답서 초안은 연변지역의 인민이 재화가 없어서 개시한다 할지라도 개시가 제대로 이룰 것 같지 않다는 이유를 내세워 당장

---

10) 『인조실록』 권16 인조 5년 4월 을묘조.

11) 『인조실록』 권16 인조 5년 4월 신해조와 갑인조의 김기종의 馳啓 참조.

12) 당시 포로 송환의 대가로 지불된 금액인 送還價는 贖還價인데 이를 줄여서 贖價·還價라 불렀고, 지불된 화폐의 일반적 기준이 은화였기에 贖銀價나 혹은 줄여서 銀價라 하였다. 이 속가를 지불하고 포로를 송환할 경우에 이를 贖還이라 하였다. 그러므로 속가를 지불하고 回鄕한 부녀자는 贖還女라 호칭하였다. 속환은 有補償을 통한 송환의 의미이기에 광의로는 송환의 범주에 속한다 하겠다. 본 논문에서는 쉬운 이해를 위해서 현대적 용어인 포로·도망자·송환·송환가 등을 사용함과 아울러 경우에 따라서는 보다는 확실한 의미의 전달을 위해서는 원 용어인 逃人·속환·속환가·속환녀 등도 병행해서 사용하였다. 그러나 오늘날 의미 전달이 번잡스러운 被擄人·贖去 등의 용어는 피하였다.

13) 『인조실록』 권17 인조 5년 8월 정미조.

의 개시를 거절하려 하였다. 그러나 延平府院君 李貴는 개시의 불가피성을 내세워 속환가의 협상을 제기함으로써 후금에 의한 후환을 예방하자는 것이었다. 인조도 개시 불가피성을 은연중 인정하면서도 개시로 인한 명조와의 대외관계를 염려할 수밖에 없어서 개시는 성립되지 못하였다. 조선은 후금의 군사적 위력으로 인해 굴복은 당하였지만 명나라에 대한 종래의 전통적 관계를 일시에 파기할 수 없었던 것이다. 조선의 이러한 입장이 곧 개시 거절로서 나타난 것이라고 보겠다.[14]

　인조는 무력에 의한 후금과의 화친은 부득이했지만 명조와 교전하고 있는 후금에게 군량 조달을 위한 개시 교역은 대의명분에 어긋날 뿐 아니라 개시 교역이 명나라에게 불미스러운 소문으로 전해질 것을 두려워하고 있었던 것이다. 그러나 계속된 후금측의 속환 개시의 독촉으로 인해 조선측의 衆論도 개시로 방향이 설정되었다. 인조 5년 10월 義州府尹 嚴惶의 보고를 계기로 備局에서는 속환자로 입주케 하여 그 부모 처자를 속환케 하였다.[15] 이어 毛將에게도 속환의 불가피성을 보고해서 오해가 없도록 양지시켜서 속환 개시를 결정하였다.

　양국간의 개시 일자는 후금측이 일방적으로 인조 5년 11월 1일로 정해서 통보해 온 것은 동년 10월 28일자의 의주부윤 엄황의 보고문이었다. 그러나 속환 개시가 성립되기 위해서는 포로 본가에 대한 통첩과 물자의 운반 등의 준비로 인해 시간이 필요했다. 후금측은 인조 6년 2월 1일 안을, 조선측은 3월 안을 제안해서 결국 양국 중간일에 해당하는 2월 21일로 최종 결정되었다.[16]

---

14) 朴容玉, 「丁卯亂 朝鮮被擄人刷贖還考」『사학연구』18, 1964, p. 365.
15) 『인조실록』 권17 인조 5년 10월 신유조.

조선은 개시에서 오는 불미스러운 소문이 명나라에게 전해질 것을 염려해 개시의 목적이 포로 속환 개시에 있음을 천명하였다. 그리하여 조선 측에서는 3천 석 發米의 뜻은 오로지 조선 포로를 속환해 오기 위한 것이지 다른 뜻이 없음을 개진하였다.[17]

개시 장소 문제는 개시 문제와 더불어 논의의 대상이 되지 아니 하였다. 조선측은 古例의 전통에 의거 처음부터 변방인 義州 지역만을 고려하였다. 후금 측에서는 의주 개시 대신에 京城 개시안도 제안되기도 하였다. 양국간은 개시 장소에 대해 더 이상의 논의 없이 의주로 결정하였다.

포로 송환을 목적으로 한 개시 문제였음에도 불구하고 속환가 문제가 제대로 논의되지 못하였다. 조선측은 1천 석의 속환가로 포로 1~2백 명의 속환을 요구하였다. 여기에 후금측은 甲軍에게 분급한 포로를 다시 換奪할 수 없다고 하였다. 인조 6년 정월 6일에 비국에서 朴蘭英이 가지고 온 6백여 명의 「被擄人成冊」에 의해 포로 본가에 통보는 했지만 속환가 문제는 더 이상 논의되지 못하였다.

조정이 주도한 속환에 앞서 개인적으로 속환이 이루어 진 경우도 있었다. 박난영이 회답관으로 심양에 유숙 중에 매일 포로들의 모여서 號哭하는 정황을 차마 볼 수 없어서 귀환 중에 인삼 1근으로 2명을 속환했으며, 일행에게도 각 1명씩을 속환토록 해서 22명에 이르렀다.

포로 1명에 대한 공적인 속환가는 靑布 65필로 약정해서 70여 명을 속환하였다. 양국간의 제1차 속환 개시의 결과는 부진하였다. 200명 중에서 불과 3분지의 1의 성과만 있었다. 30여 명은 곧 속환하기로 합의해서 남

16) 『인조실록』 권18 인조 6년 정월 병자조.
17) 『인조실록』 권18 인조 6년 정월 경오조.

겨두고 나머지 인원을 도로 데리고 갔다.[18] 이러한 부진의 원인은 속환가가 예상외로 높은데 있었다. 속환가는 개시 논의 초에는 靑布 10필로 예상했던 것이 실제로는 65필로 6배 이상이나 오른 가격으로 흥정된 것이었다. 심지어 1인의 속가가 천여 냥까지 치솟게 되자 성사되지 못한 채 罷市되고 말았다.[19]

金汗은 속환이 70명에 불과한 것은 속환을 빌미로 내세운 逃走之計를 유인한 것이라고 하여 크게 노하여 조선측을 힐책하였다.[20] 조선측에서는 속가가 1천 냥으로 폭등해서 이를 지불할 수 없었던데 있었다고 변명하였다. 공식적인 속환 개시는 계속되었지만 대부분의 속환은 심양 사행을 따라가 행하는 비공식적인 경로가 주였다. 인조 6년 8월 27일에 회답관으로 심양에 간 박난영 등에 의해서 남녀 92명의 속환이 허락되었다.[21]

포로 중에서 친족이 존재하고 또한 속가의 준비가 가능한 경우에는 공식적인 속환 개시나 혹은 비공식적인 사행 동반을 통해서 속환을 기대할 수 있었다. 그러나 무연고 포로이거나 속가 준비가 불가능한 경우에 그들의 號哭하는 참상은 극에 달했던 것이다. 결국 조정에서도 미속환자에 대한 속환 대책을 세워야 했다.

---

18) 『인조실록』 권18 인조 6년 4월 갑오조.
19) 『대동야승』 권31 「속잡록」 2 무진년 6월 6일조 "一人之價 牛十首·馬十首·紬緞·靑布·木棉·水銀·豹皮·紙束之欲 幾至千兩之數言之".
20) 『대동야승』 권31 「속잡록」 2 무진년 6월 6일조의 胡差 朴景龍 보고문.
21) 『인조실록』 권19 인조 6년 9월 갑인조.

나. 병자호란기

정묘호란을 통해서 청군은 조선군의 전투 능력을 과소 평가하였다. 또한 조선인 포로에 대하여 장차의 군사적 위협세력으로의 가능성에 대한 불안감도 없었다. 청군이 조선인 포로 획득의 목표를 명나라 정벌군을 위한 병력 조달의 일환으로 전개된 것은 아니었다. 정벌군의 동원을 위해서는 청군은 별도의 최정예의 조선군 징발을 丁丑約條에 의해 정식으로 요구했던 것이다.

청군은 정묘호란의 전후 처리를 통해서 조선인 포로에 대한 경제적 가치를 중시했던 것이다. 그러므로 청군은 조선과의 전투에서 실제의 전투보다는 조선인 포로 획득에 주력하였던 것이다. 그리하여 청군은 조선의 저항 능력이 없는 비전투원 특히도 부녀자의 포로 획득에 혈안이 되었던 것이다. 이는 마치 인신 매매범을 연상시키는 행위였다. 이러한 피해가 가장 극심했던 곳은 청군의 장기간 주둔지였던 남한산성 주변 일대로 용인·이천·양주 등을 포함한 경기 지역이었다. 청군의 목표는 빈궁한 백성보다는 거액의 속가를 받을 수 있는 양반 사대부 집안에 그 목표를 두었던 것이었다.

청군에 의한 조선인 포로 수는 얼마나 될 것인가? 당시의 사적에서 포로 수에 대한 구체적인 기록을 확인할 수는 없다. 다만 여러 편린들을 통해서 잠정적인 추산을 할 수밖에 없다. 羅萬甲의 『丙子錄』에는 10만 명 이상으로 피력하고 있다.[22] 또한 『인조실록』상의 기록을 감안해서 추산해

---

22) 羅萬甲, 『丙子錄』 「急報以後日錄」 정축년 2월 초2일조에는 "적진 가운데 적에게 포로가 된 이가 절반이 넘는다."라는 표현은 조선 포로 수가 청군 수(128,000명)와 비견된 수로 여겨 최소 10만 명에서 최대 15만 명으로 추론된다. 이어 동년 2월 초8일조에는 "後日 瀋陽之人 市人口六十萬 而被虜於 蒙古者 不在此數 其多知也" 구체적인 포로의 수를 확인할 수는 없지만 조선인 포로의 수가 심다함을

보아도 그 수는 10만 명 이상의 수준임을 알 수 있다.[23] 당시 전후 처리의 핵심 인물이었던 최명길의 對明 報告文이 실려 있는『遲川集』과『續雜錄』기록에 의하면 청군이 조선의 항복을 받고 정축년 2월 15일 한강을 도하할 때의 조선인 포로의 수가 무려 50만 명에 달한 것으로 표현하고 있다.[24] 물론 이와 같은 내용은 중국에 대한 보고문이기에 조선의 피해 참상을 과장했을 가능성은 있지만, 당시 조선 포로의 수가 얼마나 많았는가를 짐작케 한다.

청군의 포로 목표는 사대부 가문이었지만 실제로 획득한 포로의 대부분은 빈궁한 백성들로 속가를 지불할 경제적 능력은 없었다. 빈궁한 백성이라 하여 조선 정부는 이들 포로를 그대로 무관심 방치만 할 수 없었다. 조선 정부의 입장으로서는 이들의 송환문제가 곧바로 전후처리의 사회적 안정과 직결되는 최대의 당면과제였다. 이를 위한 군사 외교의 첫 단계로 인조가 남한산성에서 도성으로의 還都 직후인 2월 13일에 도승지 李景奭이 공식적으로 서민들의 송환 문제를 제기하였다.[25] 이에 앞서 비공식적으로는 송환과 더불어 송환가 문제가 청군 진영에 의해서 먼저 발의되었던 것이다. 2월 초순경에 청군이 慕華館에 주둔 중에 조선인 포로 송환가

당시 심양 인구가 60만 명으로 증가된 사실에서 이를 예시하고 있다.

23) 포로 숫자에 대한 추산으로 주 7)을 참고한다면 주격전지의 1개 군읍 8천명과 2차 격전지의 8백명을 산술적으로 적용해 볼 수 있겠다. 정묘호란시의 주 접적 군현이 10여 개(8만 명)에 2차 접적지 30여 개(24,000명)로 전체 포로수는 약 10만 명으로 추산된다. 병자호란시의 주 접적 군현은 10여 개(8만 명)에 2차 접적 군현은 70여 개(56,000명)로 전체 포로수는 약 14만여 명에 달하였다.

24)『遲川集』권17 제7책2「移陳都督咨」와『대동야승』권34「속잡록」4 무인년 7월 16일조에 명나라 陳(璘)都督에게 보낸 인조대왕의 咨文 내용이다. 또한 청군은 침입시보다 철군시에 약탈의 화가 극심하였다.

25)『인조실록』권34 인조 15년 2월 계미조.

로 남자는 백금 즉 은 5냥, 여자는 백금 3냥으로 공언한 바 있었다.[26]

　조선 정부가 전후처리에 있어서 초미의 관심 대상이 된 것은 江華島에서 被拉된 왕족을 포함한 대신들 가족의 송환 업무였다. 청국은 조선의 수차에 걸친 외교적 교섭을 통해 昭顯世子와 鳳林大君 등을 포함한 인질을 제외한 1,600여 명의 강화도 포로에 대해서는 송환가의 조건 없이 송환해 주었다.[27] 그 후에도 청 황제는 특례적인 조치로 소수 인원에 대해서는 無補償으로 송환해 주곤 하였다.

　그러나 조선 정부의 본격적인 송환문제의 거론은 청군이 국경선 밖으로 철군 전인 2월 하순경부터였으며, 이에 조선 정부는 매우 적극적인 자세였다. 그러나 청군측에서는 이 문제에 있어서 기본적인 원칙만을 제시하면서 이를 지연시켰다. 기본적인 원칙은 첫째는 포로 송환은 청군이 조선에서의 철병을 완료한 후에 시행한다. 둘째는 송환은 심양에서 행한다. 셋째는 중도에서의 송환은 일체 금한다.[28]

　청군의 이와 같은 기본적인 원칙의 제시는 정상적인 외교 절차에 의한 송환을 통하여 고가의 송환가를 취하려는 의도에서 비롯되었다 하겠다. 송환에 대한 기간 문제에 있어서도 10년으로 한정했던 것이다.[29] 이 기간이 경과되면 자동적으로 청국민으로 귀속된다는 결정인 것이다. 그러므로 송환의 시효는 丁丑年(인조 15: 1637년 5월 17일 심양에서 속환 개시)부터 丙戌年(인조 24: 1646년 5월 16일)까지가 이에 해당되는 것이었다. 이 결정으로

---

26) 『대동야승』 권33 「속잡록」 4 정축년 2월 2일조.

27) 『인조실록』 권34 인조 15년 2월 정축조.

28) 『瀋陽狀啓』 정축년 4월 12, 13일조 참조.

29) 『심양장계』 정축년 8월 19일조.

昭顯世子는 만기 2년 전에 해당하는 인조 22년에 귀국 명령을 받고 동년 11월 26일에 燕京을 출발해서 동왕 23년(1645) 정월 18일에 서울에 도착하게 되었다.[30] 청국은 조선 세자의 귀국 선물로 세공과 폐물의 액수를 거의 절반으로 감해주는 환심을 베풀어주었다.[31] 이어서 鳳林大君는 인조 23년 3월 25일에 귀국 환송연을 받고,[32] 동 5월에 서울에 입경하였다. 세자와 봉림대군의 환국이후로는 더 이상의 속환은 기록상으로 나타나지 않고 있다. 특히도 속환 업무에 관해서 이를 주관했던 소현세자의 환국으로 속환 업무는 사실상 종결된 셈이다.

이와 같이 포로 송환의 주 업무로 전개된 10년간의 송환 업무의 기간은 대일본과의 전후 40여 년간 지속된 것과 비교해 보면 단기간이었다.[33] 이처럼 청국이 대조선 송환 업무를 단기간에 종결지으려는 의도는 청국의 대전략이 대조선전에서 對明作戰으로의 전환에 목적을 둔 선결적 조치였다고 보여진다. 청국의 소극적 송환정책으로 인해 송환 인원수에 있어서도 전체 포로의 1/10 이하로 추산된다.[34]

---

30) 인조 22년 5월에 攝政 睿親王은 燕京에 입성하였고, 동년 10월에 청국은 수도를 심양에서 연경으로 천도하였다. 청의 入關 성취로 인해 조선과의 전후처리가 급진전되는 계기가 되었다.

31) 『인조실록』 권 46(전) 인조 23년 2월 신미조에 의한 세폐물의 감액을 보면 다음과 같다. 저포 400필·소목 200근·차 1천포는 면제되고, 각색 명주 2천 필은 1천 필로 감액되고, 각색 목면 1만 필은 5천 필로, 포 1,400필은 700필로, 粗布 7천 필은 2천 필로, 順刀 20구는 10구로 감액되었다. 세자는 귀국 3개월 후인 4월 26일에 34세의 일기로 요절하였다.

32) 『인조실록』 권46(전) 인조 23년 4월 신미조.

33) 『인조실록』 권44 인조21년 2월 갑진조 참조. 1643년에도 통신사 尹順之가 14명의 조선인 포로를 대동하고 일본에서 귀국하였다.

34) 병자호란기는 포로 송환의 일반적인 수치로 추정한다. 정묘호란기는 후금이 포로 이송에 대한 부담 등으로 절반 이상의 포로를 전후처리 시행 즉시 송환하였다. 이는 후금이 조선인 포로에 대한 가치 판단을 제대로 인식하지 못한 예외적인 경우라 판단된다. 임진란의 포로수는 鄭希得의 『月峯海上錄』으로 추산하면 약 6~8만 명이고, 『광해군일기』 권114 광해군 9년 4월 계축조. 兼司僕 鄭信道의 상소문에 薩摩 1개 주의 포로수가 30,700여 명으로 전체로 추산하면 10만 명 이상이다. 공식적인 송

병자호란 후에 청국은 전일 후금과의 경우와 동일하게 속환을 위한 開市가 진행되면서 요구하는 값은 매우 비싸고 조선인이 가진 것은 매우 적어서 실제적으로 속환이 성립되지 못하였다.[35] 또한 일부는 사행과 동행하면서 명목상으로는 송환 업무였지만, 실제로는 상거래에 목적을 둔 통상 활동으로 인해 양국간의 문제점으로 대두되기도 하였다.[36]

양국간의 교섭이 진행됨에 따라 포로 송환에 대한 기준 속환가는 일반 백성의 경우에 종전 제시한 가격의 5~10배나 증가된 1인당은 25~30냥이 되었다.[37] 그러나 현실적으로 거래된 실제 속환가는 이보다 높아서 1인당은 100~250냥 선에 이르렀던 것이다.[38]

환 인원수는 7,500여 명으로 전체 포로수의 1/10에 불과한 실정을 참고할 수 있겠다.

35) 『심양장계』 정축년 6월 21일조에 6월 16일의 개시 상황을 설명하고 있다.

36) 『인조실록』 권36 인조 16년 1월 경진조의 우의정 申景禛의 상소문. 『인조실록』 권37 인조 16년 8월 갑오조에는 조선인이 몰래 南靈草를 심양에 들여보냈다가 청국에 의해 발각되어 이를 크게 힐책하였다. 담배는 광해군 8년(1616)에 유입되어 1621년이래 대유행하였고, 심양인들도 매우 좋아하자 조선인은 송환가로 담배를 이용하게 되었다. 청국은 토산물이 아니고 재물을 소모시킨다고 하여 흡연을 엄금하였다.

37) 『심양장계』 기묘년 4월 20일조에 의하면 사내 아이 1명의 속환가가 60냥이었으며, 박로가 지난 가을에 도주하여 압송된 인원(무인년 8월 18일조에 의하면 조선인 12명)을 속환하기 위하여 300냥을 가지고 온 사실을 기록하고 있다. 이 경우 속가는 1인당 25냥에 해당된다. 동일 일자의 기록에는 관노 德玉의 은가가 42냥이었다.

38) 『심양장계』 무인년 4월 21일조에 의하면 청국에 지불하기로 약속해서 보낸 銀子가 5천 5백 냥이며, 거주지와 성명을 적어서 보낸 남녀의 인원수가 모두 50명이었다. 그러므로 이에 대한 산술적인 평균을 하게되면 1인 당 110냥이 된다. 『심양장계』 기묘년 정월 8일조에 의하면 趙壤의 장모 속가가 130냥이었다. 『심양장계』 경진년(인조 18년) 5월 22일 승정원개탁에 의하면 용골대와 鄭命守가 조선 여인 1인씩을 데리고 있었는데 정명수가 환가로 300냥을 받았으며, 용골대에게는 그 이상의 환가를 지불해야 할 것을 말하고 있다. 동일자에 의하면 일부 미납금에 대한 이자로 1백 냥에 대하여 달마다 20냥씩 더 바치도록 요구하고 있다. 경진년 6월 20일조에 의하면 용골대의 西行의 경비 마련을 위해 말 1필과 公贖人 1구를 팔기를 바라자, 마지못해 말 가격으로 60냥과 공속인 1구의 대가로 110냥을 주기로 했는데, 7월 3일의 지불 시에는 甫大平古의 공속인은 1백 냥, 龍將의 공속인은 2백 냥이었다. 공속인의 주인이 용골대라는 사회적 위치로 인해 속가가 일반인의 몇 배에 해당하는 금액이 지불되었음을 알 수 있다.

양국간의 공식적인 합의가 효력을 상실한데는 개인적인 사적 외교가 횡행되면서부터였다. 일부 부유층 사대부 가문에서는 자신들 가족의 조속한 송환만을 목적으로 삼아 공식적인 창구를 통하지 않고 비공식적인 길을 통해서 이를 추진했던 것이다. 사신 왕래의 인편을 통해서 비밀히 청군 측과 교섭함으로써 그 속가는 날로 폭등하였다.

辛成會의 아들 1명의 속가가 6백 냥에 이르렀다.[39] 영의정 金瑬는 첩의 딸 속환을 위해 龍骨大에게 1천 냥을 제시하기도 하였다. 이로 인해 속환가가 턱없이 많게 된 것이었다.[40] 영중추부사 李聖求가 지불한 송환가는 1,500냥에 달하였다. 이러한 고가의 贖銀價는 조정에서 큰 물의가 되었던 것이다.[41] 속은가에 있어서 이성구가 문제가 된 것은 속가 자체에 있어서 파격적인 대가는 물론하고 악질적인 통역관인 鄭命壽에게 비공식적인 뇌물을 제공한데도 그 원인이 있었던 것이다.[42] 이로 인해 이성구는 관직 파직과 도성 밖으로 방출되는 처벌을 받게 된 것이다. 이러한 상황으로 인해서 청군과의 공식적인 포로 송환은 성립되지 못하면서, 청군은 고가

---

39) 『심양장계』 기묘년 4월 20조.

40) 『병자록』 「急報以後日錄」 2월 3일조.

41) 『인조실록』 권 36 인조 17년 5월 기사(13일)조의 상소문에 "신이 자식을 사랑하는 사정을 견디지 못하여 자식을 위한 속환으로 贖銀價가 무려 1천 5백 냥이나 되었습니다. 신이 가산을 탕진한 나머지 맨손에 대책이 없어서 비루하고 …. 『속잡록』 4, 무인년 5월조에 의하면 "이성구가 심양에서 돌아왔다. 당초에 강화도에서 패전할 때에 성구의 부인 권씨는 사절하고 아들 하나가 잡혀갔는데, 이 때에 심양에서 보고 값을 주고서 속하기를 요구하였다. 그 주인이 백금 1천 5백 냥을 달라고 하는데 5백 냥을 주니 허락하므로 데리고 왔다. 조정에서 의논하기를 '성구의 아들 하나 찾아오는 값을 이렇게 많이 주었으니, 앞으로 다른 사람들이 속하여 돌아오는 데에 해로운 것이라.' 하였다. 당시에 문제의 심각성으로 보아 『인조실록』의 내용이 사실로 여겨진다.

42) 『병자록』 「雜記亂後事」 鄭命壽(守)가 이성구에게 "대감의 입에서 나온 말은 내 똥구멍에서 나온 소리보다도 못합니다."라고 했지만, 성구는 이것을 조금도 모욕으로 여기지 않고, "내 아들이 오래지 않아 심양에 인질로 갈 것이니 잘 돌보아 주시오."하였다. 이성구는 당시 영의정의 신분으로 오직 아들의 송환만을 목적으로 1천 냥의 뇌물을 제공하면서 까지 그 수모를 참혔던 것이다.

의 속가를 조선 정부에게 요구하기에 이르렀던 것이다.

원래 조선 정부는 일반 백성의 속가는 국고 부담 원칙을 제시한 바 있었지만, 속가의 폭등으로 인해서 이에 대한 재정적 부담이 증대 되었던 것이다. 당대 조선 정부는 전란 직후로 재정이 궁핍한 처지였기에 국고 부담 원칙을 포기하고 말았다. 이 결과로 인해서 일반 백성들 중에는 가족 속가의 준비로 인해서 경제적으로 파산하는 가정이 속출하기도 하였다.[43] 개인적으로 지불되는 속가와 매년 지불되는 공적인 歲幣의 부담은 조선 사회의 경제적 형편을 더욱 열악하게 만들었던 것이다.[44]

3. 후금 · 청의 포로 송환

가. 정묘호란기

贖還 開市와 더불어 조선·후금 양국간에 난문제로 등장한 것이 조선인 포로 도망자에 대한 후금측의 송환 요구인 逃人 刷還 요구였다.[45] 후금

---

43) 속환은 처음 國庫 지원의 '公贖'로부터 시작하여 점차 일부 국고 보조의 '半私半公贖'이 되었지만 결국은 개인이 전액 부담하는 '私贖'이 일반적인 형태였다. 이 사속가의 마련을 위해 대부분은 노비나 田宅 등 가재를 파는 것이 유일한 방법이었다(『備邊司謄錄』 인조 16년 무인 4월 28일조). 또한 속가 부족분을 대출해서 이를 상환하지 못한 폐단이 부지기수로 일어나기도 하였다(『심양장계』 기묘년 정월 초8일조).

44) 이 속환가로 인한 경제적 부담을 추산하면 다음과 같다. 『심양장계』 경진년 8월 8일자의 임경업의 장계에 의하면 은자 1냥에 무명이 2필씩으로 계산하고 있다. 『通文館志』 권9 인조 18년 경진조에 의하면 황금 50냥이 은 1천 냥으로 대체하고 있다. 당시 속가로 일반 서민의 경우는 25냥, 특별 지명인 경우는 100~250냥 기준이다. 전체 속환 인원수를 1/10에 해당하는 5만 명으로 상정하고, 이 중에서 1/10인 5천 명을 특정인으로 추정한다면 이에 대한 경제적 부담은 1~2백만 냥에 달하였다(박용옥, 「병자호란포로속환고」 p. 93에서는 5백만 냥으로 추산). 이는 당시 조선의 경제로는 큰 부담이 되었다. 결국 청국은 이 사적인 속환금 수입 외에 매년 조선의 공적인 조공품 수입으로 인한 막대한 경제적 이득을 취하였다.

측의 도망자 송환 요구에 대해서 조선측은 和好關係의 위배를 이유로 초기에는 이를 거절하였다. 그러나 후금측은 사신들을 계속하여 보내면서 도망자 송환을 강권하였다. 후금측은 인조 6년 2월 이전부터 도망자 송환을 독촉해 왔다. 그러자 조선측에서는 도래하는 중도에서 굶고 얼어 죽어 생환자의 수가 백에 1~2명도 못된다고 하여 동정을 구하면서 刷送을 회피하였다. 그러나 후금측의 도망자 송환 요구는 더욱 강경해졌다.

당시 양국간의 5가지 불편사는 중국을 돕고(助天朝), 도망한 사람을 쇄송하고(刷送人), 모문룡과 접촉하고(接毛將), 성지를 수축하고(修城池), 회령의 개시를 허락하지 않는 것(不許會寧開市)이었다.[46] 이 중에서 가장 큰 난제는 도망자 쇄송 문제였다. 다른 네 가지 문제는 거의 해결의 실마리를 풀어가던 때였다. 후금측이 보내 온 국서 상에는 도망자의 수가 1,031명이며, 그중 성명을 열거한 자는 5명으로 보다 구체적인 자료를 제시하면서 송환을 요구하였다.[47] 이에 대하여 인조는 직접적인 도망자 속가보다는 예물 등을 통한 외교적 관계로 이를 해결하려 하였다.[48] 인조 6년 6월 21

---

45) 刷還과 刷送은 송환의 범주에 속한 용어로 쇄환은 상대국에서 자국민을 자국으로 데리고 오는 경우이고, 쇄송은 이와는 반대로 자국에서 상대국민을 상대국으로 되돌려 보내는 것이다. 그러므로 조선과 후금 양국은 이 용어를 동시에 사용할 수 있다. 그러나 현실적으로는 逃人(逃還人)이 조선인 포로에서 발생된 문제로 인해 후금측은 조선측에게 도인 쇄송을 요구했던 것이다. 이러한 요인의 발생은 후금측이 자국민의 범위를 확대 적용한데 있었던 것이다. 후금은 자국민의 범주를 여진족과 여기에 후금 지배하의 漢族을 비롯한 여러 종족들에다 나아가 조선인 포로는 물론하고 심지어 전쟁이전의 조선 귀환인까지도 포함하고 있다는 점이다. 후금은 도망자를 포함한 자국민을 推刷 혹은 刷出해서 본국(후금)으로 入送(실제로는 執送·縛送)할 것을 요구한 것이다. 후금이 조선에게 요청한 도망자 송환의 대상이 단순히 조선인 포로에만 국한되지 않고 광의의 자국민 개념을 포함하고 있다는 사실이다. 그러므로 본 논문에서는 이들까지도 포함해서 포로 송환의 대상으로 삼았다.

46) 『인조실록』 권18 인조 6년 5월 병술조. 영의정 申欽의 上言.

47) 『承政院日記』 仁祖 6년 5월 26일 병술조.

48) 『인조실록』 권18 인조 6년 5월 병술조.

일 胡差 朴仲男 등이 도망자 송환을 이유로 입경하자, 조정은 이틀 후인 6월 23일에 이에 대한 논의가 있었다. 金瑬는 "비록 다 쇄송하지 않더라도 7~8인을 쇄송해 보내면 금나라 한의 노여움을 풀 수가 있을 것입니다." 라고 제의하자, 인조는

> 5~6인을 쇄송해 보내어 충돌의 화를 면할 수 있다면 진실로 애석할 것이 없으나 의리로 말하면 온 나라가 병화를 입는다 하더라도 결단코 쇄송해 보낼 수 없다.[49]

라 하면서 刷送 不可論을 강력히 천명하였다. 비록 국왕이 쇄송 불가론을 천명했음에도 불구하고 조정 대신들의 대다수의 의견은 쇄송 불가피론이었기에 일단은 유보될 수밖에 없었다. 다시 3일 후인 6월 26일 쇄송에 대한 회의가 재론되었지만 다수의 의견들은 약간 명을 쇄송함이 兵禍를 緩和시키는 계책으로 여겼다. 그러나 인조는 병화를 입을지라도 쇄송 불가라는 대원칙을 고집하는 강경한 태도를 보였다. 張維·李貴·吳允謙 등 일부의 대신들은 약간 명의 쇄송을 통한 「緩禍之一計」라는 내용의 상소를 올렸지만 인조의 불가론에는 변함이 없었다. 이러한 중에 7월 5일에 행부제학 鄭經世이 양국의 화친을 중간에서 농간을 부린 李灒을 참할 것과[50] 병조판서 李廷龜도 상서하기를 약간 명을 쇄송하였다가 秋市에서 속환할 것을 청한 것을 계기로,[51] 드디어 국왕도 이를 가납해서 조정에서 논의하

---

49) 『인조실록』 권18 인조 6년 6월 임자조.
50) 『인조실록』 권18 인조 6년 7월 갑자조.
51) 『인조실록』 권18 인조 6년 7월 을축조.

게 하였다.

결국 이정구의 안대로 도망자 쇄송 문제가 7월 7일에 최종 결정을 보았다. 인조의 도망자 쇄송 불가론은 원칙적으로는 인정되나 이를 현실적으로는 실행할 수 없는 방책이었다. 결국 현실적으로는 후금의 송환 요구를 최소한의 선에서 수용하면서 이를 속환 문제와 연계된 선상에서 해결하려 하였다. 조선은 후금의 관심을 도망자의 송환 문제보다는 포로 속환에 관심을 쏟도록 하는 방책이었던 것이다.

그리하여 도망자 쇄송의 최종 결정을 보게 된 당일에 회답사 李溰을 참하고,[52] 2일 후인 7월 9일에는 수정된 문서를 귀환하는 호차 박중남에게 보내게 되었다. 이어 8월 27일에는 회답사 박난영·鄭文翼이 심양에 도착하여 會寧開市·李溰治罪·願贖人入來 등에 관하여 보고하자, 金汗은 크게 기뻐해서 포로 92명의 속환도 허락해 주었다. 후금국은 국서를 보내면서 인삼 2백 근과 貂皮 40장을 답례품으로 보내주었다.[53] 이와 같은 과정을 통해서 조선은 최초의 도망자 송환 문제를 무난히 피할 수 있었다. 그러나 이후로도 후금측은 계속하여 도망자 송환 문제를 거론했지만, 조선은 더 이상의 도망자 쇄송에 대한 시행이 없었다.

후금측은 인조 7년 3월 9일조에 도망자 송환을 요구하는 국서를 보내 조선측의 도망자 쇄송의 불이행을 책하고 있으며,[54] 동년 4월 11일조에도

---

52) 『인조실록』 권36 인조 17년 6월 계사조에 의하면 이란이 사형을 받은 11년 후에 그의 아들인 李尙尹이 송변하자, 이에 국왕은 영의정 최명길과 좌의정 신경진과의 의논에 따라 직첩을 복직시켜 주었다. 당초의 죄목은 후금의 도망자의 송환 요구에 대하여 조정에 돌아가 고하여 잡아 보내겠다고 가벼이 대답한 것이 죽게 된 이유였다. 그러나 이란이 실수한 것은 다만 용골대의 위협을 견디지 못하여 경솔히 대답한 것이지, 고의로 국가에 일을 만들어 내고자 한 것이 아니라는 것이 밝혀졌다.

53) 『인조실록』 권19 인조 6년 9월 갑신조.

54) 『인조실록』 권20 인조 7년 3월 을축조.

반복해서 도망자 송환의 지연에 대한 조선측을 힐책하고 있었다.[55] 동년 7월 16일에 崔有海가 賑恤廳의 포목으로 속환을 제의하자 많은 신료들이 이에 동의하였다. 속환 업무상의 불편을 해소하는 방책으로 포목 대신에 은화로 속환을 추진한 것이었다. 진휼청 포목으로 포로 속환비 명목으로 사용할 경우에 세 가지 문제점이 예상 되었다. 첫째, 많은 수송 병력의 후금 지역 진입으로 인한 후금 진영의 의심이다. 둘째, 후금의 속환비 증액 요구의 폐단이다. 셋째, 개인 속환비 지불 시에는 조선인들의 속임수 폐단이 우려되었다.[56] 이에 대하여 국왕은 답하기를

> 옛날 당 태종은 당군에게 포로로 잡힌 고구려 백성들의 이산됨을 애달프
> 게 여겨 錢과 布로써 속환시켜 준 일이 있었다. 하물며 우리 백성이 오랑캐
> 의 소굴에 빠져 있는데 말해 무엇하겠는가?[57]

라고 하국왕은 속환을 최우선책으로 여겼던 것이다. 만약에 포목으로 인한 세 가지 불편한 점이 있다면 錢貨로 이를 대신해서라도 가하다 하였다. 국왕은 속환에 따른 부작용과 문제점보다는 속환에 중점을 둔 것이었다.

이어 이듬해인 인조 8년 6월 7일조의 金差 阿之好와 박중남 등이 가지고 온 후금측의 도망자 송환 요구에 조선측은 매번 일단은 변명으로 이 위기를 피하면서 시간을 지체하고 있었던 것이다.[58] 정묘호란 終戰 3년째

---

55) 『인조실록』 권20 인조 7년 4월 병신조.
56) 『인조실록』 권21(후) 인조 7년 8월 을묘조.
57) 同上.
58) 『인조실록』 권22 인조 8년 6월 을묘조.

를 맞이하면서 실제적인 도망자의 발생 빈도도 희소하게 되자 도망자 송환 요구는 양국간의 현안 문제가 되지 못하였다.

나. 병자호란기

당시 조선에는 전란을 피해 청국으로부터 도망해 온 각양의 逃還人이 있었다. 청국은 이들의 押送을 조선에게 강력하게 요구하였다. 이들 중에는 조선인 도망인을 비롯하여 漢人과 청국인이 포함되었고 심지어는 전란 이전에 조선에 귀화한 여진인 즉 向化人까지도 포함되어 있었다. 또한 贖還價 마련에 실패한 경우에는 포로 중에서는 목숨을 내걸고 탈출해서 조선 경내로 도망한 무리들도 있었다.

포로의 대량 탈출이 노골화되자 청군은 조선에게 도망 포로에 대한 압송을 요구하였다. 도망자의 수에 비해 압송된 인원은 소수에 불과하였다.[59] 조선은 초기에 이들 도망 포로에 대한 온정을 베풀었지만, 청국의 강경한 요구와 나아가 조선에 대한 무력 침공의 재개로 위협하자 이에 굴복하고 말았다.

조선 정부는 청국의 압력에 굴복되어 서북 변방 지역의 수령들에게 도망 포로의 색출을 명하였다. 이 색출 작업으로 조선인 도망 포로들은 압송 조치되었다. 청국이 조선에게 압송을 요구한 도망 포로의 숫자는 실제보다도 언제나 많았다. 조선측은 이러한 청국의 무리한 요구에 대한 반박 내지는 변명보다는 오히려 이를 충실히 수행해서 그들의 비위를 거슬리지

---

59) 『심양장계』 정축년 8월 19일조에 용골대와 마부대가 이회에게 이르기를 '도망자는 날마다 천명을 헤아릴 정도인데 쇄송자는 7명에 불과하다.'라 질책하였다. 세자에게도 이르기를 '수풀에 숨은 것을 찾아내기 어렵다. 또는 적자가 와서 의탁하는 것을 부모가 차마 끊을 수 없다.'라는 등의 핑계의 말을 하지 말도록 경고하였다.

않으려 노력하였다. 그러므로 조선의 서북 변방지대의 백성들은 포로 아닌 포로가 되어 압송되는 기이한 현상까지 일어나게 되었다.

도망자에 대한 한 예로 비국에서는 이미 이름이 밝혀진 자에 대해서는 일단은 쇄송하여 청국에게 빌미를 주지 않으려 하였다. 이와 더불어 조선은 속가를 지불해서라도 이 쇄송인을 다시 송환하려는 노력에 힘썼다.[60]

청국은 도망인을 오래도록 송환하지 않는다는 이유로 조선 정부를 힐책하였다. 비국에서는 즉시 이의 쇄송을 청하였다. 속환의 값을 도망쳐 돌아온 사람과 일시에 가지고 가면 간사한 술책으로 값을 올리는 폐단이 염려되었다. 이에 송환의 일을 기다렸다가 편의에 따라 속전을 주고 사오는 것이 온당하다 하였다. 이에 국왕은 쇄송에 대해서 강력히 반대하였다. 붙잡아 보내는 일은 백성의 부모가 된 자로서 차마 하지 못하는 바이며, 부득이 쇄송하는 인원에 대해서는 사람을 시켜 데리고 가서 인하여 贖錢을 주고 즉시 사오도록 하였다.[61] 청국의 강력한 압송 요구가 있게 되면 조선은 이를 시행하곤 하였다.[62]

丁丑約條 상에는 조선으로 도망간 여진인 즉 兀良哈에 대한 송환 요구도 포함되어 있었다.[63] 이뿐만 아니라 호란 이전에 조선에 귀화한 漢人이나 여진인들까지도 강제 송환을 요구하였다.[64] 포로 송환 문제가 조선과

---

60) 『인조실록』 권36 인조 16년 정월 무인조.

61) 『인조실록』 권37 인조 16년 7월 계해조.

62) 『심양장계』 무인년 8월 18일조에 의하면 조선인 남녀 12명과 중국인 6명을 압송시켰다. 이어 경진년 12월 19일 승정원 개탁조에 의하면 12월 16일에 청국에 바칠 靑竹과 더불어 송환인 130명이 의주에 도착했으며 이들을 원래의 주인들에게 되돌려 줄 계획을 말하고 있다.

63) 『인조실록』 권34 인조 15년 정월 무진조. 『병자록』 「急報以後日錄」 정축 1월 28일조.

64) 『병자록』 「雜記亂後事」에 崇德 2년(인조 15년) 10월 26일에 청국에서 보낸 勅諭의 내용에 포함됨.

청국간의 당면 외교문제로 등장하자 이와 유사한 성격을 가지고 있었던 向化人의 송환을 하나의 문제로 제기하였다. 원래 향화인은 대부분 본인의 자의에 의해서 조선에 投託해서 編戶된 인물들이었다. 청국에서는 이들 후손들까지도 역시 향화인의 범주로 파악하고 있었다. 이들 향화인은 조선인과 결혼해서 자손들을 두어 조선인에 編戶되어 법제적인 조선인이 된 인원으로 이의 송환은 조선으로서는 난제에 속한 것이었다. 향화인 중에는 이미 제2세대나 제3세대가 되어 조선인이나 다름없는 존재였다.

조선은 임시적인 조치로 청국의 향화인 송환의 요구에 응하여 향화인 1명을 포함해서 한인 도망인 9명과 조선인 도망인 1명을 도합 11명을 쇄송하였다.[65]

청국은 성명과 거주지를 기록한 690명의 향화인의 송환을 요구하였던 것이다.[66] 결국 조선은 청국의 요구에 일차적 반응으로 58명의 인원을 찾아 보내게 되었다.[67] 조선인 도망병의 송환 요구가 제대로 시행되지 않자, 이에 대한 대응적 조치로 조선 내의 향화인 송환을 요구하였던 것이다. 이는 조선의 요구로 시행되고 있었던 속환에 대한 명분과 동질적인 명분을 들어 요구하였던 것이다.

조선은 이국인의 조선 거주에 대해서 강압적인 조치를 취하지 아니했다. 이국인으로 전쟁 포로나 혹은 도망인의 경우에 있어서는 특별한 경우

---

65) 『인조실록』 권36, 인조 16년 2월 임술조의 신경진의 馳啓에 청 용장이 그 수의 적음을 힐책하고 있다. 『인조실록』 권36, 인조 16년 6월 기유조에 용골대가 향화인 미송환에 대하여 세자를 질책하였다.

66) 『심양장계』 무인년 7월 8일조. 경진년(인조 18년) 5월 7일조의 승정원 開坼에 의하면 향화인의 송환 요구는 계속되었다.

67) 『심양장계』 경진년 12월 19일 승정원 개탁에 의해 58명 중에서 1명이 중도에서 얼어 죽어서 57명을 보낸 사실을 기록하고 있다.

를 제외하고는 쇄송하는 것을 기본적인 원칙으로 삼았다. 인조 18년 11월 이후로 청국의 詰責을 피할 수 없음을 인지한 조선 정부는 조야의 민심과는 달리 逃還人·逃漢人·向化人의 三件 刷還事에 대하여 청국이 요구한 그 이상으로 적극성을 보였던 것이다.[68] 無辜한 자를 도망자로 지목해서 쇄송하는 폐해와 더불어 전국적인 大旱災로 민심이 크게 洶湧해지자 이를 무마하기 위한 대책을 시행하였다.[69] 그 이후로도 조선은 청국과의 외교상의 원활한 관계 유지를 위한 조건으로 이들의 쇄송을 적절히 이용하기도 하였다.[70]

4. 포로 송환의 사회적 영향

조선과 청국 양국간의 전후처리의 주요 과제인 포로 송환에 대한 전반적인 실상을 알아보았다. 포로 송환의 결과는 양국 사회에 많은 영향을 주었을 것이지만 특히 포로 송환의 주 대상이 조선인이라는 점에서 조선 사회내의 영향이 컸을 것이다. 포로 송환의 결과로 인한 조선 사회의 영향으로는 군사외교상의 변화와 더불어 경제 및 문화적 변화로도 나타났다.[71]

---

68) 『인조실록』 인조 18년 11월 임오(5일)와 갑신(7일)의 영의정 洪瑞鳳의 馳啓 참조. 송환인을 보면 77명(18년 11월 15일), 600여 명(18.11.29), 70여 명(19.1.4), 57명(20.10.38) 등 총 800여 명에 달하고 있다.

69) 『인조실록』 권42 인조 19년 5월 정축조의 玉堂의 상소문에서 大旱魃의 원인을 무고자의 강제 송환으로 인한 天怒로 인식하고 있다.

70) 『인조실록』 권46(전) 인조 23년 7월 신미조에 의하면 청국의 포로로 심양의 세자에게 주었던 명나라 환관 이방근 등 5명과 궁녀 1명을 세자가 서거하자, 귀국하는 청국 사신편에 되돌려 보냈다.

71) 조선인 포로들의 신분은 군사가 아닌 민간인 자격이었고, 이들 포로 송환의 통로는 원칙적으로 경제적인 속환의 방법이었다. 그러므로 포로 송환 문제는 군사외교의 성격이 약하였고, 청이 명정벌

이러한 가운데 가장 심대하게 충격을 준 것은 이상적인 유교국가의 건설을 지상주의로 내세우고 있었던 도덕 윤리관에 대한 시험이요 도전의 문제였다. 바로 송환된 포로 婦人에 대한 처리를 둘러싼 사회 윤리적 문제로 인한 갈등과 대립이었다. 즉 贖還女로 호칭된 이들은 양반 사대부 가문의 부녀자로 청군에 끌려갔다가 정절을 상실하고 귀환한 무리로 여겼다. 속환녀는 고향에 돌아온 여인이라는 뜻으로 還鄕女로 호칭되었고, 심지어 화냥년으로 貶下되기도 하였다.

지아비에 대한 정절을 중시하는 당대 유교의 윤리관으로서는 이들을 가문에 다시 용납할 수 없는 실정이었다. 당시의 관례로는 정절을 상실한 부녀자의 가문은 자손 대대로 文科에 응시하거나 관직의 요직에 등용될 수도 없었다.[72] 따라서 각 가문에서는 失節한 어머니와 아내의 용납을 기피 내지는 거부했던 것으로 큰 사회적 문제였다.

속환녀들이 귀환하자 사대부들은 失節한 아내와의 離異 즉 離婚을 청원하는 상소가 빈번해졌다. 속환녀의 처리 문제로 인해서 조선 정부는 딜레마에 봉착하게 되었다. 유교적 명분을 내세워 실절한 부녀자를 희생할 것인가? 아니면 인도적 차원에서 이들을 수용할 것인가의 문제였다. 이 문제를 둘러 싼 이념 대결은 정부 대신들 간에 이혼을 주장하는 離異論者와 재결합을 주장하는 復合論者로 나뉘어졌다. 그러나 점차로 이혼론은

군으로 요청한 조선군 파병 문제도 직접적으로는 丁丑和盟에 근거하고 있었다. 또한 문화적 측면의 변화에 있어서 소현세자의 귀국시에 서양 신문명의 전래를 통해서 신문화 수입의 계기가 된 것은 사실이다. 그러나 다른 측면에서는 외래 문물에 대한 배타성을 증대시킨 부작용도 파생시켰다. 그리고 송환된 포로로 인한 사회 전반적인 현상보다는 왕실 일부에 국한된 영향이었다. 조선사회의 경제적 변화와 신문물의 수입은 이후로 전개된 조선과 청국간의 정상적인 통로를 통한 사대외교의 산물로 이해함이 마땅하다 하겠다.

72) 『經國大典』「吏典」 京官職.

사회 전반적인 추세였고 여기에 다수의 대신들도 이를 지지했던 반면에 국왕과 일부 대신들만이 이혼론을 반대했던 것이다.[73]

속환녀에 대한 이혼 문제가 공식적으로 제기된 것은 1638년(인조 16) 3월에 新豊府院君 張維가 강화도에서 피랍되었다가 속환되어 돌아온 그의 독자 張善澂의 처에 대한 이혼사를 예조에 올린 것으로부터 시작되었다. 이혼 사유는 被攜된 子婦는 失節했을 것이므로 사대부가에서 제사를 봉하고 또한 자녀를 생산할 수 없다는 것이다. 이에 대해 前承旨 韓履謙이 이혼론에 반대하는 상소를 올렸고, 이어서 좌의정 崔鳴吉도 제기하기를

> 사족 부녀로 피로 되었다가 속환된 자가 한 둘이 아니며, 또 피로 되었다고 모두 失節한 것도 아니다. 만일 이혼을 명하면 속가가 마련되지 않았거나 부족해서 다시 마련하여 장차 속환해 오려고 하는 지아비들이 자기 처를 속환해 오지 않을 것이니 허다한 부녀가 영원히 異域의 魂鬼가 될 것이다. 한 지아비의 원통함을 푸는 것이 오히려 百家의 원통함을 품는 것이 되게 하니 이로써 불가하다.[74]

라 하여 이혼론에 반대하였다. 조정에서는 피로 부녀의 이혼을 허락하지 않고 다시 결합할 것을 제시하였던 것이다. 특히도 최명길이 이혼론에 반대한 이유로는 당시의 처참한 사회 현실에 대한 이해와 수용을 내세운 陽明學的 가치관과도 관련된다 하겠다.[75] 이리하여 당시 국론은 조정 일부

73) 森岡康, 「贖還被擄婦人の離異問題について」 『朝鮮學報』 26집, 1963. pp.57~66.
74) 『인조실록』 권36 인조 16년 3월 갑술조.
75) 劉明鍾, 『韓國의 陽明學』 同和出版公社, 1983, pp.89~98. 세상이 숭상하는 것은 名이나, 그가 믿

에서 제기된 사대부 가풍을 더럽힐 수 없다는 이혼론을 주장하였지만 결국 공인되지는 못하였다.

그러나 당시 사회 현실에서는 조정의 결정과는 정반대로 나타나 사대부 집 자제들은 모두 다시 장가들고 다시 합하는 자가 없었던 것이다. 史臣의 평에서도 최명길의 안에 대해 통분히 비판하면서 "충신은 두 임금을 섬기지 않고, 열녀는 두 남편을 섬기지 않으니 … 억지로 다시 합하게 해서 사대부의 가풍을 더럽힐 수는 절대로 없는 것이다."[76]라는 유교적 이념 하에서 추구되어 왔던 忠臣論과 동등한 차원으로서 烈女論 및 貞操論을 내세우고 있었다. 이는 당대 성리학적인 세계관에 기초한 명분론의 반영이기도 하였다.

이혼론이 제기된 1개월 후인 동왕 16년 4월에 여러 관료들을 중심으로 대대적인 이혼론이 재론되었다. 먼저 大司諫 全湜, 司諫 徐祥履, 獻納 成以性, 正言 李時萬, 正言 申濡 등이 不事二君의 忠臣論과 不更二夫의 烈女論의 명분에 따른 예의지도와 治化의 正風을 위해 이혼론을 지지하였다. 이어서 副提學 李敬輿, 校理 沈東龜, 獻納 成以性, 修撰 崔有海 등이 상소하기를 각각의 사안에 따른 이혼 처리를 주장했던 것이다.[77] 이와 같은 온건적이고 중도적인 주장과는 달리 이혼론을 강력히 주장하는 일부 대신들도 있었다. 特進官 曹文秀는 아뢰기를

는 것은 良知의 마음으로 즉 마음 공부인 心學을 강조하였다. 그가 척화파의 金尙憲에게 보낸 詩에서 '斥和는 守經(原則)이요, 主和는 權(方便)이다.'라는 논리를 통해서 이를 유추할 수 있겠다. 즉 이혼을 주장하는 것은 절의를 내세운 원칙이지만, 이혼 반대는 현실적인 방편으로서의 權道라는 점이다.

76) 『인조실록』 권36 인조 16년 3월 갑술조. "忠臣不事二君 烈女不更二夫…決不可勒復合 以汚士大夫家風也".

77) 『인조실록』 권36 인조 16년 5월 계해조.

부부는 인간의 대륜입니다. 포로로 잡혀갔던 여자들은 남편의 집안과 대의가 이미 끊어진 것이니, 어찌 억지로 다시 합하게 하여 사대부의 가풍을 더럽힐 수 있겠습니까. 우리 동방은 예의의 나라인데 한번 변란을 겪은 뒤 이런 조치가 있으니 신은 삼가 성조를 위하여 부끄럽게 여깁니다.[78]

라고 하면서 동방 예의지국의 가풍으로 대륜을 끊은 여자를 억지로 합하는 것은 불가하다는 이혼론을 주장하면서 최명길의 이혼 금지 조치를 강하게 비난하였다. 그런데도 국왕은 계속해서 최명길을 지지했던 것이다. 이와 같은 분위기에서 사헌부를 중심으로 한 여러 대신들이 조문수의 안에 찬동하면서 국왕의 결정에 대하여 강력히 반발했던 것이다. 결국 조정은 이혼론 문제로 인해 국론이 양분되고 말았다. 국왕은 廟堂의 처치가 실로 權道에 합당하다고 하면서 더 이상의 논의 중지를 선언하였다. 이와 같은 상황 하에서 이에 대한 주관 부서인 예조에서 각자의 소원대로 들어줄 것을 건의하였다.

이어 領敦寧府事 李聖求와 우의정 申景禛도 절충안을 제안하였다. 이 절충안은 외형적으로는 묘당과 대간의 양측 주장을 일정하게 포용하는 중도론이지만 특례적인 경우에 따라 이혼과 재취를 허락한다는 점에서 수정된 이혼론이라 할 수 있겠다.[79] 이와 같은 양자의 절충안이 대두되었음에도 불구하고 좌의정 최명길은 명분론의 주장을 반박하면서 적극적인 차원에서 인도적 처리만을 강력히 주장하였다. 최명길이 이르기를

---

78) 『인조실록』 권36 인조 16년 5월 계미조.
79) 『인조실록』 권36 인조 16년 6월 갑진조.

선조께서 환도한 후 사대부의 처로서 포로로 잡혀갔다가 살아서 돌아온 자들은 모두 改娶를 허락하지 않았습니다. 그 당시 柳成龍·李元翼·李德馨·李恒福·成渾 등과 같은 名卿碩儒들의 식견의 바름은 반드시 지금 사람들과 비할 바가 아닐 터인데 문제가 있었다는 말을 듣지 못했습니다. … 만일 이혼과 재혼, 두 가지를 모두 허락한다면 국법이 둘로 갈라져 일관성을 상실하게 될 것입니다. 이것은 명분과 인도, 둘 중의 한 가지도 온전히 지키지 못하는 결과가 될 것입니다. 어찌 이를 왕도정치라 하겠습니까? 당연히 인도적인 길 하나만을 선택하여야 할 것입니다.[80]

라고 하여 이혼론을 반대하였다. 최명길의 인도적 주장에 대한 일차적 근거는 임진왜란 후의 宣祖의 결단을 先例로 수용한 것이다. 조선 정부는 이혼과 재가를 금지할 것을 공식적으로 재천명한 것이었다.

조정에서 이혼론 문제가 재론된 것은 2년 후인 인조 18년 9월로 전일에 예조에 상정되었던 이혼사건에 대한 재심이었다. 張維의 사망을 계기로 그의 처 金氏가 그의 아들 張善瀓의 처에 대한 이혼사를 예조에 다시 청원한 것이었다. 이에 영의정 洪瑞鳳이 아뢰기를

지금 그들을 처리하는 방도는 이미 오욕 당한 모든 부녀자들은 반드시 죽어야 하는 것으로 책망할 수 없게 되었으니, 동거하는 사람은 그대로 살게 하고, 다시 장가드는 일도 금하지 말아서, 남편 없는 여자와 아내 없는 남자로 하여금 각기 영위하도록 하는 것이다.[81]

---

80) 『인조실록』 권36 인조 16년 6월 갑진조. 『대동야승』 권34 「속잡록」 4 무인년 6월 5일조에도 宣祖는 임진란 속환녀의 남편들이 제기한 이혼 및 재취를 불허하였다.

라고 하여 재취에 대한 허용을 주장하였다. 이어 우의정 姜碩期도 七去之惡의 명분을 내세워 이혼론의 허가를 주장하였다.[82] 결국 국왕도 한편으로는 공식적인 이혼 금지를 재천명하면서 다른 한편으로는 특례적인 조치에 따른 이혼을 윤허하고 말았다.[83] 그러므로 현실에서 七去之惡이라는 명분에 의해서 이혼이 허락되었다는 점에서 정부의 이혼 금지 법령은 그 실효성이 이미 상실되었음을 公布한 셈이다.

인조 16년 3월에 제기된 속환녀에 대한 이혼 금지론은 정부의 공식적인 강령이었다. 그러나 정부의 이와 같은 조치는 동방 예의지국으로서의 절의를 내세운 대신들의 격렬한 반론을 불러 일으켰던 것이다. 이러한 결과 이혼 금지는 하나의 형식적이고도 의례적인 법령에 불과하였다. 당시 현실 사회에서는 수많은 사대부 가문의 속환녀는 그 가문으로부터 축출당하는 비운으로 自決하는 사태가 속출하고, 칠거지악에 연루된 이혼이 허용되기도 하였다. 이 문제는 병자호란이 종결된 30년 즉 1세대가 경과할 때까지 朝野에서 주요한 논쟁의 대상이 되었다.[84]

---

81) 『인조실록』 권41 인조 18년 9월 경자조.

82) 『인조실록』 권41 인조 18년 9월 경자조.

83) 『인조실록』 권41 인조 18년 9월 경자조.

84) 『顯宗實錄』 권14 현종 8년 9월 신유조. 執義 崔寬의 파직 상소에 대한 史臣의 논평 참조. 최관의 계모인 權氏가 속환녀였는데 죽은 뒤에 신주를 家廟에 들일 수 없다는 시어머니의 유언에 따라 행하여졌다. 사신은 최관이 이처럼 불미스러운 집안 출신으로 臺閣 내의 관리로 임명된 사실을 猥濫된 것으로 평하였다.

5. 결론

청국은 중원 경략에 앞서 조선과의 전쟁이었던 정묘호란과 병자호란으로 수많은 포로들을 획득하였다. 청국이 전쟁 중에 포로 획득에 특별하게 관심을 가졌던 이유는 전후 처리에 있어 주요한 현안 문제였던 포로 송환문제를 통해서 청국은 중원 경략시에 요구되는 후방 안전 보장과 또한 필요한 물자를 조달하는데 그 목적을 두었다. 이러한 목적 하에서 청군은 인신 매매범과도 같이 수많은 조선인을 포로로 끌고 갔고, 이들 포로에 대한 속환가를 통한 송환에 관심이 높았다. 그러나 조선측은 속환가 마련에 대한 부담으로 인해 송환 업무에 대해 소극적인 태도를 보일 수밖에 없었다.

결국 현실적인 포로 송환 욕구로 개인들은 공식적인 창구를 통하지 않고 비공식적인 교섭으로 그 속가는 날로 폭등했던 것이다. 포로 송환을 중심으로 하여 조선과 청국간의 대외 문제는 포로 송환에 대한 속환가와 도망 포로의 압송 문제였다. 또한 포로 송환으로 인한 대내 문제로는 속환녀의 처리 문제였다. 당시 정부는 여러 차례에 걸쳐 공식적으로는 이혼 금지를 내세워서 사대부의 실절 부녀자와의 이혼을 허락하지 아니했다. 그러나 현실에서는 절의론의 주장으로 칠거지악의 명분에 따른 이혼의 허락과 재가를 인정하는 궁여지책이 일반적인 조치였다.

조선의 대청전쟁을 통한 전후처리의 일환으로 전개된 포로 송환상에서 나타난 몇 가지 특성을 살펴볼 수 있다. 첫째로 조선과 청국간의 포로 송환에 관한 군사외교 문제가 초기 공식적인 정부 주도형에서 후기에는 민간 주도형으로 전환되었다는 점이다. 정축약조로 양국간의 호혜적 평등

적 관계가 아닌 청국의 일방적인 외교관계였다. 전승국 청국은 패전국 조선에게 일방적이고도 필요에 의한 助兵 요구나 恣意的인 태도로 포로 송환에 임하였던 것이었다. 결국 조선 정부로서는 포로 송환 문제에 있어서 피동적이고 소극적일 수밖에 없었기에 민간 및 개인 차원에서 이에 적극적으로 개입하게 된 것이었다. 이와 같은 과정상에서 정부나 민간은 서로의 불신과 낭비적 요소가 증대되었고 그 성과도 제대로 거두지 못하였다.

둘째로 청국의 포로 송환에 대한 기본적인 원칙은 속환으로 표현되고 있는 경제성에 목표를 둔 조치였다. 청군이 조선인 포로에 대하여 적극적으로 관심을 가진 목적이 대중국전 수행을 위한 대규모적인 군사력 확충의 일환이 아니었다는 점이다. 청군이 조선 영내에 침입과 더불어 인신 매매범과 다름없는 무차별 노략의 자행은 전후처리상에 주요 쟁점이 되었던 경제적 이득과 관련이 된 것이다. 정묘호란을 통해서 조선인 포로의 속환에 따른 경제성을 실감했던 청군은 병자호란시에 전투원이 아닌 민간인 특히도 부녀자 피랍에 진력하였던 것이다. 임란시에 일본군이 포로 피랍의 목표를 陶工·印刷工 등과 같은 기술자에 우선을 둔 것과는 달랐다. 이는 임진왜란기 일본이 조선인 포로를 서양 노예상에게 전매했음에도 불구하고 조선에 대한 포로 송환에 있어서는 속환가 문제를 직접 거론하지는 안 했던 것과는 분명히 차이가 나는 점이다. 청국은 속환가의 미지불로 인한 미송환 포로에 대해서 종국에는 청국민으로 편입시켜 자국의 노동력에 충당했던 것이다.

셋째로 청국은 허가된 포로 송환의 반대급부적 차원에서 조선인 도망포로와 향화인의 송환을 강압적으로 조선에 요구하였다. 이는 조선인 포로의 도망을 철저히 예방하기 위한 응징적인 조치이자, 청국 내의 중국 한

인은 물론하고 자국민인 여진인까지 포함된 점은 청국민 전체에 대한 도망 방지책이었다. 또한 이와 같이 청국이 조선의 대외관계에 대한 엄격한 간섭과 통제를 통해서 조선의 反淸運動을 사전에 제어하려는 하나의 안전 보장책이기도 하였다.

넷째로 포로 송환 처리인 속환 업무 기간을 10년이라는 단기간으로 한정하였다. 조선의 대일본 포로 송환의 문제를 종전 40년간 지속한 사실과 비교할 때에 이는 분명히 단기간이었다. 청국이 이처럼 포로 송환 문제를 단기간 종결의 원칙을 제시한 점은 중원 공략을 위한 신속한 준비 작업의 일환으로 보여진다.

다섯째로 송환된 포로 중에서 부녀자 처리문제는 조선 사회내의 심각한 국론 분열과 개인의 도덕적 가치관에 의한 극단적인 시비론을 가열케 만들었다. 속환가의 폭등으로 정부는 속환에 소극적이었고 이를 대신하여 개입한 사대부 가문들의 재정적인 부담은 가중되었고, 또한 절의를 중시한 도덕관에도 큰 상처를 입히게 된 것이다. 정부는 미봉적인 대책으로 이혼 및 재취 금지의 인정론을 내세웠기에 여러 차례에 걸친 이념 논쟁으로 조정내의 국론 분열을 심화시켰다.

전후 처리의 과정에서 조선의 주요 과제는 조선인 포로 송환의 문제였다. 그러나 이에 대한 실천은 미약한 실정으로 송환된 조선인 포로수는 소수에 불과하고 다수는 미송환된 상태로 종결되고 말았다. 이들 미송환된 조선인 포로들에 대한 청국의 청국민화 과정과 이에 따른 문제점들에 관해서도 앞으로의 연구가 기대된다.

태봉학회 총서 **4**

제2부

김화
백전전투

병자호란과
김화 백전전투

THE MANCHU'S INVASION
OF JOSEON IN 1636
THE BATTLE OF GIMHWA BAEKJEON

17세기 전반기 조선의 대북방 방어전략과 평안도 국방체제[*]

노영구

국방대학교 군사전략학과 교수

목차

Ⅰ. 머리말

Ⅱ. 정묘호란 이전 조선의 대북방
   방어전략과 평안도 국방체제

Ⅲ. 정묘호란 이후 군사전략과 평안도
   방어체제

Ⅳ. 맺음말

Ⅰ. 머리말

한반도에 있어서 평안도 지역은 역사적으로 동북아시아 변동의 요람이라 일컬어지는 만주 지역과 직접 연결되어 있어 동북아 지역의 정세가 급격히 변할 경우 그 여파가 가장 먼저 영향을 미치는 매우 중요한 지역이었다. 대륙 정세의 변화에 따라 외교적인 마찰이나 군사적 긴장이 쉽게

---

[*] 본고는 2012년 11월 '병자호란 김화 백전대첩 기념 학술대회'에서 발표하였던 필자의 발표문의 제목을 수정하고 내용을 추가하여 작성한 글임을 밝힌다.

고조될 수 있었으므로 조선전기부터 평안도는 국방의 요지로서 매우 중시되었다. 다만 15세기 중반 이후 중국의 대륙 정세가 안정되면서 여진족의 소규모 침입을 제외하고는 대규모 군사적 충돌의 가능성은 상당히 적어졌다. 이에 따라 16세기 후반까지 평안도의 군사체제는 예상되는 소규모 침입에 대응하기 위해 압록강변을 따라 설치된 소규모의 鎭堡를 중심으로 편성되었다. 그러나 16세기 말 남만주 지역에 있던 누르하치의 건주여진 세력이 급속히 확대되면서 국경 방어 중심의 평안도 지역 국방체제는 이제 대규모 전쟁에 대비하기 위한 군사전략의 수립과 국방체제로의 전환이 불가피해졌다. 특히 17세기 전반기 2차례의 後金(후일 淸)의 침공 과정에서 조선의 대북방 방어전략과 평안도 국방체제의 적정성 여부는 전쟁의 승패를 갈랐을 뿐만 아니라 병자호란 시기 勤王兵으로서 김화 지역까지 이동한 평안도 군의 활약과 승리는 비록 이 전쟁의 국면을 전환시키지는 못하였지만 청군을 위협하기 충분한 것이었다. 따라서 17세기 전반기 평안도 지역 국방체제의 정비 양상은 당시 조선의 대북방 방어전략의 내용과 성격을 이해할 수 있을 뿐만 아니라 당시의 군사적 양상에 대한 보다 미시적 접근을 가능하게 한다는 점에서 의의가 적지 않다.

조선시대 군사사 관련 연구에서 그동안 특정 지역을 검토의 대상으로 삼기 시작한 것은 그다지 오래되지 못하였다. 이는 군사사를 군사제도의 변천으로 이해하던 연구 시각의 지속과 함께 특정 공간을 대상으로 한 연구가 나타난 것이 그다지 오래되지 못한 것에서 기인한다. 1980년대 초 성곽을 통한 방어체제를 이른바 '關防體制'라는 개념으로 설명하는 연구 방법이 도입되었지만 실제 지역별 국방체제 연구는 2000년대 들어서 본격적으로 나타났다.[1] 평안도 국방체제에 대해서는 조선전기 평안도 지역의 주요 병종이었던 土兵에 대한 연구[2]와 조선초기 평안도와 함경도 지역의 국방체제 전반을 다룬 연구[3] 등이 1990년대 초반까지 제출되었지만 17세기 평안도 지역 군사제도 및 국방체제에 대한 연구는 나타나지 않았다. 그러나 2000년대 들어서면서 조선시대 군사사에 대한 다양한 연구의 제출과 함께 그 이해의 폭이 깊어지면서 평안도 지역의 국방체제에 대한 다양한 연구가 제출되기 시작하였다. 먼저 평안도 압록강변의 이른바 강변 7읍의 방어체제를 다룬 연구[4]와 평안도의 주요 도로 및 종심 지역인 이른바 內地의 방어체제를 검토한 연구가 나타났고,[5] 아울러 이 지역의 방어체계 전반의 변화와 이에 따른 재정 운영의 양상을 다룬 연구도 주목된다.[6] 이외에도 두 차례 후금(=淸)의 침공과 평안도 지역의 주요 전투 양상을 검토한 연구를 통해 전쟁 이전 조선의 국방체제를 부분적으로 언급한 연구도 있다.[7] 최근에는 조선후기 군사사를 정리한 연구에서 대북방 방어전략의 일단이 검토되면서 평안도 지역 방어체제가 부분적으로 언급되기도 하였다.[8] 이상의 여러 연구를 통해 17세기 전반기 평안도 지역 국

---

1) 노영구, 「최근의 조선시대 군사사 연구경향과 과제」 『敎授論叢』 44집, 2007. p. 51.

2) 이장희, 「조선전기 土兵에 대하여」 『남사정재각박사 고희기념 동양학논총』 고려원, 1984.

3) 오종록, 「조선초기 양계의 군사제도와 국방체제」 고려대학교 박사학위논문, 1992.

4) 이철성, 「17세기 평안도 강변 7읍의 방어체제」 『한국사학보』 13, 2002 ; 강석화, 「조선후기 평안도 지역 압록강변의 방어체계」 『한국문화』 34, 2004.

5) 고승희, 「조선후기 평안도지역 도로 방어체계의 정비」 『한국문화』 34, 2004 ; 노영구, 「조선후기 평안도지역 內地 거점방어체계」 『한국문화』 34, 2004.

6) 권내현, 「17세기 전반 대청 긴장 고조와 평안도 방비」 『한국사학보』 13, 2002 ; 권내현, 『조선후기 평안도 재정 연구』 지식산업사, 2004.

7) 유재성, 『병자호란사』 전사편찬위원회, 1986 ; 유승주, 「병자호란의 전황과 김화전투 일고」 『사총』 55, 2002 ; 유승주, 「인조의 정묘호란 대책고」 『한국인물사연구』 3, 2005.

8) 육군본부 군사연구소, 『한국군사사』 7, 경인문화사, 2012.

방체제에 대해 많은 부분이 규명되었지만, 병자호란 이전까지 조선의 평안도 지역 방어전략과 관련한 국방체제가 아직 충분히 검토되지 못한 것은 사실이다. 또한 평안도 지역에 대한 지형적 분석이 충분히 이루어지지 못한 점도 추가적인 점검이 필요한 부분이다.[9)

본 연구는 병자호란 이전인 17세기 전반기 평안도 지역의 국방체제와 대북방 방어전략을 시기별로 검토하는 것을 연구의 목적으로 한다. 그동안 필자 등 여러 연구자에 의해 이루어진 연구 성과를 바탕으로 평안도 지역에 초점을 맞추어 전략, 지형, 접근로, 성곽 등 군사적 주요 요소를 통해 당시 평안도의 국방체제를 밝히도록 하겠다. 이러한 성과는 병자호란 시기 평안도 군의 방어와 수도권 이동 등 그 군사적 활동에 대한 이해의 폭을 넓히는 데에도 다소 기여할 수 있을 것이다.

II. 정묘호란 이전 조선의 대북방 방어전략과 평안도 국방체제

1. 광해군대 이전 대북방 방어전략과 평안도 국방체제

임진왜란 초기 누르하치의 원병 파견 제안을 계기로 조선은 건주여진의 군사적 능력에 대해 재인식하게 된다. 특히 임진왜란 중인 1595년 누르하치가 이른바 採蔘사건에 대한 복수로 조선의 평안도 지역을 대규모로

---

9) 최근 여말선초 평안도 지역의 방위체제를 검토한 한 연구에서 평안도 지역의 지형 분석 및 地戰略的 검토가 이루어진 것은 주목된다(양진혁, 「여말선초 북방방위전략에 관한 연구-평안도 방위체제를 중심으로-」국방대 석사학위논문, 2007).

공격하려 한다는 첩보가 입수되는 등 여진의 침공 가능성에 대한 우려가 계속되었다. 이에 조선은 누르하치와의 전면전을 고려하여 평안도 방어를 강화하는 군사전략을 고려하게 된다.[10] 그러나 일본과의 전쟁 상황이었으므로 구체적인 국방체제 정비로 나아가지는 못하였다. 임진왜란이 종전되자 누르하치의 건주위는 본격적으로 주변 지역으로 세력을 팽창하기 시작하여 17세기 초 광해군 즉위를 전후한 시기에는 경쟁관계였던 해서여진의 忽溫 세력을 격파하고 주변의 여러 부를 병합하였다. 이를 계기로 건주위 세력은 건주위를 넘어 군사 원정까지 수행할 수 있는 국력과 군사력을 확보하였다.[11] 아울러 건주위 세력은 두만강 및 압록강 상류 지역의 지배권을 장악하게 되면서 조선과 명나라에 직접적인 위협이 되었다.

건주위 세력의 대규모 침입 가능성이 높아졌지만 당시까지 조선의 북방 방어체계는 국경 지대의 진보를 중심으로 매우 얇고 길게 구축되어 대규모 침입에 대비하기에 종심이 충분하지 않았다. 이는 임진왜란 이후 일본과 대치하고 있는 상황에서 여진에 대해 충분한 대비를 하기 어려웠던 상황과 관련을 가지는 것이었다. 임진왜란 기간 중이던 1595년 비변사에서는 삭주, 구성, 영변, 안주, 곽산에 군사를 집중하여 방어하는 방안을 강구하였고 이를 위해 이 일대에 대한 성곽 수축 및 보수를 건의하였다.[12] 점증하는 여진족의 위협에 대응하기 위해 광해군 전반기 평안도 방어를 위해 정주, 안주, 평양, 성천, 영변, 구성 등 內地 요해처를 중심으로 방어체계가 정비되기 시작하였다.[13] 예를 들어 1608년(광해군 즉위년) 8월 비변

10) 황종엽, 「임진왜란 시기 류성룡의 대여진 국방정책론 연구」 국방대 석사학위논문, 2009.

11) 임계순, 『청사 : 만주족이 통치한 중국』 신서원, 2000, p.25.

12) 『선조실록』 권68, 선조 28년 10월 기유

사에서는 정주, 안주성과 곽산과 숙천 두 곳의 산성을 정비하도록 요청하였다. 그리고 평안도의 主鎭이었던 평양, 영변의 방어체계를 점검하고 영변성에 대한 추가적 축성을 통해 방어력을 높이도록 하였다. 아울러 자산산성과 용강의 공룡성 방비를 강조하였다.[14] 이듬해 8월에는 정주, 안주, 영변, 평양, 곽산의 능한산성 축조가 강조되었다.[15] 1611년 한교는 평양, 성천, 영변, 안주, 구성 등의 다섯 곳에 진관을 설치하여 서로 구원하여 성세를 서로 의지하면서 이 다섯 지역을 반드시 방어할 것을 주장하였다.[16] 이를 통해 평안도의 종심 지역에서 여진족의 대규모 침공시 저지할 것을 구상하였다. 이는 전술적 측면에서도 여진족이 아직 火器를 보유하지 않았으므로 정비된 성곽에 화기를 배치하여 여진 기병을 방어할 수 있다는 점에서 상당히 타당하다고 할 수 있다. 광해군 전반기 평안도 주요 요해지에 대한 방어 시설 정비와 방어체계에 대한 논의는 유성룡의 관방론에 강한 영향을 받은 것으로 평가할 수 있다. 특히 안주와 영변을 서로 의지하게 하여 적군이 평안도 내지 지역 깊숙이 들어오는 것을 저지하도록 하였다. 이를 위해 안주성 축성을 강조하였다. 아울러 유성룡은 자비령을 통해 내지로 들어오는 적군을 막고 평양과 함께 대동강 유역에서 적군을 막기 위해 성천 지역 방어를 강조하였다.[17]

　1616년 건주위의 누르하치는 후금을 건국하고 2년 뒤인 1618년 4월 이른바 명나라에 대한 '일곱 가지 원한'을 내걸고 요동 지역의 명나라 거

---

13) 장성진, 「광해군 시대 국방 정책 연구」 국방대 석사학위논문, 2008. p.24.
14) 『광해군일기』 권7, 광해군 즉위년 8월 신미
15) 『광해군일기』 권19, 광해군 원년 8월 갑인
16) 『광해군일기』 권39, 광해군 3년 3월 29일 기사
17) 『군문등록』 을미 10월 19일, 移平安道巡察使節度使文 ; 병신 2월 초5일, 移平安道兵馬節度使文

점에 대한 본격적 공략에 나서 명의 요동 지역 주요 거점인 撫順과 그 주위의 撫安堡 등을 공격하여 점령하였다.[18] 무순의 함락은 압록강 중, 상류에 국한하여 조선과 마주하였던 후금 세력이 이제 압록강 하류 지역까지 확장되었음을 의미한다. 광해군대 전반기까지 평안도 방어체계는 내륙 지역에 대한 종심 방어체계를 갖추기 시작하였으나 그 침입로는 기본적으로 중류 지역인 창성-삭주-구성으로 이어지는 이른바 내륙직로를 가장 중시하였다.[19] 그러나 후금 건국 이후 그 세력이 요동 지역으로 본격 진출하면서 압록강 하류에까지 미치게 됨에 따라 당시 압록강 지역 방어 체제의 중점을 어디에 둘 것인지에 대해서는 조선 조정에서 논란이 적지 않았다. 당시 광해군은 명과 후금의 전투를 앞둔 당시 의주에 방어의 중점을 두었다. 이는 향후 후금과의 전투가 있을 경우 그 파장이 우선적으로 의주 지역으로 미칠 가능성이 적지 않은 상황을 고려한 것이었다.[20] 그러나 비변사에서는 직접 후금과 접하고 있는 창성 지역 방어를 우선 고려하여 昌城과 碧潼 지역의 방어체계 정비를 주장하였다.[21]

압록강 하류는 창성과 의주를 통해 내륙으로 이어지는 두 대로가 출발하는 곳이었다. 당시 평안도 지역의 경우 압록강에서 내지로 향하는 길은 3개의 大路와 3개의 지름길이 있었다. 大路로는 의주-용천-선천-정주-안주로 이어지는 의주대로와 강변의 창성과 벽동에서 삭주-구성, 운산을 거쳐 영변에 이르는 內陸直路, 그리고 강계-희천-영변을 연결하는 江界

18) 傅仲俠, 『中國軍事史』 下 解放軍出版社, 1986, p.410.
19) 황종엽, 「앞의 논문」 2009, p.52.
20) 『광해군일기』 권129, 광해군 10년 6월 병술.
21) 『비변사등록』 제1책, 광해군 10년 윤4월 18일.

大路가 있었다. 샛길은 창성, 삭주에서 완항령을 경유하여 청산성 아래를 지나 雲山에 이르는 것, 벽동, 벽단에서 구계령을 지나 청산성 아래를 지나 운산에 이르는 것, 그리고 理山(오늘날 초산), 위원에서 주사령을 경유하여 고연주를 거쳐 운산에 이르는 것 등이었다.[22] 당시 창성, 벽동 등지의 방어 체계는 아직 후금의 공격을 저지하기 어려운 상황이었다. 따라서 평안도 내지의 대로상의 주요 군현에 대한 방어책 마련을 통해 평안도 지역 방어 체계의 종심을 확보하는 것이 시급했다. 이에 영변, 평양 등 평안도 내륙 지역 방어 대책을 강구하게 되었다.[23]

1619년 초 명의 요청으로 만주 지역에 파견되었던 강홍립 휘하의 조선군과 명나라군이 사르후 전투에서 대패하자 그 여세를 몰아 후금은 요동 지역에 대한 직접 통치를 목표로 공세로 전환하였다. 이에 개원(6월), 철령(7월) 등 무순 북방의 명나라 거점이 함락되고 이듬해인 1620년 3월 심양과 요양이 점령되어 요동 일대가 완전히 후금의 판도로 넘어갔다. 1622년 초에는 후금군이 요하를 건너 광녕을 점령하여 요하 서쪽으로 영향력이 확대되었다.[24] 이에 조선과 명나라 간의 육로 교통이 차단되어 명을 통한 대후금 견제가 어려웠을 뿐만 아니라 평안도 지역은 후금의 직접적인 위협 하에 놓이게 되었다. 따라서 후금의 공격에 대비하기 위한 독자적 방어전략의 수립과 국방체제 정비가 시급히 요구되었다.[25] 후금의

22) 『訒齋集』 별집 권1, 「關西錄」 內地控守之處. 평안도 지역 주요 도로에 대해서는 권내현, 「앞의 논문」 2002, pp.274~275 ; 고승희, 「앞의 논문」 2004, pp.204~205 등에 자세하다.

23) 『광해군일기』 권129, 광해군 10년 6월 갑신 ; 『광해군일기』 권129, 광해군 10년 6월 병술.

24) 이상창, 「명·청 패권전쟁으로서의 병자호란 원인 재해석」 국방대 석사학위논문, 2007, p.58.

25) 이하 광해군 후반기 조선의 방어체계 정비에 대해서는 노영구, 『한국군사사』 7, 2012, pp.228~229 참조.

침입에 대비하기 위해 기존의 창성, 의주 등 압록강변의 진입로 지역에 더하여 내지의 주요 요충지 방어체계 정비의 중요성이 강조되었다. 우선 1619년 12월 구성에 방어영을 설치하고 구성 부사가 방어사를 겸임하도록 하였다.[26] 구성은 북쪽으로 의주, 삭주와 연 되어 있고 남쪽으로 선천과 곽산, 가산, 정주로 통하였다. 동쪽으로는 운산, 태천, 영변, 개천과 연결된 교통의 요지였다.[27] 따라서 강변에서 평안도 내륙의 군현으로 들어가기 위해서는 반드시 이곳 구성을 통과하지 않으면 안되었다. 구성 이외에도 평양, 정주, 안주 등에 대한 방비의 중요성이 강조되어 주변 고을의 군병을 통합하는 등 방어 대책의 충실화가 이루어졌다.[28]

2. 인조 초 대북방 방어전략과 평안도 방어체제

1623년 3월 인조반정을 통해 집권한 조선의 새 정권은 광해군의 중립적 외교 노선을 배격하고 親明排金 정책을 대외적으로 표방하였다. 이로 인해 후금과의 군사적 충돌 가능성은 매우 높아졌다. 서인 정권은 평안도 방어를 위해 하삼도의 赴防軍을 동원하여 이 지역의 방어 병력을 추가 확보하고, 아울러 국왕의 개성으로의 親征을 고려하는 등 보다 적극적인 방어대책과 대후금 군사전략을 수립하였다.[29]

조선의 대후금 방어전략은 기본적으로 서북방 지역의 방비를 튼튼히

---

26) 『광해군일기』 권147, 광해군 11년 12월 乙亥.

27) 『풍천유향』 「西塞籌略」.

28) 장성진, 「앞의 논문」 2008, pp.76~77.

29) 이태진, 『조선후기의 정치와 군영제 변천』 한국연구원, 1985, pp.90~93. 정묘호란 이전까지 인조 정권의 대후금 정책이 광해군대의 그것을 거의 그대로 계승한 것으로 파악하는 이견이 있으나(한명기, 『임진왜란과 한중관계』 역사비평사, 1999, pp.366~369), 군사적인 측면에서 볼 때 인조 초반의 대북방 군사전략 및 국방정책은 이전에 비해 상당히 달라진 것으로 보는 것이 타당하다.

하고 아울러 도성일대 방어체계를 아울러 갖추고자 한 것이었다. 이에 따라 이전부터 평안도와 황해도에는 특별히 도원수와 부원수를 파견하여 두 도의 군사를 통합하여 지휘하도록 하였다. 인조반정 직후 서북 지역 방어를 위한 적극적인 조치를 행하였다. 장만을 도원수로, 이괄을 부원수로 임명하고 평안도 지역 병력을 집중적으로 보강하였다.[30] 이에 따라 기존 西路 지역의 군병 3만을 중심으로 하여 방어체계를 갖추도록 하고[31] 이에 더하여 하삼도의 번상 군병 5천명을 부원수 이괄이 거느린 평안도의 군병에 추가하여 총 1만 5천 명의 전략 예비 병력을 확보하였다. 당시 조선에서는 후금군이 창성과 의주 두 지역에서 압록강을 도하하여 구성 등을 경유하여 안주로 들어오는 도로를 따라 이동할 것으로 판단하였다. 따라서 주요 대로에 연한 안주와 구성 등의 방어체계를 정비하고 안주 후방의 중심지인 평양의 방어체제도 갖추었다. 1624년(인조 2) 평양의 內城 축조가 이루어진 것은 그 대표적인 예이다.[32] 아울러 이 주요 접근로에서 약간 벗어난 지역인 영변은 후금군이 지나칠 것으로 예상하였다.[33] 이괄의 1만 5천 명의 전략 예비 병력은 영변에 주둔하면서 다양한 상황에 대처할 수 있도록 준비하였다.[34] 아울러 주요 요충지 방어를 위해 첨사나 만호 등이 지휘하는 소규모 거점인 營·堡의 군사를 주요 鎭管을 중심으로 통합하여 주요 거점의 방어력을 높이는 방어대책이 李貴 등에 의해 제시되었다.[35]

30) 유승주, 「南漢山城의 行宮·客館·寺刹建立考」 『한국사연구』 120, 2003, pp.247~248.
31) 『인조실록』 권2, 인조 원년 5월 乙未.
32) 『여지도서』 평안도 평안부 「城池」
33) 『인조실록』 권2, 인조 원년 7월 辛卯.
34) 『인조실록』 권2, 인조 원년 8월 乙亥.
35) 『인조실록』 권3, 인조 원년 9월 己丑.

비록 가용 군사력의 한계로 인해 산성 위주 방어론 등 수세적 방어전략이 우선시 되었지만[36] 수세적인 군사전략만을 준비한 것은 아니었다. 당시의 유동적인 국제 상황에 따라 요동 지역으로의 조선군 투입도 염두에 두었다. 이 경우 후금의 정예 기병을 야전에서 저지하기 어려웠으므로 砲車 등을 활용한 전술을 고려하기도 하였다.[37] 정충신은 훈련된 군사 10여 만을 확보하면 요동을 확보할 수 있다고 주장하였다.[38] 그러나 인조반정 이듬해 일어난 이괄의 난으로 인해 평안도 일대에 준비되었던 대후금 방어체제는 상당히 약화되었으므로 이후 새로운 방어체계 마련과 기존 군사전략의 변경이 요구되었다. 압록강변의 의주와 창성을 1차 방어선으로 하고 청천강의 영변, 안주를 2차 방어선으로, 그리고 평양을 3차 방어 거점으로 하였던 조선의 기존 평안도 방어전략은 변경이 불가피해졌다. 실제 이괄의 난으로 인해 평안도 지역 군병과 하삼도에서 평안도로 배치되었던 赴防兵들이 전사하거나 도망하여 평안도의 방어 군병 수효는 급감하였다. 예를 들어 이괄의 난 이전 6, 7천명에 달하였던 안주의 방어군은 그 직후 2천명으로 감소하였고 평안도 군병의 규모도 7천명에 불과한 실정이었다.[39] 특히 평안도 兵營이 있던 영변은 이 난으로 인해 피폐해져 평안도 방어의 근거지이며 아울러 전략적 역습의 근거지로서 역할을 수행하기 어렵게 되었다. 이에 따라 조선의 대북방 방어전략과 평안도 지역 군사체제는 전반적으로 조정되게 되었다.

---

36) 『인조실록』 권2, 인조 원년 7월 癸巳.
37) 『인조실록』 권2, 인조 원년 7월 辛卯.
38) 『인조실록』 권5, 인조 2년 3월 戊辰.
39) 『인조실록』 권6, 인조 2년 7월 庚申.

당시 압록강변의 의주, 창성은 군사가 적어 수비하기 어려운데다가,[40] 청천강 이북 지역[淸北]은 모문룡을 따라온 명나라 요동 지방의 유민들이 들어와 흩어져 살면서 그 폐해가 심각하여 주민이 흩어지는 등 문제가 심각한 실정이었다.[41] 이러한 이유로 인해 청천강 이북 지역에 대한 효과적인 방어가 어려웠으므로 창성, 의주 등 강변 지역에 대한 실질적인 방어를 포기하고 두 직로가 모이는 안주를 중심으로 한 청천강 이남 지역 방어를 강화하는 방어전략으로 변경하였다.[42] 실제 후금이 요양 지역을 장악하고 있어 의주와 창성 두 접근로가 모두 이용 가능함에 따라 병력이 부족한 당시 상황에서 두 지역 모두를 방어하기에는 어려운 실정이었다. 따라서 두 대로가 모이는 안주에 병사가 주둔하면서 적절히 대비하도록 하는 것이 현실적인 방어 대책이 되었다. 따라서 1625년(인조 3) 2월 평안 병영을 영변에서 안주로 조정하였다.[43] 아울러 도원수가 원수부를 평양에 차리고 평안 감사를 겸하게 하고 평안 병사가 부원수를 겸하게 하는 조치를 취하였다.[44] 이는 조선군의 지휘체제가 평양의 원수부를 정점으로 하여 평안병사가 안주에서 평안도 지역 전체의 방어를 담당하는 형태를 띠게 됨을 의미한다. 대신 압록강에서 청천강에 이르는 지역은 방어의 重點에서 빠지게 되었다.

안주를 중심으로 청천강을 주된 방어선으로 설정한 것은 군사지리적

---

40) 『인조실록』 권6, 인조 2년 5월 甲戌. 예를 들어 의주와 창성의 경우 압록강을 건널 수 있는 곳의 여울을 지키는 군사들이 겨우 15명에 불과한 실정이었다(『비변사등록』 1책, 인조 2년 5월 21일).

41) 『비변사등록』 1책, 인조 2년 4월 1일.

42) 『인조실록』 권5, 인조 2년 3월 庚午.

43) 『인조실록』 권8, 인조 3년 2월 甲申.

44) 『인조실록』 권8, 인조 3년 3월 戊午.

으로도 의미를 가지는 것이었다. 평안도의 지형적인 특성상 영변-안주를 잇는 청천강 유역은 오늘날의 서한만 지역으로 正面이 가장 좁은 곳이다.[45] 기동 가능한 공간(폭)이 청천강 중하류 일대에서 급격하게 좁아지는 데다 압록강변에서 내륙으로 연결되는 주요 도로는 모두 안주 일대에서 만나게 된다.[46] 평안도 방어체계의 조정과 함께 이 두 지역의 군사력 확충에도 적극 나섰다. 기존의 남방 군사 이외에 황해도 군사를 추가 증원하는 조치 등을 통해 인조 3년 6월에는 황해도의 別勝軍과 別抄軍 3천을 평안도 방어의 두 거점이었던 평양과 안주에 증강하는 등 모두 1만 1천 4백 명의 평안도 방어군을 확보할 수 있었다.[47] 정묘호란 시기 후금군의 주진격로가 의주대로상의 의주-용천-곽산-안주-평양이었고 일부 병력이 창성을 공격하여 내륙직로를 견제한 것을 보면[48] 안주 중심의 평안도 방어체계의 조정은 적절한 것으로 평가할 수 있을 것이다.

안주 중심의 방어체제 조정은 청천강 이북 지역에 대한 방어체제 약화를 가져오고 민심의 동요를 가져오게 되었다. 군사지리적인 측면에서 볼 때 압록강에서 청천강에 이르는 지역은 이른바 청북정맥(강남 및 적유령산맥)으로 불리는 600~1,500미터의 고지군들이 횡으로 뻗어 있어 기동로가 제한되고 기동 공간도 매우 협소하여 방어에 매우 유리하였다.[49] 이 지역을 쉽게 포기할 경우에는 청천강까지 공격측의 압력이 그대로 미치게 되어 안주 지역 방어에도 어려움을 줄 수 있었다. 이러한 문제점을 보완하

---

45) 『인조실록』 권10, 인조 3년 9월 戊申.
46) 양진혁, 「앞의 논문」 2007, pp.16~17.
47) 『인조실록』 권9, 인조 3년 6월 乙未.
48) 노영구, 『앞의 책』 2012, pp.265~269.
49) 양진혁, 「앞의 논문」 2007, p.21.

기 위해 인조 3년 6월 안주의 방어체제가 일단 정비되자 곧바로 의주대로 상에 있는 용천의 용골산성을 용천부사가 지키도록 하여 의주와 창성 지역 방비를 강화하도록 하였다. 구성에는 別將을 파견하여 안주를 성원하도록 하였다.[50] 또한 정주의 능한산성을 주요 방어 거점으로 삼아 정주목사 지휘하에 정주, 선천과 곽산의 군사들을 통합하여 지키도록 하는 체제를 갖추었다.[51] 그해 11월에는 평안 병사 남이흥이 군사를 거느리고 구성으로 나아가고 아울러 팔령, 차유령, 능한령 등 청북정맥 상의 여러 고갯길에 복병을 배치하여 후금의 침공에 대비하기도 하였다.[52]

III. 정묘호란 이후 군사전략과 평안도 방어체제

1. 정묘호란 이후 수세적 군사전략의 대두와 방어체제 조정

이괄의 난으로 인한 평안도 지역 군사력 약화로 인해 방어위주의 군사전략을 우선 고려하였지만 시종 수세적인 군사전략만을 고려한 것은 아니었던 것으로 보인다. 이괄의 난 직후로 평안도 지역 방어체제가 매우 허약한 시기였던 인조 2년 3월 안주목사였던 정충신의 다음 언급은 당시 적극적인 군사전략도 함께 고려하고 있었음을 잘 보여준다.

---

50) 『인조실록』 권9, 인조 3년 6월 辛丑.
51) 『인조실록』 권10, 인조 3년 10월 乙未.
52) 『인조실록』 권10, 인조 3년 11월 己未.

지금 10여 만의 무리를 뽑아 1, 2년 동안 훈련시킨다면 遼東도 진격하여 빼앗을 수 있을 것인데, 어찌 守禦하려고만 하겠습니까? 지금 창성, 의주, 안주의 여러 진이 가장 요충지인데 이들 본진에 각각 民兵을 거느리고 굳게 지킬 계획을 세우도록 당부하고, 入防하는 군사에 있어서는 그 수의 다소에 따라 편의대로 守禦하도록 하고, (下略)[53]

정충신의 위 언급은 당시 수비 위주의 군사전략이 아닌 주요 요충 지역을 중심으로 보다 적극적인 군사력 운용을 모색하고 있음을 보여준다. 요충 지역의 민병으로 그곳을 지키도록 하고 하삼도 등에서 들어오는 군사로 상황에 따라 적절히 운용하여 후금군을 저지하고자 하는 방어전략이 검토되었음을 알 수 있다. 정묘호란 시기까지 평안도 지역의 주요 대로에 연한 안주, 평양, 의주 등의 방어체계를 갖춘 것은 이러한 양상의 한 반영이라고 할 수 있다. 실제 정묘호란 당시 서북지역 및 수도권 일대의 방어체계의 정비와 방어를 통해 후금군의 남하를 일시 저지한 상태에서 1627년(인조 5) 1월 말 함경도 군을 평안도 지역으로 이동시켜 평안도 군과 함께 후금군을 배후에서 공격하고자 하는 전략이 강구되었다. 이 군사전략은 함경도 남, 북병사로 하여금 함경도 군사를 거느리고 陽德의 길을 통해 평안도로 진입하여 평안도의 정예병사인 강변 7읍의 군사와 합세하여 길게 내륙으로 伸張되어 있던 후금군을 공격하는 것이었다. 비록 함경 남병사가 양덕 남쪽인 淮陽으로 들어와 함경도 군이 개성 방어에 투입되면서 원래 계획대로 이루어지지는 못하였다.[54] 또한 2월 중순에는 비변사에

53) 『인조실록』 권5, 인조 2년 3월 戊辰.
54) 『인조실록』 권15, 인조 5년 2월 癸卯.

서 함경도 군병을 포함하여 각도에서 동원된 군병 중 3, 4만을 평안도의 평양과 中和 일대에 집결시켜 평안도 관찰사 김기종의 지휘 하에 후금군이 대동강을 건널 무렵 협공하자는 전략을 제시하기도 하였다.[55] 이는 인조초의 적극적인 대후금 군사전략이 계속 고려되었음을 의미한다.

정묘호란 기간 중 전장터였던 평안도 지역은 큰 피해를 입었다. 평안도 지역은 많은 군사가 전사하거나 도망하여 남은 군사는 5, 6천에 불과하였고 정묘호란이 끝난지 1년여가 지난 인조 6년 9월까지도 평안도에서 파악하고 있던 평안도 병력의 수는 고작 6,520명에 불과한 지경이었다.[56] 아울러 많은 주민이 포로로 잡혀가고 유민이 되어 돌아오지 않았고, 특히 청천강 이북 지역은 수령이 한동안 부임하지 못하는 등 지역의 행정력도 마비된 상황이었다.[57] 이러한 상황에서 적극적인 군사전략과 방어체제의 정비는 불가능하였다. 특히 정묘호란 시기 확인된 후금군의 우수한 攻城 전투 능력으로 인해 대로상에 있는 평지의 주요 성곽에서 火器로 저지한다는 조선의 기존 守城 전술은 한계에 부딪힐 수밖에 없었다. 이의 대안으로 제시된 것이 안주를 제외한 주요 군현의 평지 읍성 방어를 포기하고 인근의 산성을 중심으로 군사력을 온존하자는 수세적인 방어전략이었다.[58] 당시 안주성 방어를 위해서는 적어도 1만명의 군사가 필요한 것으로 판단되었는데 이는 평안도 지역의 군병을 모두 동원하여도 어려운 것이었다.[59] 당시 안주, 황주 등 주요 거점 지역의 성곽 수축을 반대하고 성

---

55) 『인조실록』 권15, 인조 5년 2월 壬子.
56) 『인조실록』 권19, 인조 6년 9월 丙寅.
57) 『인조실록』 권16, 인조 5년 5월 辛巳.
58) 『인조실록』 권16, 인조 5년 7월 庚午.
59) 『인조실록』 권17, 인조 5년 11월 戊辰.

천, 자산, 용강 등지에 있는 산성을 지키는 수세적 방어전략이 이귀 등에 의해 적극적으로 주장되었다.[60] 수세적 방어전략의 채택에 따라 우선 자산의 慈母山城을 수축하여 順安, 殷山, 成川, 孟山, 順川 등지의 백성들이 들어가 방어에 임하도록 하였다.[61] 자모산성의 축조와 방어체제 정비는 의주대로 방어를 담당한 안주와 함께 평안도 내륙 지역의 주요 접근로를 방어하기 위한 것이었다. 안주 방어를 위해 성곽을 수축하고 방어에 필요한 최소한의 군사 8천 확보를 목표로 다양한 유민을 모집하고 出身을 추가하는 등 여러 조치를 취하였다.[62] 이처럼 평안도 지역은 기본적으로 수세적인 방어전략을 바탕으로 하되 평안도 이외 지역 군사를 동원하여 후금군의 남하를 차단, 요격하는 군사전략이 제안되기도 하였다.[63]

부족한 군사력으로 인해 청천강 이북 지역에 대한 방어체제 정비를 함께 착수하기는 당시 매우 어려운 실정이었다. 당시 조정에서는 안주를 정묘호란 이전의 義州와 같은 대후금 방어의 최전선으로 인식하고 피폐해진 청천강 이북 지역은 방어를 포기하자는 주장이 나타났다.[64] 예를 들어 인조 6년 10월 이조참판 趙翼은 의주 및 용천, 철산의 백성을 선천으로 옮겨 그 지역들을 비우고 강변의 여러 고을 백성은 내지인 박천으로 옮기도록 하여 안주, 영변 일대의 방어를 강화하는데 도움을 주도록 하는 방안을 제시하기도 하였다.[65] 이 주장은 이 무렵 평안감사 김기종의 청천강 이북

---

60) 김용흠, 『조선후기 정치사 연구-인조대 정치론의 분화와 변통론-』혜안, p.297.
61) 『인조실록』 권17, 인조 5년 10월 己亥.
62) 『인조실록』 권19, 인조 6년 7월 丁丑 ; 『인조실록』 권19, 인조 6년 8월 丙午.
63) 『인조실록』 권19, 인조 6년 8월 辛亥.
64) 『인조실록』 권17, 인조 5년 11월 辛卯 ; 『인조실록』 권23, 인조 8년 10월 丁卯.
65) 『인조실록』 권19, 인조 6년 10월 甲辰.

지역의 성곽에 대한 조사에 바탕을 둔 것으로, 그는 철산의 영암산과 선산의 검산산성 등을 제외하고 용천의 용골산성과 의주의 백마산성은 수축하기 어려운 상황임을 보고하였다.[66] 청천강 이북 포기전략에 따라 부원수 정충신은 청북 일대를 비우는 淸野전술을 채택하고 영원, 태천, 운산, 구성 등지의 丁壯을 모집하여 안주로 들어오도록 하였다. 이러한 청천강 이북 지역 포기전략은 이 지역 지방관과 지역 주민들의 적지 않은 반발을 일으키게 된다.[67] 예를 들어 영유 현령 정기수는 청천강 이북 포기전략에 반발하여 의주성을 수복하여 용천의 용골산성 및 선산의 검산산성과 함께 서로 호응하게 하는 방안을 제시하기도 하였다.[68] 평안 감사 민성휘도 의주, 용골, 검산산성 등 3진을 정비한 뒤에 능한산성을 함께 정비한다면 청천강 이북에서 후금군의 남하를 저지할 수 있다고 주장하였다.[69] 이에 인조 9년 8월 이후 청천강 이북 지역에 대해서도 기본적인 방어체계가 갖추어지기 시작하였다.

예를 들어 곽산의 능한산성, 철산의 운암산성, 그리고 내륙직로상에 위치한 운산의 龍角山城 축조에 착수하였다.[70] 성곽 수축과 함께 부족한 軍器를 삼남 지역에서 옮겨 오도록 하여 방어에 충실을 기하였다.[71] 방어 시설의 축조와 함께 정묘호란 이후 형해화되었던 청북 지역의 역참 및 파

---

66) 『인조실록』권19, 인조 6년 10월 己酉.

67) 『鄭江西遺事』 「請勿棄淸北疏」(규장각 고4650-134). 청북 포기론과 반발, 그리고 청북 지역 복구론에 대해서는 권내현, 「앞의 논문」 2002, pp.290~291에 자세하다.

68) 『인조실록』권25, 인조 9년 7월 辛巳.

69) 『인조실록』권25, 인조 9년 7월 丁酉.

70) 『인조실록』권25, 인조 9년 8월 壬戌 ; 『인조실록』권25, 인조 9년 9월 戊寅.

71) 『인조실록』권25, 인조 9년 10월 辛亥.

발 체제를 정비하여 신속하게 경보를 전하도록 정비하였다.[72] 청천강 이북 지역의 정비에 대해 비판 혹은 신중론도 적지 않았다. 의주성 수축 주장에 대해 부원수 정충신은 군비를 제대로 갖추기 어려운 당시 상황을 들어 반대론을 제기하였다. 도체찰사 김류도 안주 방어군도 충분히 갖추어지지 않은 상황에서 의주성을 복구하는 것은 시기 상조라고 신중론을 제기하고 그 대안으로 평양성 수축을 제시하기도 하였다. 그러나 이 지역 민심의 안정을 위해 축차적인 의주성 수축은 계속되었다.[73]

2. 병자호란 직전 산성 위주 방어체계 채택과 논란

앞 절에서 보았듯이 정묘호란 이후 한동안 수세적 방어전략과 청북 포기론 등을 둘러싼 논란이 적지 않았다. 안주 일대 방어체제 정비와 함께 청천강 이북 지역에 대한 성과 정비가 1631년(인조 9) 말까지 대체로 마무리되는 것 등은 평안도 지역 방어전략과 방어의 중심이 아직 확정되지 않았음을 의미한다. 이는 인조 9년을 전후한 시기 동북아 지역 국제정세가 아직 유동적이었던 상황과도 밀접한 관련이 있다. 정묘호란 발발 직후인 1627년 초 명군의 반격으로 금주, 중좌, 영원의 세 성이 명의 수중으로 넘어가고 후금의 반격은 실패하였다. 1629년 10월 후금의 홍타이지는 장성을 넘어 중국 關內로 들어가 遵化 등지를 점령하여 북경을 압박하였다. 그러나 이듬해 5월 명나라 孫承宗의 반격으로 준화를 지키던 후금군이 철수하였다.[74] 즉 명나라와 후금 간의 균형추가 아직 일방으로 넘어가지 않은

---

72) 『인조실록』 권25, 인조 9년 7월 戊戌.
73) 『인조실록』 권25, 인조 9년 9월 甲戌 ; 『인조실록』 권25, 인조 9년 9월 丙子.
74) 이상창, 「앞의 논문」 2006, pp.77~79.

상황이었다. 이에 따라 조선의 경우 일시적으로 후금의 위협이 다소 완화되는 양상을 보이게 된다. 따라서 조선의 입장에서는 방어전략 수립 및 국방체제 정비에서 정치적, 군사적 고려 등으로 인해 적지 않은 논란이 나타나게 되었다. 실제 안주 이외에도 이전의 주요 거점이었던 영변에 다시 병영을 설치하자는 주장이 나타나고, 평양성과 의주성 축조가 이루어지는 등 방어의 중점이 분명하지 못하고 매우 혼란스러운 양상을 보이는 것은 이를 반영한다.[75] 영변 지역에 대한 방어체제 정비는 바로 착수되어 영변부사가 방어사를 겸하고 1633년(인조 11) 부사 柳琳의 주도로 읍성 북서쪽의 높은 봉우리인 藥山 일대에 대한 축성이 이루어졌다. 약산성으로 불리는 이 성은 읍성의 서문 북쪽에서 출발하여 東臺 옆에 이르는 둘레 1,190보에 달하는 소규모 성곽이었다.[76] 아울러 영변에 대한 방어 군병의 증원도 이루어졌다.[77]

그러나 인조 11년(1633)의 일련의 사건을 계기로 주변 정세는 급변하면서 후금의 조선 침공 가능성이 높아졌다. 후금은 1631년 정월 서양식 대형 화포인 紅夷砲를 최초로 생산하고 이를 장비한 부대를 편성하게 된다. 그해 7월부터는 명나라의 요서 지역 주요 방어 거점인 大凌河城을 수개월 동안 포위하고 홍이포와 將軍砲 수십 문으로 주변의 子章臺 등을 파괴하여 항복을 받고 대릉하성을 함락시켰다. 아울러 1633년 3월 山東에서 반란을 일으킨 명나라 장수인 공유덕, 경충명 등이 후금에 투항하였는데, 이들은 서양에서 수입한 우수한 신형 화포를 가지고 왔다. 따라서 후금의 화

---

75) 『인조실록』 권25, 인조 9년 9월 丙子 ; 『인조실록』 권27, 인조 10년 11월 乙未.
76) 『영변부지도』 (奎10624)
77) 『증보문헌비고』 권30, 關防6 「寧邊」 ; 『인조실록』 권28, 인조 11년 11월 乙巳.

포 수준과 포병의 능력은 이전의 단계에 비해 크게 향상되었다.[78] 이를 계기로 후금의 군사적 능력이 크게 향상되었을 뿐만 아니라 공유덕 등의 후금 귀순 과정에서 이들을 추격하던 명이 조선에 國書를 보내어 함께 협공할 것을 요청하였다. 명의 요청을 받은 조선은 수군을 동원하여 공유덕 일당을 추격했을 뿐만 아니라 그들이 압록강에 상륙한 뒤에는 이들을 엄호하는 후금군과 전투까지 벌이게 된다. 이를 계기로 후금과 조선간에 불안하게 유지되던 관계는 파탄을 맞게 되었다.[79]

후금과의 전쟁의 가능성이 점차 고조되자 1634년(인조 12) 9월 평안도뿐만 아니라 황해도 등 한성까지 이르는 대로상의 주요 요충지의 읍성 대신 인근의 산성을 중심으로 방어 거점을 옮겨 방어체계를 갖추는 방어전략이 확정되어 평안도 및 황해도 지역의 방어 병력들은 각각 사전에 지정된 산성으로 이동 배치되었다. 예를 들어 의주는 백마산성, 용천은 용골산성, 선천과 곽산, 정주는 능한산성, 평양은 자모산성, 황주는 정방산성, 그리고 평산은 장수산성이 入堡處로 지정되었다.[80] 아울러 이들 주요 산성의 방어체제 정비에도 착수하였다. 예를 들어 백마산성의 군병 증원을 위한 유민 모집 등이 이루어졌다.[81] 인조 12년을 계기로 조선이 산성 위주의 수세적 방어 전략으로 급속히 선회한 것은 후금이 1631년 초부터 화약 무기를 제조하여 장비하고 공유덕 일당으로부터 신형 화포를 도입과 운용 능력을 확보한 것과 밀접한 관련을 가지고 있는 것으로 보인다.

---

78) 中國人民革命軍事博物館 編著, 『中國戰爭發展史』(上), 人民出版社, 2001, pp.466~467.
79) 한명기, 『정묘·병자호란과 동아시아』 푸른역사, 2009, 133~134.
80) 『인조실록』 권30, 인조 12년 9월 戊辰.
81) 『인조실록』 권30, 인조 12년 9월 戊寅 ; 『인조실록』 권31, 인조 13년 정월 甲寅.

대로상의 산성을 중심으로 한 평안도 방어체제의 정비는 군사력이 부족한 상태에서는 병력과 주민을 보호하면서 아울러 淸野 전술을 통해 적군에게 피로를 강요할 수 있는 장점은 있었다. 그러나 몇 가지 측면에서 심각한 문제를 안고 있었다. 먼저 의주대로와 함께 중요한 교통로로 창성에서 출발하는 내륙직로의 방어태세가 미비하여 만일 적군이 이곳으로 남하하여 곧바로 영변으로 충돌할 경우 청천강 북쪽 길이 차단되어 그 지역 조선군 전체가 포위될 가능성이 높았다.[82] 다음으로 청나라의 기병이 산성에 포진한 조선군을 놓아두고 그대로 한성으로 남하할 경우 적절히 대처할 수 있는 수단이 거의 없었다. 병자호란 직전 이러한 문제점에 대한 다양한 문제 제기가 나타났다. 특히 병자호란이 일어나기 전 평안감사로 임명된 홍명구는 산성 중심의 방어전략에 대해 매우 비판적이었다.

1636년(인조 14) 1월 평안감사로 부임한 홍명구는 우선 정묘호란 이후 폐기되었던 평양성을 수축하고 7천 명에 불과하였던 군사를 1만까지 확보하여 평양을 주요 요충지로 개편하였다.[83] 아울러 의주의 옛 성을 수축하여 關防의 거점으로 삼고 부원수를 창성으로 옮겨 주둔할 것을 주장하였다.[84] 즉 산성 위주의 소극적 방어전략이 아닌 압록강변의 청군의 예상 침입 지점을 방어하여 청군의 조선 경내로의 진입을 저지할 것을 주장하는 적극적인 군사전략을 주장한 것이다. 홍명구의 주장에 대해 김류 등은 적이 창주를 경유하여 영변으로 들어올 경우 청천강 이북이 차단될 우려가

---

82) 『인조실록』 권21, 인조 7년 12월 癸酉.

83) 『승정원일기』 제53책, 인조 14년 8월 27일(戊戌) ; 『청음집』 권25, 「평안도관찰사남녕군홍공명구신도비명」

84) 『인조실록』 권33, 인조 14년 7월 乙丑.

있어 반대하였다. 아울러 의주도 군사와 군량, 병기 등의 부족을 들어 부정적인 입장을 보였다. 홍명구는 이후에도 적극적인 방어전략을 개진하였는데 이는 다음 언급에 잘 나타나 있다.

廟堂에서는 본래 慈山의 자모산성을 감사가 지킬 信地로 삼았습니다. 그러나 평양은 곧 한 도의 요충인데, 西路에서 산성에만 주력을 두고 평양은 버려두어 다시는 수비할 논의를 하지 않으니 만약 적이 곧장 들어온다면 사실상 아무런 거침이 없을 것입니다. 평양성이 넓고 크기는 하지만 나누어서 子城과 母城으로 만들고 높이를 10丈쯤 한다면 튼튼하다고 믿을 수 있습니다. 義州는 국가의 문호이니, 방어사는 옆으로 산성만 지킬 것이 아닙니다. 그리고 昌城과 朔州는 모두 적이 오는 길목이니 2명의 備禦使를 더 두어서 창성·삭주·의주를 나누어 지켜 함께 울타리가 되도록 하고, 부원수는 定州와 郭山 사이에 나아가 주둔하여 두 길을 절제하도록 하는 것이 편할 것입니다[85]

즉 자모산성을 평안감사의 방어 거점으로 삼도록 하는 조정의 전략에 대해 홍명구는 평안도의 최대 거점인 평양을 중시하고 아울러 의주, 창성, 삭주 등 평안도로 들어오는 주요 길목에 자리한 거점 지역의 방어 필요성을 적극 개진하였다. 이전의 방어전략에 비해 부원수는 창성이 아닌 의주 후방인 정주와 곽산 사이에 배치하여 대비하는 수정안을 제시하였다. 홍명구의 의주 및 평양 등 평지의 거점 성을 중시하는 방어전략에 대해 국

---

85) 『만기요람』 군정편4, 關防 「平安道」

왕 인조는 매우 부정적인 입장을 보였고 온전히 채택되지 못하였다.[86) 다만 의주 일대에 대한 방어체제는 의주 읍성인 龍灣城이 개축되고 군비가 갖추어지는 등 다소 정비된 것으로 보인다.[87) 당시 김상헌은 청군의 예상 진입로인 의주 등 청북 지역 방어를 포기하는 대신 평안도 내지의 방어를 중시하되 평안도에서 결전을 도모하는 수정 전략을 제시하였다. 즉 도원수는 자모산성에, 부원수는 영변의 鐵甕城에, 평안병사는 안주성에 주둔하면서 평안도 지역 군병을 세 곳에 집결시켜 평안도 지역 방어체계를 갖출 것을 주장하였다. 그리고 유사시에는 황해도의 군사로 자모산성을, 함경 남도의 군사는 안주성을, 함경 북도 군사는 철옹성을 증원하도록 하되 한 곳이 공격을 받으면 다른 두 성의 군병이 함께 구원하도록 하는 방어 전략을 제시하였다. 평안도의 전반적인 방어작전의 지휘를 위해 重臣을 평양으로 파견하도록 하였다.[88) 그러나 이러한 다소 절충적인 방어전략도 수세적 방어전략이 우선됨으로 인해 채용되지는 못하였다.

병자호란 발발 직전 조선의 방어체계는 도원수 김자점을 중심으로 서북 지방의 주요 접근로 상에 있는 요충지에 주요 지휘관을 임명하고 주변 산성을 방어 거점으로 삼아 방어에 임하도록 하였다. 이에 따라 의주는 청북방어사, 안주는 평안병사, 영변은 부원수, 평양은 평안감사, 황주는 도원수, 평산은 도체찰사의 입거지로 설정하였다. 도원수 김자점은 이들 각 요충지 방어를 다시금 산성 중심으로 재편하고자 하였다. 이에 의주는 백마산성, 평양은 자모산성, 황주는 정방산성, 평산은 장수산성을 각각 보수

---

86) 『인조실록』 권32, 인조 14년 6월 甲申 ; 『인조실록』 권33, 인조 14년 7월 乙丑.
87) 『인조실록』 권31, 인조 13년 8월 辛卯 ; 『인조실록』 권32, 인조 14년 3월 己酉.
88) 『인조실록』 권32, 인조 14년 3월 壬子.

하여 방어체계를 갖추도록 하였다. 영변의 약산은 산성이었으므로 변화는 없었고 평안도 방어의 주요 거점으로 방어체제를 충실히 하고 있었던 안주는 평안병사가 그대로 방어에 임하도록 하였다. 안주성을 제외한 이들 산성은 대로에서 30~40리 이상 멀리 떨어진 곳에 위치하고 있었으므로 대로를 효과적으로 통제할 수 있는 수단이 제대로 갖추어지지 않았다.[89]

1636년 12월 병자호란이 발발하자 홍명구의 평안도 감영군은 최종 방어전략에 따라 자모산성에 들어가고 평안병사 유림의 군사는 안주에서 방어에 임하였다. 청군은 의주에서 안주로 이어지는 의주대로를 따라 주력이 이동하였고 벽동에서 안주로 이어지는 내륙직로를 따라 조공 부대가 이동하였다. 청군은 이동로에 위치한 각 산성의 주변에 소규모 병력을 잔류시켜 조선군을 견제 고착시키고 주력은 신속히 수도권으로 남하하였다. 이에 조선은 청군 주력의 남하를 저지하지 못하였고 결국 남한산성으로 피난한 인조는 1달여의 농성 이후 청군에 항복할 수밖에 없었다.[90]

홍명구와 유림의 평안도 군은 勤王을 명령한 조정의 명에 따라 자모산성과 안주성을 나와 군영을 옮기고 騎兵을 동원하여 청군을 일부 저지하였으나 청군 주력의 남하를 저지하지는 못하였다.[91] 결국 홍명구와 평안병사 유림의 평안도 군은 본래의 임무인 평안도 지역 방어가 아닌 勤王兵으로 남하하여 남한산성의 위기를 타개하고자 하였다. 金化 백동 일대에서의 큰 전공에도 불구하고 전쟁의 국면을 전환하는데에는 실패하였다.

89) 『인조실록』 권30, 인조 12년 9월 戊辰 ; 『인조실록』 권31, 인조 13년 9월 乙丑 ; 『丙子錄』 「記初頭委折」

90) 강석화, 「앞의 논문」 2004, p.175.

91) 『청음집』 권25, 「평안도관찰사남녕군홍공명구신도비명」

Ⅳ. 맺음말

병자호란 패배의 원인은 여러 가지 측면에서 지적될 수 있을 것이다. 그러나 군사적인 측면에서 볼 때 군사력의 근본적인 열세와 함께 가장 중요한 것은 주된 군사전략의 잦은 변경과 함께 지나치게 수세적인 산성 위주의 방어전략 채택과 밀접한 관련이 있다고 생각한다.

조선은 부족한 군사력을 온존하고 청군을 내륙 깊숙이 끌어들여 반격하기 위해 산성 위주의 농성과 淸野 전술을 채택하였다. 그러나 상호 연결하고 구원할 체제를 갖추지 못해 가장 중요한 요소인 청군의 수도권 진출을 저지하지 못한 결과를 가져왔다. 청군은 조선의 이러한 방어전략의 약점을 간파하고 곧바로 수도권을 향해 진격하여 인조를 남한산성에 고립시켰다. 조선군의 가장 정예였던 평안도 군도 지나치게 수세적인 전략으로 인해 평안도 지역의 적절한 방어와 청군의 남하 저지라는 목적을 달성하지 못하고 결국 근왕병으로서 남하하면서 원하지 않은 지역의 전투를 강요받게 된다. 金化 백동에서 평안도 군이 큰 승리를 거두었음에도 불구하고 결국 전쟁의 국면을 전환시키지 못한 것은 소극적 방어전략에 따른 결과였다. 이와 아울러 병자호란 직전까지 확고한 군사전략이 정립되지 못함으로 인해 여러 곳에 성곽 수축과 방어 병력의 분산, 그리고 지휘체계의 난립 등으로 인해 평안도 지역의 국방체제의 효율성이 떨어진 것도 전쟁의 어려움을 가중시킨 한 원인으로 볼 수 있을 것이다.

丙子胡亂의 戰況과 金化戰鬪 一考

柳承宙

고려대학교 역사교육과 명예교수

목차

1. 머리말

2. 清 太宗軍의 朝鮮侵犯

3. 平安道 戰況과 安州城 防守

4. 南漢山城 勤王兵의 戰況

5. 平安道 勤王兵의 金化戰鬪

6. 맺음말

1. 머리말

병자호란은 청 태종이 명나라 본토로 진출하기에 앞서 후방의 반청세력을 제거하기 위해 일으킨 침략행위였다. 청 태종이 반청세력으로 지목한 대상은 조선을 위시하여 東江鎭의 명나라 都督 沈世魁軍과 조선에 살고 있는 瓦爾喀이었지만, 압록강변의 邑民들도 평정할 대상으로 여겼다. 조선은 이미 광해군 때 명군과 연합하여 薩爾滸에서 청군을 협격한 바 있었고, 비록 정묘호란에 형제의 맹약을 맺었지만 명과의 사대관계를 유지하고 있었다. 東江鎭의 明軍도 청 지배하의 요동 땅에서 탈출하는 한족이 투입되면서 인조 6년(1628) 현재 26,000명의 병력을 보유하고 있었다. 그리고 조선에 거주하는 瓦爾喀은 청나라에 항복하지 않는 오랑캐들이며, 압록강변의 邑民들은 청의 내부사정에 밝은데다 수시로 도강하여 事端을 일으켜 왔기 때문이다. 청 태종은 이들 반청세력이 있는 한 명나라 정복사업을 추진하는데 큰 장애가 될 수밖에 없었다. 따라서 청 태종은 조선의 항복을 받아 복속시키고, 여세를 몰아 東江鎭의 명군과 조선 내지의 오랑캐를 토벌하려 하였으며, 조선 국경을 넘자마자 강변의 邑들부터 평정할 심산이었다.

이 무렵 청나라의 군사력은 10년 전의 정묘호란 때와는 비교할 수 없을 만큼 강성하였다. 만주와 요동을 토평하고 내몽고를 평정한 뒤 만주족과 몽고족 및 한족을 모두 八旗兵으로 조직화하였으며, 조선 침략에 동원한 정예병만도 100,000명이 넘었다. 이들은 수 년 또는 수십 년 간 만주, 요동, 몽고 등 광활한 지역을 누비며 전쟁을 치러왔기 때문에 전략과 전술이 몸에 배인 强兵들이었다. 팔기병의 주력은 鐵騎兵들이다. 철기병들은 추위를 이기고 화살을 막기 위하여 '안에는 黑豹, 겉에는 重鎧를 입고, 가슴은 거울(鏡)로 가렸다'고 한다. 이들의 주무기는 强弓과 長槍이었지만, 보병들에 의한 紅衣砲·將軍砲 등의 화력지원과 성벽을 파괴할 각종 기구를 운송하는 輜重部隊가 뒤따르고 있었다.

당시 조선의 국왕 인조도 청군의 주력인 철기병과 평지에서 싸워서는 반드시 패한다는 것을 익히 알고 있었고, 심지어 '中原에서는 步兵이 평지에서 철기병과 대적할 경우 軍律로 다스린다'는 사실도 잘 알고 있었다. 조선군은 거의가 보병인데다 훈련도감 군사나 어영군을 제외하면, 전투력을 제대로 갖추지 못한 束伍軍들이었다. 그리고 이들의 의복은 손수 마련한 겨울옷들로 화살을 막기는 커녕 추위를 감내하기조차 힘들었다. 이 때문에 어디서나 마찬가지겠지만 금화전투에서 승리한 우리 군사들이 죽은 청군의 옷을 벗겨 입고 있었던 것이다. 이들의 휴대무기 또한 鳥銃이나 弓矢·창검 등이지만 화살은 철기병의 갑옷을 뚫지 못하였고, 다만 조총으로 대적할 수 밖에 없었다. 그러나 조총도 유효사거리가 100여 보에 불과하여, 철기병과 근거리에서 접전할때는 무용지물이며, 더욱이 한개의 火繩에 불을 붙이면 세 방까지 쏠 수 있는데, 다시 화승을 끼우고 화약과 탄환을 장전할 시간 동안 철기병이 기다리지 않았다. 조선의 군사들은 이러한 취약점을 갖고 있었기 때문에 평안, 황해, 경기도 등 청군의 南進路에 위치한 각 邑 중 국가의 전략상 요충지였던 安州城을 제외한, 모든 읍의 軍民들은 청군이 침입하면 산성에 올라가 지키게 하였던 것이다.

정묘호란이나 병자호란은 모두 청 태종이 일으킨 전쟁이었다. 그러나 정묘호란때는 阿敏에게 불과 30,000여 명을 이끌고 남침하게 한데 비하여 병자호란에는 청 태종 자신이 100,000여 명을 거느리고 내려왔다. 阿敏이 거느린 30,000여 명으로도 義州를 함락한 뒤 宣川, 郭山, 定州를 거쳐 평안병사 南以興이 강력히 저항한 안주성도 점령하였다. 평안감사 尹暄이 도망한 平壤城을 무혈입성하고, 도원수 張晩이 平山에서 開城으로 자진 후퇴하자, 다시 남하하여 평산에 머물며 형제의 맹약을 받아낸 뒤 철수하였다. 이 때 阿敏이 거느린 청군이 2개월 가까이 황해도와 평안도 일대를 노략질하였지만 어느 道의 勤王兵도 이들과 접전할 생각을 갖지 못하였다. 결국 병자호란에도 인조는 南漢山城에 포위되어 근왕병의 구원을 고대하였지만, 各道의 근왕병들은 견고한 산성에 의지하여 싸우지 못했기 때문에 연전연패 할 뿐 淸軍의 포위망을 뚫지 못하였다. 근왕병의 구원을 기다리던 인조는 江華島가 함락되자 한달 보름만에 三田渡로 나와 청 태종에게 항복하고 말았던 것이다.

이처럼 인조정부는 승패를 예견할 수 있었는데도 防守할 계책을 강구하지 않은 채 전쟁을 유발하여 수 만명의 인명을 살상케 하고, 또 수 만명의 백성을 포로로 끌려가게 하였던 것이다. 이 때문에 필자도 일찍부터 인조대의 역사에는 흥미를 갖지 못하였다. 그런데 최근 병자호란 중의 금화전투에 관심을 갖게 되어, 기존의 연구성과와 병자호란 관련 사료를 읽어 보게 되었다. 병자호란에 관한 연구는 호란이 일어난 동기나 호란 후의 조·청 관계에 치중하였고, 가장 중요한 호란의 전황에 대해서는 거의 연구 성과가 없었다. 병자호란사가 비록 조선이 패전한 역사이긴 하지만 史實은 올바르게 밝혀 놓아야 하는 것이 역사 연구자의 도리일 것이다. 병자호란의 전황에 관한 기존의 연구는 적지않은 오류를 범하고 있었다. 그것의 근본적인 이유는 『太宗文皇帝實錄』을 주의 깊게 참고하지 않은데 있었다. 청나라가 조선을 침범한 역사를 다루면서 침략국인 청나라에 대한 이해를 소홀히 했던 것이다. 청나라가 조선을 침범한 동기나 전략과 전술 및 군사력 등에 관한 내용이 담긴 기록을 중요한 전거로 삼지 않고, 조선 측의 입장에 서서 조선측의 기록만을 중시한다면 병자호란의 전황을 제대로 이해할 수가 없다. 이에 필자는 『태종문황제실록』을 주재료로 삼았고, 당시의 전투현장이었던 각 邑의 『읍지』 및 병자호란 관련 문집류들을 나름대로 수집하였다. 이를 토대로 삼고 기존의 연구 성과를 참조하여 우선 병자호란의 전황을 재구성해 보려 하였으며, 관심사인 금화전투상황도 밝혀 보려 하였다. 그러나 이것만으로 병자호란의 전황에 관한 연구가 만족하게 된 것은 아니다. 앞으로도 청나라 측의 각종 사료를 더 섭렵해야 하고, 또 우리나라의 관계 사료들도 널리 수집하여 이를 보완해야 한다. 그런데 이러한 연구 노력이 쌓인 뒤 심도있는 연구서를 내 놓으려면 오랜 시일이 걸릴 것이기 때문에, 소략하지만 이 분야의 연구자들에게 조금이라도 보탬이 되었으면 하는 심정에서 이 글을 실었다.

2. 淸 太宗軍의 朝鮮侵犯

병자호란은 정묘호란 이후 양국 간의 이해관계가 첨예하게 대립되어 일어났다. 청 태종은 만주를 평정하고 명의 요동지방을 정복한 뒤 내몽고마저 복속시키자 조선을 속국시한 반면, 조선은 종주국인 명나라와의 사대관계를 중시할 뿐 청과의 형제국 맹약을 치욕스럽게 여겨 청의 요구를 거부해 왔기 때문이다. 곧 청나라는 명나라를 침공하면서 조선에 군량과 兵船을 강요하였고, 또 형제관계를 군신관계로 고치려 하였으며, 歲幣를 증액하려 하였다. 내몽고를 복속한 뒤 청 태종은 황제의 칭호를 사용할 욕심으로, 동왕 14년(1636) 2월 英俄爾岱와 馬福塔을 보내어 조선국왕에게 尊號의 글을 올리도록 요구하였다. 정묘호란 이래 반청감정이 누적되어 왔던 朝臣들의 상당수가 斥和論을 강력히 주장함에 따라 인조는 청나라 사신을 인견하지도, 국서를 받지도 않았다. 물론 조정에는 崔鳴吉 같은 主和論者가 없는 것은 아니었지만 대세는 斥和宣戰의 기운으로 기울어졌으며, 마침내 八道에 宣戰敎書를 내려 방비를 굳게 하고 군사력을 증강토록 명령하는 등 一戰을 불사하겠다는 적의를 드러내었다. 동년 4월 황제의 칭호와 더불어 국호를 淸이라 고친 태종은 이러한 도전적 태도를 취하는 조선을 정벌하지 않으면 안되겠다는 결심을 굳히게 된 것이다.[1]

조선은 미구에 닥쳐올 전쟁에 대비해야 하였다. 그러나 정묘호란에는 後金이 소수의 병력으로 남침했음에도 비참하게 패배하였다. 지금의 청나라는 요동과 몽고까지 장악하여 방대한 군사력을 갖추고 있었다. 따라서 이러한 양국의 형세를 누구보다도 잘 알고 있었던 한성판윤 최명길은 이미 동년 9월에 대략 다음과 같은 내용의 箚子를 올렸던 것이다.[2]

싸워서 지킬 계책도 결정하지 못하고, 또 병화를 완화시킬 책략도 마련해 놓지 않은 채, 갑자기 오랑캐 騎兵이 쳐들어온다면, 都體察使는 강화도에 들어가 지키고, 都元帥는 方山城에 물러나 있어, 청천강 이북의 列邑은 실로 적군에게 내 맡겨 놓을 것이니, 안주성도 필시 홀로 온전하지 못할 것이다. 따라서 백성들은 魚肉이 되고, 종묘와 사직은 播遷할 뿐이다. 이 지경이 되면 그 허물을 장차 누가 질 것인가. 신의 의견은 국왕이 進駐하는 문제는 경솔히 의논할 수 없지만, 도제찰사와 도원수는 마땅히 평안도에 開府하고 兵使들도 의주에 들어가, 諸將들을 단속하되 전진이 있을 뿐 후퇴는 없게 해야 바야흐로 戰守의 常道에 합당하다. 또한 瀋陽에 글을 보내어 君臣의 大義를 설명하는 동시에 秋信使를 보내지 않은 이유를 말하면서, 한편으로는 그들의 정세를 살피고, 한편으로는 그들의 대답하는 바를 보아서, 그들이 다른 마음 없이 형제의 예를 지킨다면, 곧 송나라 胡氏가 논한 바와 같

1) 전사편찬위원회, 『병자호란사』, 국방부 전사편찬위원회, 1986, 126-133쪽 참조. 이 글을 쓰면서 필자는 본 『병자호란사』를 주로 참고하였다.
2) "인조실록』 권33, 인조 14년 9월 병오.

이 우선 前約을 지키면서, 안으로는 政事를 닦아 후일을 도모하고, 거란과의 화맹을 배반하였다가 망한 後晉 왕 石敬塘의 전철을 밟지 말아야 한다. 이처럼 전수할 계책도, 화친할 계획도 세우지 않고 있다가는, 머지않아 강위에 얼음이 얼면 兵禍가 눈 앞에 닥칠 것이니, 이른바 '너희들의 의논이 정해졌을 때, 우리는 이미 강을 건넜다'고 하던 그 말이 불행히도 오늘의 일과 근사하다.

최명길은 이때 척화파로부터 신랄한 공격을 받으면서도, 이미 병자호란이 일어날 것을 알고 있었고, 병자호란이 일어나면 결국 어떤 상황이 벌어지리라는 것도 정확히 예견하였기 때문에, 나름대로의 대처할 방안을 제시하고 있었던 것이다.

그러나 조정의 논의가 척화론으로 기울어 최명길의 건의는 일고의 가치가 없는 것이 되었으며, 그야말로 전수할 계책도, 화친할 계획도 확정하지 못한 상태에서, 압록강에 얼음이 얼어붙은 동지 달에 청 태종은 남침 준비를 서두르고 있었다.[3] 같은 달 11일, 청 태종은 명나라 공격을 표방하고 外藩과 몽고의 각 貝勒들에게 傳諭하여 30일, 盛京에 집합하도록 하였으며,[4] 19일에야 비로소 청 태종은 조선 정벌을 공언하였다.

이날 청 태종은 兵部貝勒 岳託으로 하여금 甲士를 簡閱케 하였다. 곧 "각 牛彔마다 기병 15명, 보병 10명, 護軍 7명씩을 선발하여 갑옷 32벌을 지급하고, 昻邦章京 石廷柱가 거느린 漢軍은 갑사들에게 화살 50개씩을,

---

3) 『태종문황제실록』 권32, 숭덕 원년 11월 병오(6일) 조에는 '外藩에도 50家를 한 牛彔으로 편성하는 군사조직을 완료하고, 牛彔章京의 성명과 갑사의 數目을 작성한 冊籍을 완성하였다'고 한다.
4) 『태종문황제실록』 권32, 숭덕 원년 11월 신해(11일).

갑사 2명당 長槍 1 桿씩을, 두 牛彔 당 雲梯 한 개씩을, 挨牌 1개씩을 갖게 하고, 성벽을 뚫을 斧·鑽·鍬·钁 등을 모두 구비하도록 하라. 또 馬匹은 각각 낙인하여 繫牌케 하고, 모든 器械에는 각기 號記를 써 붙이게 하라. 각각 15일분의 行糧을 휴대하고 29일 (瀋陽에) 來會토록 하라"[5]고 하였듯이, 청 태종은 병부로 하여금 군사들에게 갑옷과 마필 및 무기를 지급하고, 15일 분의 군량을 휴대케 하는 동시에 攻城機具도 구비하여 29일, 瀋陽에 집합시키도록 명령하였던 것이다.

그리고 같은 달 25일, 동지에는 청 태종이 諸王과 貝勒, 貝子 및 文武群臣을 거느리고 3일 간 齋戒한 뒤, 圜丘壇에서 소를 잡아 제물로 바쳐 하늘에 제사하고 '征朝鮮之由'를 告하였으며, 이어 太廟에도 제사를 올리면서 이를 告하였다.[6] 그리고 29일에는 모든 將士들에게 이를 밝히면서, 아울러 전쟁 중의 守則도 유시하였다.[7]

그런데 축문이나 유시 중에 담긴 '征朝鮮之由'의 主旨는 한마디로 조선이 정묘호란시에 맺은 형제국의 맹약을 배반했다는 내용이다. 곧 조선이 강토를 엄수하지 않고 국경을 넘어와 어렵행위를 자행하는데도 이를 금하지 않았다는 점, 그들의 점령지인 요동지방의 漢族들이 조선으로 도망치면 이들을 椵島의 毛文龍에게 바쳤고, 또 몰래 毛文龍에게 糧餉을 공급하면서 딴 뜻을 도모해 왔다는 점, 명나라가 청나라를 치기 위해 兵船을 요구하면 응하면서 청나라가 명을 치기 위해 요구하면 거절해 왔다는 사실들을 지적하였고, 특히 인조가 平安監司 洪命耉'에게 보낸 문서 곧 "지

---

5) 『태종문황제실록』 권32, 숭정 원년 11월 기미(19).
6) 『태종문황제실록』 권32, 숭덕 원년 11월 을축(25).
7) 『태종문황제실록』 권32, 숭덕 원년 11월 기사(29).

난번 정묘년에는 부득이 和盟키로 허락하였지만, 지금은 단절하여 원수가 되었으니, 마땅히 關隘를 謹備하고, 지모있는 선비를 모집, 용감한 사람들을 격려하여 보복키를 도모하라"고 한 사실을 들어 조선이 먼저 정묘호란 때의 맹약을 배반한 증거로 제시, 조선정벌의 명분으로 삼고 있었다.

그리고 이날 청 태종은 조선의 관리와 군인 및 백성들을 회유하기 위한 글도 작성하고 있었다. 내용인즉 '청 태종 자신이 군사를 일으켜 조선을 정벌하는 것은 조선의 君臣들이 전술한 바와 같은 잘 못을 저질렀기 때문이라'고 지적하고, "너희들은 편안히 살며 즐겨 생업에 종사하고 경거망동을 삼가 하라. 만일 망령되이 도망치다가는 우리 군사를 만나 피해를 입을까 걱정이다. 무릇 대항하는 자는 주살하고 도망치는 자는 생포하며, 마음을 바꾸어 귀순하는 자는 추호도 범함이 없이 도리어 더욱 恩養할 것을 너희들에게 유시하노니 다들 듣고 알기 바란다"고 한 것이다. [8]

청 태종이 이처럼 줄전의 사전준비를 모두 마친 다음 날, 12월 1일에는 外藩과 몽고의 여러 王들과 貝勒들이 군사를 거느리고 盛京에 집합하였다. 이날 청 태종은 和碩鄭親王 濟爾哈朗을 남아서 盛京을 지키게 하고, 多羅武英郡王 阿濟格은 牛莊에 駐屯하여 적의 침입에 대비케 하고, 多羅饒餘貝勒 阿巴泰는 噶海城에 주둔하여 邊民을 수집하고 적의 침입을 막도록 하였다. [9] 그리고 2일 날, 청 태종은 조선 정벌에 和碩禮親王 代善, 和碩睿親王 多爾袞, 和碩豫親王 多鐸, 多羅貝勒 岳託, 多羅貝勒 豪格, 多羅安平貝勒 杜度 및 同山貝子 등을 따르게 하고, 固山額眞 등을 좌·우익으로 나누었으며, 모든 군사를 거느리고 새벽에 城을 나왔다. [10] 우익병은 東

---

8) 『태종문황제실록』 권32, 숭덕 원년 11월 기사(29일).
9) 『태종문황제실록』 권32, 숭덕 원년 12월 신미(1일).

京大路를 경유하여 渾河의 언덕에 이르러 포진하고, 좌익병은 撫順大路를 경유하여 排列하였다. 오전 10시 경에 태종은 撫近門을 나섰는데, 天子의 儀衛를 갖추기 위한 鹵簿를 베풀었고, 吹螺, 奏樂하는 가운데 堂子(堂山祭)에 나아가 삼궤구고두례를 마친 다음 다시 堂子 밖에다 여덟 개의 纛旗를 세우고 다시 취라, 주악하며 하늘에 삼궤구고두례를 행한 뒤에 출발하였다.[11]

청 태종은 이날 沙河堡에 도착하였는데, 이 날부터 비로소 각 부대의 진격로를 지시하고 있었다. 먼저 和碩睿親王 多爾袞과 多羅貝勒 豪格에게 좌익군인 만주 3旗와 몽고 3旗 및 外藩과 몽고의 좌익병을 나누어 거느리게 하여 寬甸路를 따라 長山口(昌城)로 들어가라고 하였다. 곧 이들은 昌城과 江界 등 압록강변의 여러 邑들을 공략하고, 부원수 申景瑗이 주둔해 있는 寧邊府의 鐵甕山城을 함락한 뒤 成川으로 내려가 함경도 군사와 평안도 군사가 합세할 수 없도록 차단할 임무를 띤 것이다.

다음 날, 3일에 청 태종은 戶部承政 馬福塔과 前鋒大臣 碩翁科羅巴圖魯 勞薩로 하여금 군사 300명을 商人으로 위장하여 밤새워 달려가 조선의 王京을 포위하라고 지시하는 한편 이들의 지원군으로 和碩豫親王 多鐸과 固山貝子 碩託, 尼堪에게 護軍 1,000명을 거느리고 뒤쫓게 하였다.[12] 그러나 1,300명의 군사로서 조선의 왕경을 포위하기에는 군사수가 부족하다고 여겼기 때문에, 7일에 다시 兵部의 多羅貝勒 岳託과 超品公額

---

10) 『태종문황제실록』 권32, 숭덕 원년 12월 임신(2일).

11) 『태종문황제실록』 권32, 숭덕 원년 12월 임신(2일).

12) 『태종문황제실록』 권32, 숭덕 원년 12월 계유(3일) 참조. 이날 외번·몽고의 科爾沁國 巴圖魯郡王 滿朱習禮와 札薩克圖郡王 布塔齊가 군사를 거느리고 來會하여 여러 貝勒과 大臣들을 거느리고 청 태종에게 배알하였다.

駙 楊古利로 하여금 각각 梅勒章京 1員과 군사 3,000명을 거느리고 和碩豫親王 多鐸의 군사를 지원하라고 지시하였던 것이다.[13] 이들은 정예한 철기병들로 각자 15일 분의 식량을 휴대하였고, 조선군과의 접전을 피해 밤낮을 가리지 않고 달려 京城을 포위할 임무를 띤 것이다.

이처럼 청 태종은 多爾袞과 豪格으로 하여금 直路를 우회하여 함경도와 평안도 군사가 합세하지 못하도록 차단케 하고, 馬福塔, 勞薩 등의 首隊와 多鐸, 碩託, 尼堪 등의 2隊 및 岳託, 楊古利 등의 3隊는 함께 직로를 따라 급히 남진하여 경성을 포위하게 한 뒤, 자신은 12월 7일, 和碩禮親王 代善과 外藩, 몽고의 여러 王과 貝勒 및 固山額眞들을 거느리고, 鎭江(압록강)까지는 30리 못 미친 지점에 주둔하였다.

이날 청 태종은 전술한 岳託과 楊古利로 하여금 3,000명의 군사를 이끌고 달려가 전봉부대를 지원하도록 지시하는 한편, 多羅安平貝勒 杜度와 恭順王 孔有德, 懷順王 耿仲明, 智順王 尙可喜, 昂邦章京 石廷柱, 馬光遠 등으로 하여금 각 旗의 梅勒章京 1員과 각 牛錄의 갑사 3인 및 石廷柱 旗下의 漢軍들을 大軍의 후미에 배치하여 紅衣礮·將軍礮·法煩·鳥鎗·車牌·輜重 등 각종의 화약무기와 군수품을 호송토록 지시하였으며, 12월 8일, 鎭江(압록강)을 건너 의주성 남쪽에 駐蹕하였다.[14] 결국 청 태종 자신은 대군을 거느리고 남진하면서 연로의 각 읍을 공파하거나 산성을 고립시켜, 他道의 勤王兵들과 합세할 수 없도록 할 계획이었다.

그런데 이 때 청 태종이 조선 침략군으로 동원한 군사의 수가 정확히

---

13) 『태종문황제실록』 권32, 숭덕 원년 12월 기묘(7일).

14) 『태종문황제실록』 권32, 숭덕 원년 12월 경진(8일). 의주부윤 임경업은 전봉부대가 압록강을 건너기 전에 이미 軍民을 거느리고 白馬山城으로 들어갔다. 따라서 이때 청 태종은 의주성 남쪽 곧 백마산성 밑에 주둔한 것으로 여겨진다.

얼마였던지는 상고하지 않았다. 그러나 대개 130,000명으로 추산하고 있었다.[15]

3. 平安道 戰況과 安州城 防守

앞서 청 태종으로부터 인조가 강화도로 播遷하지 못하도록 조선의 王京을 신속히 포위하라는 명령을 받았던 戶部承政 馬福塔과 前鋒大臣 碩翁科羅巴圖魯 勞薩은 선봉대 300명을 거느리고 12월 3일에 盛京을 출발한지 불과 10여일 만인 내일에 왕경에 도착하였다. 소수 병력의 저항을 받거나 최명길의 지연책으로 일시 머뭇거렸지만 국왕과 대신들이 남한산성으로 들어간 사실을 곧 깨닫고 급히 추격하여, 강화도로 가는 길목을 차단하는 동시에 남한산성 밑에 주둔하였으며, 같은 날 盛京을 출발한 和碩豫親王 多鐸과 固山貝子 碩託·尼堪이 거느린 護軍 1,000명과 이들보다 4일 늦은 12월 7일에 盛京을 출발한 兵部의 多羅貝勒 岳託과 超品公額駙 楊古利가 거느린 3,000명의 군사도 16일에는 모두 도착하여 남한산성 주위에 목책을 세워 포위망을 구축하였던 것이다.[16]

---

15) 『병자호란사』 134-135쪽에는 "淸兵 78,000명, 漢兵 20,000명, 蒙古兵 30,000명을 혼합 편성하였고, 도합 128,000명이라"고 추산하였으며, 『연려실기술』에 130,000명으로 추산하고 있었다.

16) 『태종문황제실록』 권32, 숭덕 원년 12월 기축(17일). 앞서 출정하여 조선의 왕경을 포위한 和碩豫親王 多鐸이 吳爾噶納을 파견, 5명을 거느리고 와서 보고하기를 "마복탑·노살· 吳拜 등이 14일, 조선의 왕경에 이르자 인조가 副將 2명, 遊擊 4명, 備禦 6명을 파견, 精兵 60여 명으로 迎戰키에 모두 죽이고 왕경으로 진격하였다. 조선의 崔尙書·李侍郎이 성문 밖에 나와 지연책을 쓰는 동안 인조는 몰래 남한산성으로 도망하여, 마복탑 등이 이 사실을 알고 40여 리를 추격하여 남한산성을 포위하였으며, 16일에는 화석예친왕 多鐸과 다라패륵 岳託이 모두 연달아 도착하여 남한산성을 포위하였다"고 하자, 태종은 이날 밤 戶部承政 英俄爾岱를 파견, 다탁·악탁에게 가서 조선왕의 종적을 정탐한 뒤 와서 보고하라고 하였다.

청 태종이 이끄는 대군은 의주성을 떠나 12월 10일에는 곽산성에 진주하였다. 이때 곽산산성(綾漢山城)에는 곽산군수 鄭僙과 來援한 정주목사 安穎男이 산성을 지키고 있었다. 목사 안영남이 '청나라의 兵威를 능히 대적할 수 없을 것을 알아 自刎하니, 그 성을 지키던 각 관원도 도망하여 성안의 軍民이 모두 머리 숙여 항복키를 청하였다'[17]고 한다.[18] 청 태종은 이튿날인 11일, 정주를 지나 15里 지점에 駐營하였는데, 정주의 軍民들도 항복하였다.[19] 이날 청 태종은 여덟 명에게 시켜 칙서를 多羅安平貝勒 杜度에게 보내어 유시하기를 "너는 그 곳(彼地?)의 精騎를 簡選하여 皮島(椵島)·雲從島(身彌島)·大花島·鐵山 일대로 가 명나라 사람들과 서로 인접한 곳에 사는 조선 사람들을 모두 노략질하되, 다만 礮를 운반할 소가 부족하니 그것만 약탈하라"고 지시하였는데,[20] 12일에는 다시 청 태종이 外藩·몽고의 여러 貝勒·大臣들로 하여금 각기 군사를 거느리고 沿海지방을 노략질한 다음, 안주에 집결하라고 지시하였다. 곧 청 태종은 杜度로 하여금 철산과 운종도 등에 있는 명나라 군사를 토벌하기에 앞서 연해 일대의 명군들을 먼저 소탕할 심산이었다.

한편 이날 청 태종은 多羅貝勒 岳託이 보낸 巴朗을 통해 평안감사 홍명구가 이미 慈母山城으로 피신한 사실을 알고는, 侍衛 昻古賴로 하여금 20명을 거느리고 나가 안주성을 정탐하게 한 뒤,[21] 자신은 대군을 이끌고

---

17) 『태종문황제실록』 권32, 숭덕 원년 12월 임오(10일).

18) 그러나 『寧邊邑誌』에는 "안영남과 정빈이 서로 그 성을 관장할 주장의 자리를 다투다가 안영남이 伏劍死하자, 정빈이 守城할 계책이 없어 匹馬로 첩을 데리고 철옹산성으로 투속하니, 부사 李埈이 棄城失律罪로 上論하고 산성의 문 밖에 끌어내어 참수하였다"고 한다.

19) 『태종문황제실록』 권32, 숭덕 원년 12월 계미(11일).

20) 『태종문황제실록』 권32, 숭덕 원년 12월 계미(11일).

〈지도 1〉 안주목

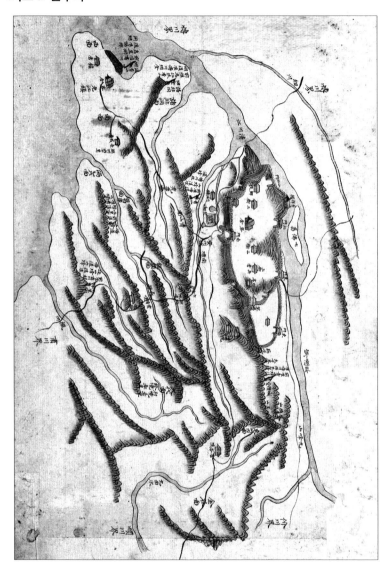

전거: 『海東地圖』(서울대 규장각 한국학연구원)

13일, 안주성에 도착하여 남문 밖의 언덕 위에 포진하였다.[22] 이 때 안주성은 平安兵使 柳琳이 지키고 있었다. 유림은 세 번째 이곳의 병사직을 맡아 軍民들의 신임이 두터웠으며, 부임한 이래 군사를 조련함과 동시에 장졸들을 독려하여 戰守할 병기를 수선하였다. 그는 특히 城堞을 증설하고 垓字를 준설하였으며, 土墙을 쌓고 토장 안팎에 品字型의 구덩이를 파서 서로 접속시켜 놓아 사람과 말이 접근할 수 없도록 하였다. 이날 청 태종이 "큰 駱駝를 타고 와서 성 위를 바라보았으나 한 조각의 깃발, 한 사람의 소리도 들리지 않자 '대군이 성에 다달았는데 이처럼 질서 있고 조용하니 성을 지키는 장수가 반드시 지략이 있을 것이라'고 말했다"고 한다.[23]

그러나 청 태종은 이날 좌·우익병으로 하여금 兩路로 나누어 出略케 하고, 正黃旗蒙古 巴牙爾에게 군사 15명을 거느리고 안주성의 동쪽에 매복시켰는데, 良邊城의 哨兵 50騎를 맞아 싸워 20여 명을 살해하고 1명을 생포하였으며 말 15필을 잡아 와 바쳤다고 한다.[24] 그러나 청 태종은 안주성을 공격하기가 쉽지 않자, 병사 유림을 회유하기 위하여 14일에는 다음과 같은 내용의 칙서를 보내고 있었다.[25]

大淸國 寬溫仁聖皇帝가 조선국 安州城守等官에게 勅諭하노니 朕이 오늘 군사를 거느리고 와서 토벌하는 것은, 너희 나라가 미약하여 쉽게 취할 수 있어, 부질없이 백성들을 피폐하게 하기 위한 욕심을 드러낸 것이 아니라,

---

21) 『태종문황제실록』 권32, 숭덕 원년 12월 계미(11일).
22) 『태종문황제실록』 권32, 숭덕 원년 12월 을유(13일).
23) 南九萬, 『藥泉集』「忠壯公諱琳神道碑銘」
24) 『태종문황제실록』 권32, 숭덕 원년 12월 을유(13일).
25) 『태종문황제실록』 권32, 숭덕 원년 12월 병술(14).

너희 나라 임금의 近臣들이 天地를 欺誑하고 맹서를 違棄하여 舊好를 단절하였으며, 평안도 洪觀察使에게 移文하기를 '정묘년에 權許한 講和를 지금 이미 영원히 단절하여 어렵게 되었으니, 마땅히 지모가 있는 선비들을 모으고, 용감한 자들을 격려하여 보복키를 도모하라'는 등의 말을 하였다. 그 글을 짐의 사신이 가져 와서 짐에게 바쳤으니 이는 하늘이 사실상 시킨 것이다. 짐이 이 글을 보고 비로소 너희 나라가 맹서를 깬 것을 알 수 있는 명백한 증거가 되었다. 이에 천지에 告하고 대병을 징발하여 조선에 깊숙이 들어가 팔도를 평정하려 한 것이다. 네가 孤城에 앉아 지키면 짐의 군사가 마침내 물러갈 것이라고 바라지 말라. 짐이 이미 여기에 온 이상 어찌 너의 성을 함락하지 않고 곧바로 군사를 돌리겠느냐. 대군이 가지고 온 紅衣礮·將軍礮·火器·戰車를 너는 어찌 보지 못하였느냐. 짐이 만약 속히 돌아갈 것이면, 어째서 이처럼 무거운 화기들을 가지고 왔겠느냐. 짐은 곧 왕경에 駐蹕하여 대군을 팔도에 나누어 주둔시킬 것이다. 알 수 없지만 너희 왕이 하늘로 올라 바다로 들어 갈 수 있겠느냐. 만약 배를 타고 바다로 간다면 짐도 또한 반드시 배를 타고 쫓아가 잡을 것이다. 영원히 너의 나라를 평정함이 실로 이 시점에 있도다. 너의 官兵 중 무기를 지니고 명령을 거스리는 자가 있으면 가차없이 죽일 것이고, 귀순하는 자가 있으면 優養할 것이다. 너희들은 이 기회를 놓치지 말고 시세에 순응하여 성에서 나와 나에게 돌아오면, 가히 자신의 집도 온전할 것이고, 종족도 보전하며 공명을 수립할 것이며, 또한 성내의 모든 軍民들도 禍患을 면하게 될 것이다. 너희들이 따르지 않다가 화가 미치면 후회막급하리라. 짐이 만약 너의 왕이 약하고 국가가 미약하다고 속여 명분 없는 군사를 일으켰다면, 너희들도 死守하는 것이 실로 마땅하다. 그러나 너희 나라 君臣들이 덕을 헤아리지도 않고, 힘을 헤아리지도 않고, 태평을 원하지도 않고, 盟好를 돌아보지도 않고, 국가의 위망을 염려하지도 않고, 軍民의 塗炭을 생각지도 않고, 먼저 釁端을 열었으니 고통을 자초한 것이다. 장군은 마땅히 그들의 잘못을 나무라고 속히 와서 歸命하라. 이러는 것이 賢哲한 자의 할 바이다. 시세를 알아 환난을 피하고, 흉한 것을 버리고 길한 것을 쫓음이 또한 하나의 도리이니 조속히 생각하라. 만약 歸命한 뒤 너의 국왕이 너의 처자식과 종족을 살육할까 염려하느냐. 짐이 말하노니 너의 임금이 혹 성을 지키거나 혹 섬으로 도망한다 하더라도 스스로를 구하기조차 어려운데, 어느 겨를에 너의 처자식과 종족을 살육하겠는가. 너희들은 다만 짐을 따라 가는 것이 萬全之策이라, 특별히 유시하노라.

그러나 유림은 전혀 흔들림 없이 안주성을 끝까지 고수하였으므로 청 태종의 대군은 2일 동안이나 노략질하다가 군사를 거두어 남하하고 말았다.[26] 이리하여 산성도 아닌 평지의 성인 안주성이 서북지방에서는 유일하게 함락 당하지 않고 보전되었던 것이다.

청 태종은 앞서 12일에 多羅貝勒 岳託이 보낸 巴朗으로부터 평안감사 홍명구가 이미 평양성을 버리고 도망하였다는 사실을 알고 있었으므로 거침없이 남하하여 17일에는 평양성에 주둔하였다. 청 태종은 이날 밤 戶部承政 英俄爾岱를 多鐸과 岳託에게 보내어 조선 국왕의 종적을 정탐하고 와서 보고하라 하였고,[27] 이튿날에는 士卒들의 말들 가운데 수척한 말을

---

26) 『태종문황제실록』 권32, 숭덕 원년 12월 병술(14일). 남구만, 『약천집』 「충장공휘림신도비명」에는 "성밖에 풀을 쌓아 바람 따라 불을 놓고 연기 밖으로 지나갔다. 이는 아마도 뒤에서 추격함을 두려워함에서였을 것이다"고 하였다.

27) 『태종문황제실록』 권32, 숭덕 원년 12월 기축(17일).

뽑아 평양에 머물려 餧養토록 하고 있었다.[28] 태종이 이날 밤 英俄爾岱를 남한산성을 포위하고 있던 多鐸과 岳託의 진영에 보냈지만, 이미 多鐸과 岳託이 啓心郞 穆成格을 보내어 인조의 圍困한 형상을 보고하고 있었다.[29]

23일에는 또 英俄爾岱가 多鐸의 訴狀을 가지고 왔다. 그 소장의 내용에는 인조가 남한산성에 들어가고 왕비와 두 아들이 강화도로 건너간 사실이 담겨 있고, 이어 "21일, 瓦爾喀의 조선 거주자 葉辰과 麻福塔 등이 100여 호를 이끌고 來歸하여, 불러 물었더니, '조선의 4道가 장차 合兵來援한다'기에 마침내 8旗에서 2개 牛彔마다 護軍 1명, 兩旗마다 甲喇章京 1員을 선출하여 阿爾津으로 하여금 통솔케 하고, 또 기병의 각 牛彔마다 갑사 1명씩, 각 旗마다 章京 1員씩을 선발하여 色勒으로 하여금 통솔하여 四路의 군사가 오는 길을 차단케 하였고, 23일에는 洪科로 하여금 護軍 50인을 거느리고 강화도의 渡口에 가서 정찰케 하였더니 城內의 군사들이 매번 성을 나와 沿山을 侵擾한다 합니다"고 보고하자, 이날 청 태종은 正黃旗, 鑲黃旗, 正紅旗, 鑲紅旗, 鑲藍旗 등 5旗의 각 章京 1員씩으로 하여 각 牛彔마다 갑사 3명씩을 거느리고 和碩豫親王 多鐸의 군진에 가서 지원토록 하였고, 또 護軍統領 鞏阿岱, 巴布賴, 巴都禮로 하여금 각 牛彔마다 護軍 1명씩을 거느리고 가서 和碩豫親王 多鐸의 군사를 지원토록 하였다. 그리고 청 태종도 이날 좌·우익병으로 나누어 兩路로 出略하였다.[30]

청 태종의 군사가 이날 黃州嶺을 넘다가 조선군의 기습공격을 당했던지, 이튿날인 24일에는, 22일에야 선천을 출발하여 안주성 가까이로 남진

---

28) 『태종문황제실록』 권32, 숭덕 원년 12월 경인(18일).

29) 『태종문황제실록』 권32, 숭덕 원년 12월 신묘(19일).

30) 『태종문황제실록』 권32, 숭덕 원년 12월 을미(23일).

중에 있었던[31] 多羅安平貝勒 杜度에게 筆帖式 吳達禮를 보내 칙서를 전달하였는데, 그 칙서에는 "들으니, 앞서 출정한 전봉부대가 조선에 이르자 국왕은 몰래 왕경을 빠져나가 남한산성으로 달려들어 갔고, 首隊 前鋒軍과 2隊 和碩豫親王軍과 3隊 多羅貝勒 岳託軍 및 뒤에 파견한 대군이 연달아 그 곳에 이르러 木寨을 세워 포위하고 있다고 한다. 너희들은 속히 紅衣礮·大將軍礮와 일체의 화기를 끌고 오라. (中略) 황주를 통과할 때는 먼저 군사 200명을 파견하여 황주령 양편의 복병을 수색 소탕하고, 이어 군사를 머물게 하여 뒤를 맡도록 하여 아군이 모두 嶺을 넘은 뒤에 전진케 하라"고 지시하고 있었다.[32] 곧 청 태종이 황주령을 통과할 때 조선군의 복병이 기습공격을 가했던 것 같으나, 청 태종의 칙서에 불과 200명을 보내어 소탕하라고 한 것을 보면, 당시 황주령에 매복한 조선군의 복병의 수가 많지 않았던 것으로 짐작된다.

황주령은 곧 황주의 正方山城 동남쪽에 위치한 小仙嶺과 大仙嶺을 지칭하며, 당시에는 소선령을 洞仙嶺이라고 하였다. 이 고갯길은 황주에서 鳳山으로 넘어오는 主通路로 청 태종군의 선봉대가 이 고갯길에서 조선군 복병의 기습공격을 받았던 것이다. 따라서 "당시의 정방산성에는 都元帥 金自點이 황해감사 李培元, 황해병사 李碩達, 종사관 鄭太和, 광음현감 邊士紀, 곡산군수 李緯國이 지키고 있었는데, 동선령에 일부 병력을 매복시켜 남진 중인 청군을 기습공격하여 적지 않은 타격을 가하였다"고 한 것이다.[33]

---

31) 『태종문황제실록』 권32, 숭덕 원년 12월 기해(27일).
32) 『태종문황제실록』 권32, 숭덕 원년 12월 병신(24일).
33) 『병자호란사』 140-141 쪽. 황주의 상황.

<지도 2> 철산부의 가도와 선천부의 신미도

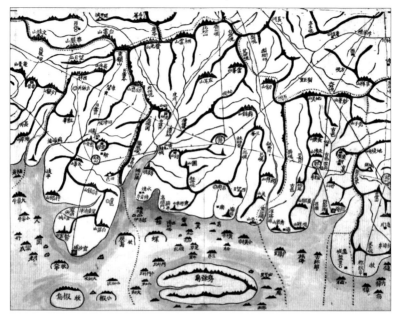

전거: 『大東輿地圖』(서울대 규장각 한국학연구원)

청 태종은 25일, 얼어붙은 임진강을 건너 26일 경에는 京城 부근에 주
둔하였으며,[34] 27일에는 대군을 거느리고 경성 밖의 지름길로 한강을 건
너 남한산성의 서쪽에 주둔하여 포위망을 강화시켰다.[35]

한편 이 무렵에도 평안도 일대에는 여전히 청나라의 대군이 머물고 있
었다. 하나는 多羅安平貝勒 杜度와 恭順王 孔有德, 懷順王 耿仲明, 智順王
尙可喜 및 昻邦章京 石廷柱, 馬光遠 등이 이끄는 후속 輜重部隊였고, 하나
는 和碩睿親王 多爾袞과 多羅貝勒 豪格이 이끄는 좌익군이었다.

---

34) 『태종문황제실록』 권32, 숭덕 원년 12월 정유(25일).
35) 『태종문황제실록』 권32, 숭덕 원년 12월 기해(27일).

그중 多羅安平貝勒 杜度가 이끄는 치중부대는 전술한 바와 같이 12월 22일 현재 선천을 출발한 상태에 있었다. 多羅安平貝勒 杜度가 파견한 蒙古衙門承政 尼堪이 27일, 청 태종에게 보고한 전황을 보면, 앞서 12월 11일에 청 태종이 杜度로 하여금 '피도(가도)·운중도(신미도)·대화도·철산을 공략하라'는 지시에 따라 정예한 기병들을 거느리고 갔는데, 그곳이 명나라 사람들과 인접한 곳들이어서 조선 사람들이 모두 흩어져 도망한지 오래라 그들의 가옥만 불살아 버렸으며, 또 '大路 양편의 牛隻들을 약취하라'고 하였지만 의주와 정주 사이에는 牛隻이 거의 없었다는 것이다.

　그런데 杜度가 이끄는 치중부대의 우마들 중 청나라에서 끌고 온 牛隻과 몽고의 馬匹들이 모두 먼 길을 오는 동안 피폐하거나 역시 모두 곤핍해졌다. 이 때문에 杜度의 치중부대는 의주에서 하루, 용천에서 하루, 선천에서 4일간을 머문 다음 22일에야 출발하였다고 한다.[36] 이처럼 杜度가 이끄는 치중부대는 우마의 피로를 덜기 위해 연로의 각 邑에 쉬어가며 남하하여 12월 말까지도 평안도를 벗어나지 못하였다.

　따라서 12월 24일 청 태종이 杜度에게 칙서를 보내어, '남한산성을 포위하였다는 사실을 알리고, 紅衣礮와 大將軍礮를 속히 싣고 오되, 황주령의 조선군 복병을 소탕하라'고 하자, 비로소 杜度는 恭順王 孔有德, 懷順王 耿仲明, 智順王 尙可喜 및 漢軍 甲喇章京 金玉和로 하여금 일부의 화포만 싣고 앞서 가게 하여 이듬해 1월 4일, 남한산성 부근에 이르렀으며,[37] 杜度는 紅衣礮·將軍礮·火藥重器 등을 싣고, 1월 7일 임진강을 건너 10일에야 남한산성에 도착할 수 있었던 것이다.[38]

---

36) 『태종문황제실록』 권32, 숭덕 원년 12월 기해(27일).
37) 『태종문황제실록』 권33, 숭덕 2년 1월 갑진(4일).

이처럼 多羅安平貝勒 杜度가 이끌던 치중부대가 12월 말 내지 이듬해 1월 초까지 평안도에 머물고 있을 무렵에는 和碩睿親王 多爾袞과 多羅貝勒 豪格이 거느린 좌익군도 영변의 鐵甕山城 전투를 치르고, 평안도와 함경도의 경계지역인 성천 일대에 머물고 있었다. 多爾袞과 豪格은 12월 2일, 瀋陽에서 좌익병인 滿洲 3旗와 蒙古 3旗 및 外藩과 몽고의 좌익병을 나눠 거느리고 寬甸路를 따라 長山口(昌城)로 향하여 전진하였다. 그런데 多爾袞과 豪格이 각각 좌익군을 나누어 兩路로 행군하였으나 소속 군사는 밝혀져 있지 않다. 多爾袞이 거느린 듯한 좌익병은 압록강을 건넌 뒤 창주의 螳蛾山城을 공략한 뒤,[39] 사잇길로 綏項嶺을 넘어 영변으로 향한 듯하고, 豪格이 거느린 듯한 좌익병은 강계에서 狄踰嶺을 넘어 운산을 경유하여 영변으로 향한 듯하다.[40] 따라서 그들이 늦게 남한산성에 도착하여 청 태종에게 "길이 협애하여 지체되었다"[41]고 보고한 것도 이 때문일 것이다. 그것은 그들 가운데 昌州에서 사잇길로 영변에 도착한 부대의 진출로를 살펴 보아도 알만하다. 이 부대는 광해군 11년(1619)의 薩爾滸戰鬪에서 포로로 잡은 창성 사람을 嚮導로 삼았었다.[42] 그런데 이 향도는 "그의 가족을 投殺할까 두려워, 적군을 敵仇寧 건너편 蘆土灘으로 끌어내어 甲巖을 거쳐 昌城을 등져, 自作嶺의 直路를 버리고, 거꾸로 창주 田子洞으

---

38) 『태종문황제실록』 권33, 숭덕 2년 1월 경술(10일).

39) 『태종문황제실록』 권33, 숭덕 2년 1월 경술(10일)조에는 "아군이 이미 조선 경내에 들어가니, 長山 昌州城의 軍民들이 능히 대적하지 못할 것을 알고 모두 성을 버리고 산으로 달아나 목책을 세웠는데, 우리 正白, 鑲白, 正藍 3旗의 護軍騎兵이 攻克하였다."고 한다.

40) 朴泰淳, 『東溪集』 「記寧邊敗戰事」

41) 『태종문황제실록』 권33, 숭덕 2년 1월 병진(16일).

42) 광해군 10년에 포로가 되었다고 하였으나, 이것은 광해군 11년의 薩爾滸戰鬪 때 포로가 된 것을 잘못 기억한 것이다.

로 가서 綏項嶺을 넘어 當峨山을 경유하여 왔다. 압록강에서 곧 바로 오면 영변까지가 270里인데 사냥개를 끌고 다니듯 비틀거리며 행군하기를 8, 9일이 걸렸다"[43]고 하는 것이다.

영변부의 邑治였던 철옹산성은 태종 16년(1416)에 도절제사 辛有定이 축조한 것으로 둘레가 11,080步며, 이 철옹산성의 서쪽 끝 藥山에 있는 약산성은 인조 11년(1633)에 영변부사 유림이 新築한 석축 산성이다. 이 약산성의 서북쪽에 體城이 있고, 西門으로부터 북쪽으로 東臺의 옆까지 축조하였으며, 東南 한 面은 가로로 축조하였는데 총 길이가 1,190步(또는 2,760尺) 높이가 1丈이었다.[44] 따라서 사람들은 "약산의 험준함은 동방에서 제일이며, 層巒이 互回하여 그 형상이 철옹같다"고 하였다.[45]

『寧邊邑誌』에는 철옹산성의 전투상황을 다음과 같이 기록해 놓았다.

(인조 14년에) 南兵使 申景瑗이 西北副元帥를 겸대하여 馬步兵 5,000명을 거느리고 철옹성에 주둔하고 있었다. 당시 淸國도 우리 군사가 진주해 있는 것을 정탐해 알고, 먼저 철기를 보내어 창성으로부터 운산으로 穿進시켜 철옹성을 포위하였는데, 앞뒤로 13陣이나 되었으며 군사의 수를 자칭 30,000명이라고 하였다. 청군이 와서 포위한지 7일 동안 부원수 신경원과 영변부사 李峻은 성문을 닫고 굳게 지켰다. 적장은 '山谿의 험함이 마치 하늘에 오른 듯하다'고 하고, 드디어 포위를 풀고 갔다.[46]

---

43) 關西, 『寧邊邑誌』「附事例」古事 조.
44) 關西, 『寧邊邑誌』「附事例」沿革 조.
45) 관서, 『영변읍지』「부사례」연혁 조.
46) 관서, 『영변읍지』「부사례」고사 조.

<지도 3> 영변부

전거: 『海東地圖』(서울대 규장각 한국학연구원)

그러나 이 때 철옹산성에서는 한 두 차례 접전이 있었다. 청나라 측의 기록에 의하면, "조선의 安州總兵과 黃州元帥가 군사 500명을 거느리고 영변성을 나오기에 臣等의 親軍이 성 밑에서 격파하였고, 또 안주병 200명도 신 등의 호위군에게 패하였다"[47]고 하였다. 여기에서 안주총병은 안주병영 관하의 영변부사 이준이며, 황주원수는 황주의 도원수 지휘하의 부원수 신경원을 잘못 지칭한 것이다.

어떻든 신경원과 이준이 한 두 차례 청군을 공격하였지만 성과가 없자 산성을 고수하였으므로, 수 일 뒤 청군은 철옹산성의 포위를 풀고 철수하였다. 이 무렵 부원수 신경원은 국왕이 남한산성에 들어가고 청군의 선봉대 70,000명이 포위해 있다는 소문을 들었기 때문에, 영변부사 이준을 철옹산성에 남아 지키게 하고, 자신은 근왕병을 이끌고 陽德路를 따라 남진하려 하였다.[48] 東門을 나서 골짜기가 긴 溝川洞 사잇길로 행군하여 錢坪(戰坪)[49]에 당도하였다. 이때 "박천군수 金益賢이 군사 3哨를 거느리고 塘報를 맡아 먼저 了城嶺 위에 이르렀는데, 적의 철기병들이 요성령 아래에 가득 차 있는 것을 보고 당황하여, 신경원에게 報警할 엄두를 내지 못한 채 요성령을 피해 天耳山으로 달아나 버렸던 것이다. 따라서 신경원은 敵情을 모르고 내려오다가 졸지에 적병과 마주쳤다(몽고병의 한 부대가 적유령

---

47) 『태종문황제실록』 권33, 숭덕 2년 1월 경술(10일) 및 병진(16일). 그리고 박태순, 『동계집』 「기영변패전사」에는 "부원수 신경원이 치병하여 勤王하려 하는데 수십 명의 청군 기병이 서문 밖으로 달려와 경원이 정예병을 모집, 출격하여 2명을 목 베이니 남은 군사가 모두 도망하였다. 다음 날 또 수십명의 기병이 오므로 신경원이 군사를 더 모집하여 출격하니 청군이 거짓 패하여 달아나므로 아군이 추격하였는데, 적의 복병이 엄습하여 아군의 전사자가 거의 수백 명에 달하였다. 수 일간을 머물다가 청군이 모두 철거하였다."고 하고 있다.

48) 박태순 저, 『동계집』 「기영변패전사」

49) 관서, 『영변읍지』 「부사례」 고사조에, 戰坪은 철옹성의 동남쪽 40리 지점에 있는 요성령의 서쪽에 있는데, 이곳의 참패가 있은 뒤에 이름을 戰坪으로 고쳤다고 한다.

으로부터 내려와 (妙)香山에 주둔하여 하루 밤을 보내고, 다시 鐵甕路를 따라 이곳에 이르렀다가 서로 만난 것이다). 退避할 곳이 없어 급히 슈을 내려, 앉아 쉬게 하였더니, 적은 아군이 움직이지 않는 것을 보고 거짓으로 몇 리를 후퇴하였다. 아군은 역시 적이 물러가는 것을 보고는 곧장 散亂해졌는데, 적은 다시 치고 들어와 부원수를 生擒해 갔다. 오직 塘報軍 3哨와 後軍 3哨만이 앞뒤로 산을 넘고 골짜기로 떨어져 겨우 죽음을 면하였고, 그 나머지 행군하던 부원수 신경원의 군사 5,000여 명은 모두 죽었다"고 한다.[50]

그러나 淸側의 기록에는, "잠시 뒤 영변성의 李元帥가 參將 3員, 遊擊 4員, 備禦 15員과 마병 700명, 보병 300명을 이끌고 와서 싸웠는데, 蒙古 固山額眞額駙 蘇納과 梅勒章京 吳塔齊, 宜木圖, 陶海, 得馨德, 阿蘭都, 昴阿代, 吳巴什, 額墨爾齊, 古魯虎, 桑噶爾寨 등에게 패하였고, 李元帥를 生擒하였다"[51]고 하였는데, 李元帥는 곧 부원수 신경원을 지칭한 것이다. 결국 부원수 신경원은 敵情을 제대로 파악하지 못한 채 근왕병을 이끌고 철옹산성을 떠나 양덕로를 따라 남하하려다가 많은 군사를 희생시키고 자신도 생포되는 굴욕을 당했던 것이다.

이처럼 多爾袞과 豪格의 兩路軍은 압록강을 건넌 뒤 오랜 기간 동안 진격로를 달리하여 창주성과 철옹산성을 공격하거나 전평전투에서 승리하여 신경원을 생포하는 등의 전과를 올린 다음 12월 말 경에 이르러 성천에서 회합하였다.[52] 그런데 이때 "청군 50명이 宣屯村의 조선군 下營處에

---

50) 관서, 『영변읍지』 「부사례」 고사조.

51) 『태종문황제실록』 권33, 숭덕 2년 1월 경술(10일) 및 병진(16일)조 참조.

52) 관서, 『영변읍지』 「부사례」 고사조에는 "부원수 신경원을 생포한 몽고 기병부대는 朝陽路를 따라 (『雜記』 중의 權大男 증언) 남하하였고, 한편 창성에서 적유령을 넘어 온 兩路의 군사들이 轉掠하며 남진하다가, 서로 성천에서 회합하였다"고 하였다.

서 생포한 군사를 통하여 도원수 김자점과 황해병사 이석달이 '국왕이 청나라 대군에게 포위되었다'는 소식을 듣고, 군사 15,000명을 거느리고 구원 떠난 지가 이미 3일이나 된다."고 하는 정보를 입수하였던 것이다. 이에 '多爾袞과 豪格은 鑲白旗, 正藍旗 등 兩旗의 護軍騎兵을 선발하되, 每牛彔마다 갑사 5명씩을, 몽고의 兩旗에도 牛彔마다 갑사 5명씩을 선발하여 한 晝夜를 달려 해가 뜰 무렵에 (兎山에) 당도하여 조선군사가 잠을 깨기 전에 기습하여 격파하였다'고 하며, 이때 '군사를 이끌고 조선군사를 격파하는데 공을 세운 장군은 鑲白旗의 梅勒章京 薩木什喀, 護軍參領 陳泰崇阿, 正藍旗의 梅勒章京 席爾都, 護軍參領 俄羅塞臣 宜成格, 蒙古梅勒章京 吳塔齊, 正藍旗 候痕巴圖魯 額參 등이라'고 하였다."[53]

이 兎山戰鬪가 있기 전에 도원수 김자점은 청 태종의 대군이 황주령을 넘어 남한산성으로 향하자, 황해감사 이배원에게 正方山城의 수비를 맡기고,[54] 황해병사 이석달, 종사관 정태화, 별장 李浣, 載寧郡守 崔擇善, 곡산군수 이위국, 광음현감 변사기 등과 함께 京中, 三南, 海西의 군사를 합쳐 10,000명을 거느리고 瑞興, 新溪를 거쳐 토산에 도착하였다.[55] "토산에서는 척후도 없이 일찍 길을 떠나 행진하다가 졸지에 적병 6,000여 명이 내습하여 海西軍士가 모두 섬멸되었으며, 재령군수 최택선도 적에게 잡혀 죽었다"[56]고 한다. 도원수 김자점 등은 御營軍의 활약으로 겨우 살

53) 『태종문황제실록』 권33, 숭덕 2년 1월 경술(10일), 1월 병진(16일).
54) 『연려실기술』 권26, 인조조 고사본말, 263-264쪽.
55) 『병자호란사』, 140-141쪽. 황주의 상황:박태순, 『동계집』 「記兎山戰事」
"도원수 김자점이 정방산성으로부터 赴難할 때 숙천부사 이완을 중군 겸 선봉장으로 삼아 사잇길로 행군하여 토산관에 이르렀는데 해서군과 합쳐 10,000여 명에 달하였다."
56) 『연려실기술』 권26, 인조조 고사본말, 263-264쪽.

아 남아 이튿날 光陵을 거쳐 楊根縣의 迷原으로 퇴각하였고,[57] 多爾袞과 豪格은 다시 남하하여 1월 10일, 남한산성에 도착하였던 것이다.[58]

이상과 같은 전황을 통하여 살펴볼 때, 多爾袞과 豪格이 이끄는 좌익군은 성천 일대에 留陣하여 함경도군사의 평안도 진출을 막고 있던 중 함경도군사가 평안도로 진출하지 않고 남하하여, 1월 초에 이미 金化縣에 도착하자[59] 비로소 남진하기 시작하여 1월 7일 경 토산의 도원수 김자점군을 공격하였던 것이고, 토산에서 패배한 김자점군은 광릉을 거쳐 양근군의 미원으로 退陣한 것이라 여겨진다.[60]

4. 南漢山城 勤王兵의 戰況

청군의 전봉부대인 馬福塔과 勞薩의 300명 군사가 12월 14일, 남한산성에 도착한데 이어 16일에는 和碩豫親王 多鐸과 固山貝子 碩託, 尼堪의 군사 1,000명과 兵部多羅貝勒 岳託과 超品公額駙 楊古利의 군사 3,000명이 도착하여 총 4,300명의 청군이 남한산성 주위에 목책을 세워 포위망을 구축하였다. 이들은 청 태종이 이끄는 본대와 和碩睿親王 多爾袞과 多羅貝

---

57) 『연려실기술』 권26, 인조조 고사본말, 263-264쪽. 김자점 등은 미원에 도착하여 새 원수 沈器遠과 각 道 監·兵使와 같이 20여 일을 가만히 앉아서 기다리다가 임금이 出城한 것을 듣고 비로소 전진하였다.

58) 『태종문황제실록』 권33, 숭덕 2년 1월 경술(10).

59) 『인조실록』 권34, 인조 15년 1월 6일. "함경감사 민성휘가 군사를 거느리고 구원하러 강원도 금화현에 도착하였다는 장계가 들어 왔다."

60) 『인조실록』 권34, 인조 15년 1월 7일. "성 안에 사는 서흔남과 승 두청이 모집에 응하여 나갔다가 도원수 김자점과 황해병사 이석달 전라감사 이시방의 장계를 가지고 왔다." ; 『연려실기술』 권26, 인조조 고사본말, 259쪽에는 "원수 김자점이 광릉에 이르러 장계를 올렸다."고 한다.

勒豪格의 좌익군 및 多羅安平貝勒 杜度의 치중부대가 도착하기까지 三南과
江原의 근왕병을 막고 남한산성의 포위망을 지켜야 할 임무를 띠고 있었다.

〈지도 4〉광주부

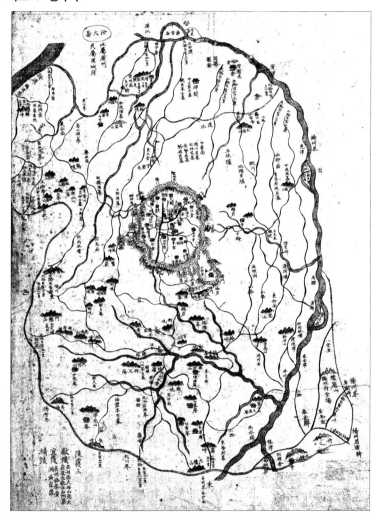

전거: 『海東地圖』(서울대 규장각 한국학연구원)

이들 남한산성을 포위한 청군들에게 조선군사의 정보를 제공하여 작전상에 도움을 준 것은 조선에 거주하던 瓦爾喀이었다. 12월 21일에 瓦爾喀의 葉辰과 麻福塔 등이 200여 호를 이끌고 귀순한 것이다.[61] 이들이 이날 "조선의 四道軍士가 合兵 來援하고 있다"[62]는 정보를 제공하였다. 이에 和碩豫親王 多鐸은 八旗에서 매 牛彔마다 護軍 1員씩, 매 兩旗마다 甲喇章京 1員씩을 선출하여 阿爾津으로 하여금 통솔케 하고, 또 기병도 매 牛彔마다 갑사 1人씩, 매 旗마다 章京 1員씩을 선발하여 色勒으로 하여금 통솔케 하여 四路의 군사가 올 길을 차단케 하고 있었다.[63]

남한산성을 포위한 청나라 군사가 근왕병과 싸운 최초 기록은 청 태종이 남한산성에 도착한 12월 27일, 和碩豫親王 多鐸이 御前에서 보고한 내용에 나타난다. 곧 "巡撫 1員이 군사 18,000명을 거느리고 남한산성으로 來援하기에 固山貝子 碩託, 尼堪, 博和託, 羅託, 國舅 阿什達爾漢 등이 1,000명의 군사를 거느리고 가서 적을 맞아 모두 斬하였다. 또 副將 1인이 군사 5,000명을 거느리고 내원하기에 역시 碩託 등이 가서 격패시켰다[64]"고 하였다.

淸側에서는 순무 1員이 어느 道의 누구인지 분명히 알지 못하고 있듯이 이후 다른 근왕병의 경우에도 소속 道名과 지휘관이 감사인지 병사인

---

61) 『태종문황제실록』 권32, 숭덕 원년 12월 기해(27일) 조에는 "와이객인으로 조선에 와서 산 자 200호가 지금 귀순하였다."고 하였는데 이날의 기록은 다라예친왕 다탁이 어전에서 한 말이어서 200호가 맞을 듯싶다.

62) 『태종문황제실록』 권32, 숭덕 원년 12월 을미(23일).

63) 『태종문황제실록』 권32, 숭덕 원년 12월 을미(23일) 이날 청 태종은 정황기·양황기·정홍기·양홍기·양남기 등 5기의 각 장경 1원이 매 우록마다 갑사 3인씩을 거느리고, 또 호군통령 공아대·파포뢰·파도례가 매 우록마다 호군 1인씩을 거느리고 화석예친왕 다탁군을 지원하도록 증파하였다.

64) 태종문황제실록』 권32, 숭덕 원년 12월 기해(27일).

지, 그의 이름이 무엇인지 확실히 밝힌 경우가 거의 없다. 따라서 우리측의 전투기록을 대조하여 살펴 볼 수밖에 없었다. 이때 그들이 말한 순무 1員은 충청감사 鄭世規이며, 부장 1人은 충청병사 李義培였다. 瓦爾喀의 葉辰과 麻福塔이 근왕병이 올라온다는 정보를 제공한 12월 21일, 충청감사 정세규는 군사를 이끌고 獻陵(太宗陵)으로 진격하다가[65] 적병이 차단하여 부득이 險川에 포진하였고,[66] 충청병사 이의배는 竹山에 留陣해 있었다.[67] 정세규는 험천에 도착하여 "산의 형세를 이용하여 진을 쳤다가 적의 습격을 받아 전군이 패몰하였고, 세규는 빠져 나왔다"[68]고 하였는데, 『연려실기술』에는 "충청감사 정세규는 병사 이의배가 아무 일도 할 수 없음을 알고, 날랜 군사를 뽑아서 전진하여 곧장 헌릉에 이르려 하였으나, 적병에 막히어 부득이 험천에 진을 쳤다. 적이 높은 산봉우리에서 내리 공격하므로 한참 동안 싸우다가 전군이 패몰하여 尼城縣監 金弘翼, 藍浦縣監 李慶徵(善), 金井察訪 李尙(時)載가 모두 죽고 세규는 바윗돌 아래 떨어졌다. 그 때에 이미 캄캄한 밤이 되어 淸兵이 좌우로 달려 충돌하느라고 알지 못하였다. 한 군졸이 몰래 세규를 업고 도주하여 탈출하였다. 세규는 본래 書生으로서 軍旅에 익숙하지 못한데 외롭고 약한 군사로써 능히 한창 기세를 펴는 장대한 적에게 항거하여 가장 먼저 국난에 처했을 때 이리저리 옮기며 싸우기를 마지 않았으니, 그 필사의 마음이 있었던 것을 알 수 있다(亂離雜記)"[69]고 하였다.

---

65) 『인조실록』권33, 인조 14년 12월 21일에는 "충청도 원병이 獻陵 안에 도착하여 화전으로 서로 응하였다"고 한다.
66) 『연려실기술』권25, 인조조 고사본말, 190쪽.
67) 『인조실록』권33, 인조 14년 12월 24일.
68) 『인조실록』권33, 인조 14년 12월 27일.

곧 충청감사 정세규는 12월 21일, 헌릉으로 진격하려다 적병에 막히어 부득이 험천에 포진하였는데, 청나라 固山貝子 碩託의 군사가 높은 산봉우리에서 엄습하여 한참 싸우다가 전군이 패몰하여, 니성현감 등이 모두 죽고 정세규는 바위 밑에 떨어져 있다가 살아 나왔다는 것이다.

한편 충청병사 이의배는 죽산에 주둔하였는데,[70] 머뭇거리고 전진하지 않는다는 可諫院의 탄핵도 받았다.[71] 『연려실기술』에는 "충청병사 이의배는 원래 늙은 겁쟁이로서 오랫동안 竹山山城에 살고 있으면서 진병할 뜻이 없었으나 標信宣傳官으로부터 조정의 의논이 대단히 준엄하다는 것을 듣고 가장 늦게 경상좌·우병사가 유진한 곳에 이르러 동시에 패전하였다"[72]고 한다. 그러나 경상도 좌·우병사군이 패배한 곳은 雙嶺이며, 뒤에 다시 언급하겠지만 이때는 아직 쌍령으로 진출하지 않았으므로 기사에 착오가 있는 듯하다. 아마도 이의배의 군사가 쌍령으로 이동 중이거나 또는 쌍령에 도착하여 패배했을 듯 싶다.

한편 12월 27일, 청 태종이 남한산성에 도착하자 和碩豫親王 多鐸이 그간의 전황을 보고한 가운데 충청감사와 병사의 근왕병을 무찔렀다고 한데 이어 그는 다시 "色勒, 阿爾津이 要隘를 堵截하고 있다가, 다시 副將 1人이 군사 500명을 거느린 것을 만나 격패시켰다. 또 원병이 남한산성에

---

69) 『연려실기술』 권25·권26, 인조조 고사본말; 『인조실록』 권34, 인조 15년 4월 7일조에, "예조가 사람을 모집하여 쌍령과 험천에 싸인 시체를 거두어 묻고 관원을 보내 제사를 올리기를 청하여 상이 따랐다"라고 하는 것으로 보아 많은 희생자가 생겼던 것으로 보인다.

70) 『인조실록』 권33, 인조 14년 12월 24일.

71) 『인조실록』 권33, 인조 14년 12월 25일.

72) 『연려실기술』 권25, 인조조 고사본말, 191쪽. 『연려실기술』 권26, 인조조 고사본말, 257쪽, 제장사적 조에 위와 같이 적혀 있다. 그리고 충청병사가 경상좌, 우병사와 언제 어디서 패전했는지는 알 수 없으나 『연려실기술』 권25, 인조조 고사본말, 193쪽, 12월 30일 조에 "경상병사가 진군한다는 장계가 비로소 도착하였다"고 한 것으로 보아 12월 30일 이전에 패전한 것 같다.

들어가려다 勞薩과 昊拜 등을 만나 200여 인이 截殺되었으며, 남한산성
에 있던 400여 명의 군사가 出城하여 迎戰하므로 勞薩이 다시 격패시켜
현재는 聲援이 모두 끊어졌다"고 하였다.[73]

　　그렇다면 "色勒·阿爾津이 要隘를 堵截하고 부장 1인이 거느린 군사
500명을 격패시켰다"고 한 부장 1인은 누구일까. 그런데 이 무렵에는 강
원도의 근왕병이 黔丹山에 진출하고 있었다. 12월 26일 자의 기록에 "강
원도의 原州營將[74] 權正吉이 병사를 거느리고 儉丹山에 도착하여 햇불로
相應하였는데, 얼마 안되어 적의 습격을 받고 패하였다."[75]고 하였고, 또
1월 6일, 강원감사 趙廷虎의 장계에도 "春川營將 權正吉이 군사를 거느
리고 儉丹山에 주둔하여 여러 차례 싸워 크게 이겼는데 갑자기 淸兵이 뒤
를 습격하는 바람에 무너졌다"[76]고 하였으며, 『연려실기술』에는 "원주영
장 權井吉이 맨 먼저 적은 군사를 거느리고 黔丹에 들어가 웅거하여 城中
에서 후원을 갈망하는 날에 성원을 보내었다. 비록 적은 군사로 많은 적을
당할 수 없어 마침내 패퇴하기는 하였으나 많은 군사를 가지고 앉아서 보
기만 하고 進兵하지 아니한 자에게 비하면 휠씬 훌륭하였다"[77]고 평가하
였다.

---

73) 『태종문황제실록』 권32, 숭덕 원년 12월 기해(27일); 『태종문황제실록』 권33, 숭덕 2년 1월 병진(16
일)조 참조.
74) 권정길이 강원도의 어느 곳 영장인지가 불분명하다. 『인조실록』 권33, 인조 14년 12월 26일자에
는 '강원도 영장', 『인조실록』 권34, 인조 15년 1월 6일자에는 '춘천영장', 『연려실기술』 권26, 인조조
고사본말, 258쪽에는 '원주영장'으로 기록되어 있다. 그러나 원주목사 이중길과 함께 검단산에 온 것
같아 원주영장이었던 것으로 여겨진다.
75) 『인조실록』 권33, 인조 14년 12월 26일.
76) 『인조실록』 권34, 인조 15년 1월 6일.
77) 『연려실기술』 권25, 인조조 고사본말, 187쪽.

그리고 청측의 기록에 "또 원병이 남한산성에 들어가려다 勞薩과 吳拜 등을 맞나 200여 명이 전멸하였다"고 하였는데, 이는 원주목사 李重吉의 군사였다. 27일자의 기록에, "원주목사 이중길이 疏를 올려 '나라를 위하여 한 번 죽고자 밤을 새어 달려왔다'고 하자, 이 때 城中에서는 날마다 구원병이 오기를 바라고, 밤에는 성에 올라가서 사방을 바라 보던 터이므로 이 말을 듣고 성중이 서로 좋아하였다. 곧 임금이 명하여 중길에게 加資하였는데, 며칠 후에 적에게 패배하여 전군이 무너져 흩어졌다"고 하였다.[78]

또 앞서 지적한 淸側의 기록 말미에 "남한산성에 있던 400여 명의 군사가 出城하여 迎戰하므로 勞薩이 다시 격패시켰다"고 하였는데, 이것은 도체찰사 金瑬가 왕의 허락을 받아 출성시킨 결사대였다.[79] 그런데 이때 강원감사 조정호도 龍津에 주둔해 있었다. 그는 장계를 올려 "權井吉의 패졸들을 수습하여 함경도의 군사를 기다렸다가 연합하여 진격할 계획이라"고 알렸는데, 뒤에 김자점과 迷原에 머물면서 국왕이 출성할 때까지 진격하지 않았다.[80]

한편 청 태종은 12월 26일 京城에 도착한 뒤 27일, 남한산성으로 떠나기에 앞서 "固山額眞 譚泰·阿代·拜尹圖·吳賴·杜雷·恩格圖·葉臣·古睦·篇古阿格·巴特瑪 등으로 하여금 기병을 거느리고 조선의 왕경성에 들어가

---

78) 『병자록』 및 『연려실기술』 권25, 인조조 고사본말, 188쪽. 이 때문에 '남한산성에서 나온 뒤에 잡아다가 加資한 것을 깎았다.'고 한다. 그런데 『인조실록』 권33, 인조 14년 12월 27일조에 "이날 李箕男이 소·돼지·술을 가지고 虜營으로 갔는데, 虜將이 '원병이 어느 곳엔가 도착했기에 우리가 3,000명 군사로써 모조리 죽였고, 또 다른 곳에선 2,000명 병사를 보내 모두 죽였다. 황제가 나온 것을 너희 나라에서는 듣지 못하였는가'하니, 기남이 말 한마디 제대로 못하고 돌아 왔다"고 하였다.

79) 『인조실록』 권33, 인조 14년 12월 24일.

80) 『연려실기술』 권25, 인조조 고사본말, 187쪽; 『연려실기술』 권26, 인조조 고사본말, 258쪽 참조.

군인을 수색, 소탕하고 그들의 재물과 牲畜을 수집하고, 外藩, 몽고병과 함께 留陣토록 하라"고 지시하였다.[81] 왕경에는 留都大將 沈器遠이 지키고 있었다. 그러나 이튿날 "固山額眞 譚泰·阿代·拜尹圖·吳賴·杜雷·恩格圖·葉臣·古睦·篇古阿格·巴特瑪 등이 새벽에 군사를 거느리고 사다리를 세워 왕경성에 오르니 성위의 군사가 감히 항거하지 못하고 모두 달아나 그 재물과 牲畜을 수취하였다"고 한다.[82]

그런데 유도대장 심기원에 대한 정보는 남한산성이 포위된 상태라 정확성이 결여된[83] 가운데 12월 29일 자의 기록에, "유도대장 심기원이 사람을 뽑아, 蠟書로 아뢰기를 '경성에 주둔한 적은 대략 500명 내지 600명이고, 아군은 겨우 270명이었는데, 다행히도 火攻으로 승리하였으며, 낙후된 砲手를 불러 모아 李井吉을 營將으로 삼았다'고 과장해 보고하였다. 그러나 남한산성 안에서는 사기가 배가되었고,[84] 이 때문에 12월 30일, 김류가 "성 안의 號令이 밖으로 통하지 않으니, 심기원을 제도의 원수로 임명하여 사방의 근왕병을 거느리게 하는 것이 마땅합니다"고 하니, 인조가 허락하여 곧 강원도와 충청, 전라, 경상도 등 4도의 도원수가 되었던 것이다.[85]

어떻든 淸軍이 이처럼 충청도와 강원도의 근왕병들을 물리치고 왕경

---

81) 『태종문황제실록』 권32, 숭덕 원년 12월 기해(27일).

82) 『태종문황제실록』 권32, 숭덕 원년 12월 경자(28일).

83) 『인조실록』 권33, 인조 14년 12월 21일 조에 보면, "이날 哨官 李信民이 유도대장 심기원의 장계를 가지고 왔는데 장계의 내용이 대부분 전공을 과장하여 조정을 속이려는 것이어서 보는 사람이 다 놀래고 분개하였다"고 한다.

84) 『인조실록』 권33, 인조 14년 12월 29일.

85) 『인조실록』 권34, 인조 15년 1월 4일. 이날 李聖求가 김자점을 양서원수로 일컜고, 심기원을 삼남·강원도 원수로 일컜기를 청하니, 따랐다.

을 함락하자[86] 12월 28일, 和碩豫親王 多鐸, 多羅貝勒 岳託, 超品公額駙 楊古利 등이 노획한 纛·旗·刀·鎗·弓·矢·鳥鎗·馬匹을 旗別로 진열하여 진헌하니, 청 태종이 둘러 본 뒤, 먼저 적을 무찌른 王, 貝勒, 貝子, 大臣에 게 하사하고, 나머지 馬匹은 상처의 경중을 헤아려 賞에 차이를 두었고, 여남은 것들은 모두 군사들에게 상으로 주고 있었던 것이다.[87]

12월 28일 현재 남한산성 아래의 청나라 군사는 전봉부대 4,300명과 청 태종이 이끄는 본대가 포진해 있었지만, 이어 이듬해 정월 4일에는 多 羅安平貝勒 杜度가 이끄는 화포운송부대의 선발대인 恭順王 孔有德·懷 順王 耿仲明·智順王 尙可喜 및 漢軍 甲喇章京 金玉和가 화포를 가져 왔으 며,[88] 10일 현재, 和碩睿親王 多爾袞과 多羅貝勒 豪格이 인솔한 좌익군과, 多羅安平貝勒 杜度가 인솔한 화포운반본대마저 남한산성에 도착하여, 조 선에 침입한 청군이 모두 집합해 있었던 것이다.[89]

청 『태종실록』에 의하면 남한산성에 다시 근왕병이 나타난 것은 이듬 해 정월 2일이었다. 곧 "전라도 沈總兵, 李總兵이 우리 군사에게 남한산성 이 포위된 사실을 듣고 군사를 거느리고 來援함으로, 兵部多羅貝勒 岳託 이 군사를 거느리고 迎擊하여 패퇴시켰다"는 것이다.[90] 이날의 전투는 廣 州의 쌍령에서 경상도 군사와 싸운 것이었고, 심총병은 경상감사 沈演을 지칭한 듯 하지만, 이곳 쌍령전투에 참전한 지휘관은 경상좌병사 許完과

---

86) 『태종문황제실록』 권32, 숭덕 원년 12월 무술(26일) "和碩豫親王 多鐸이 啓心郞 祁充格을 청 태 종에게 보내어 보고하기를, "조선 外道의 來援軍을 세차례 격패시켰고, 남한산성의 군사가 출병하였 으나 역시 우리에게 두 차례 격패당하였다"고 하였다.

87) 『태종문황제실록』 권32, 숭덕 원년 12월 경자(28일).

88) 『태종문황제실록』 권33, 숭덕 2년 정월 갑진(4일).

89) 『태종문황제실록』 권33, 숭덕 2년 정월 경술(10일).

90) 『태종문황제실록』 권33, 숭덕 2년 정월 임인(2일).

경상우병사 閔栐이었다. 청나라 기록의 전라도 심총병과 이총병은 모두 잘못 기록된 것이다. 이 쌍령전투의 전황을『연려실기술』에서 옮겨보면 다음과 같다.

(경상)좌병사 허완은 나이가 늙고 겁에 질려서 사람을 대하면 눈물을 흘리니 사람들이 그가 반드시 패할 것을 미리 알았다. (허완이) 우병사 민영과 군사 40,000명을 합하여 고개를 넘어가는데 척후병을 파견하지 아니하여 적의 사정을 막연히 알 수가 없었다. 광주 쌍령에 이르러 민영은 오른편 산등성이에 진을 치고 허완은 왼편 낮은 곳에 진을 쳤다. 허완은 精砲手를 뽑아 모두 가운데에 두어 자기의 주위를 굳게 호위케하고 中下砲手는 외면에 배치하여 한 사람에게 다만 화약 2兩씩만 나눠 주었다. 哨官 李擇이 精砲 千摠 李起榮에게 말하기를 '외면이 지탱하지 못하면 중부만 능히 홀로 지킬 수 있는가'하였다. 허완이 듣고, '1등 포수가 많지 않은 까닭이라'하였다. 1월 3일 이른 아침에 적의 선봉 33명이 木防牌를 가지고 南山의 上峰에서 고기떼와 같이 행진해 오는 것을 보고 아군이 맞이하여 한바탕 쏘아서 적병의 용감한 자가 탄환에 맞아 죽고 탔던 말이 뛰어서 진중에 들어가니 적이 두려워하여 감히 핍박하지 못하였다. 그러나 포수들이 계속하여 함부로 총을 쏘아 화약이 이미 다 되었으므로 포수들은 화약을 더 보내라고 연달아 소리치고 또 정포수를 더 보내라고 청하였다. 적이 이 말을 알아듣고 다시 독전하여 앞으로 나와 목책에 다가왔다. 安東營將 宣若海가 홀로 적의 칼날을 당하여 화살 30여 발을 쏘았으나 모두 방패에 맞았고 살은 이미 다 되니 자기 자리에 딱 버티고 서서 한 걸음도 옮기지 아니하고 적의 화살에 맞아 죽었다. 적병이 목책 안으로 돌입하니 중견포수는 총 한 번도 발사하

지 못하고 저절로 전멸하였다. 허완이 황겁하여 말을 타지 못하므로 세 번을 말 위에 부축하여 태웠으나 문득 떨어져서 밟혀 죽었다. 군졸이 붕괴되어 쓰러진 시체가 목책에 가지런히 쌓여 있었는데 적병이 칼과 창으로 함부로 찍었다. 또 右陣에 다가오므로 민영이 진을 정제하고 기다리다가 砲丸을 일제히 발사하니 적이 포환에 맞는 대로 쓰러져 죽었다. 적이 감히 핍박하지 못하므로 승전할 기세가 있었는데, 화약을 다만 두 냥씩 준 까닭에 다시 화약을 나눠주느라고 급히 서두르다가 火繩이 화약에 떨어져서 화약이 폭발하는 바람에 監分守令 두 사람과 군병이 타 죽고, 진중이 크게 요란하였다. 적이 이 때를 틈타서 총 돌격하였으므로 드디어 전군이 전멸되고 민영도 죽었다. 적이 양진을 다 깨뜨리어 죽은 자의 옷을 벗기고 또 불을 놓아 태우고 갔다. 처음에 선약해가 남산 위에 陣을 옮기기를 세 번이나 청하였으나 허완이 끝내 듣지 않아서 드디어 적 300여 기병에게 좌우 兩陣이 격파되었다.[91]

경상도 근왕병들은 이처럼 전술적인 취약성과 충분한 화력을 갖지 못하여 무참하게 패했던 것이다.

그런데 이때 경상감사 심연은 "忠州 木溪에 와서 끝끝내 전진하지 않다가 驪州에 이르러 쌍령의 패전 소식을 듣고 鳥嶺으로 달아나 倡義大將 全湜과 회합하였다. 전식이 인솔한 군사는 선비와 노복 수백 여 명에 지나지 않았는데, 그것마저도 參謀官들에게 나눠 거느리게 하고 그는 다만 士大夫 6-7명과 조령·竹嶺 사이에 숨어 다녔다"고 한다.[92]

91) 『연려실기술』 권26, 인조조 고사본말, 264-265쪽, 제장사적; 『인조실록』 권34, 인조 15년 2월 26일조에 尙州營將 尹汝任도 힘써 싸우다가 전사하였다고 한다.

한편 경상도 근왕병들의 쌍령전투에 이어 1월 7일에는 전라도 군사들에 의한 光敎山戰鬪가 전개되었다. 1월 7일자 청측의 기록에는 "조선의 전라·충청 兩道의 巡撫·總兵이 合兵來援하여 남한산성에 立營하였다. 태종이 듣고 '和碩豫親王 多鐸과 超品公額駙 楊古利로 하여금 군사를 거느리고 기회를 보아 접전하라'고 하였다. 多鐸과 楊古利 등이 황제의 명을 받들고 가서 보니, 때에 눈이 내려 흐리고 어두워 적의 진영이 보이지 않았다. 마침내 군사를 풀어 추격하여 광교산 아래에 포진한 군사를 무찌르고 추격하여 산꼭대기의 敵營에 이르렀다. 多鐸이 角聲을 울려 군사를 집합시키고, 楊古利를 불러 산에 올라 督戰케 하여, 楊古利가 가서 합쳤다. 그런데 마침 조선군 敗卒이 석굴에 엎드려 있다가 몰래 조총으로 楊古利를 쏘아 상처가 깊어 죽었다. 이 때 나이 66세였다. 楊古利는 그 동안 여러 번 전쟁에 참가할 때마다 솔선하여 적을 격파하고 크게 奇勳을 세워 국가에 宣力한 바가 많았다"[93)]고 하였고, 이어 8일 자에는 "和碩豫親王 多鐸이 군사를 거느리고 조선병을 進擊하니, 그때 적병은 이미 말을 버리고 밤에 도망하여 營內에는 한 사람도 없었다. 말 1,140필을 획득하였고, 이날 楊古利의 시신을 들것에 실어 왔다"[94)]고 하였다.

당시 多鐸과 楊古利가 거느린 청나라 군사들은 전라병사 金俊龍의 군사와 광교산에서 싸웠다. 청『태종실록』에 전라·충청의 순무, 총병이라고 하였지만 잘못된 기록이다. 그들은 흔히 감사를 순무, 병사를 총병으로 기

---

92) 『연려실기술』권26, 인조조 고사본말, 266쪽, 제장사적. "심연은 그 후 臨陂로 귀양갔다가 오래되지 않아 제주목사에 제수되고 계급을 올려 높이 썼다"고 하였고, 『龍洲集』에는 "경상도 의병장 前 副提學 전식은 大駕가 서울로 돌아온 뒤에 다시 부제학에 제수되었다"고 한다.
93) 『태종문황제실록』권33, 숭덕 2년 정월 정미(7일).
94) 『태종문황제실록』권33, 숭덕 2년 정월 정미(7일).

록하는데, 그것에 맞춘다면 순무는 전라감사 李時昉이겠지만 이시방은 陽智에 留陣하여 광교산전투에는 참전치 않았다.[95] 전라병사 김준룡이 광교산에 도착한 것은 1월 5일이었고[96] 청군과 접전한 날은 1월 7일이었다.[97]

전라병사 김준룡이 날래고 용맹스러운 군사를 뽑아서 方陣을 만들어 四面이 모두 밖을 향하게 하고, 糧食을 그 방진의 한가운데 두어 적병을 만나면 장차 싸울 수 있는 태세를 갖추었다. 광교산에 進兵하여 자리잡은 陣地는 남한산성까지 한숨에 달려 갈 수 있을 정도의 가까운 거리였다. 여기서 적병과 여러 차례 접전하여 이겼으며, 밤에는 햇불을 들고 헛총을 놓아 남한산성에 들리게 하였다. 적병이 계속 침투하였으나 우리 군사에게 패하여 사상자가 많았고, 적장 楊古利도 또한 죽었다. 하루는 수많은 적병이 산과 들로 몰려와 우리의 前營을 침범하고 虎蹲砲를 연달아 발사하였다. 화살과 돌이 비오듯 떨어졌으나 우리 군사의 대오가 흐뜨러지지 않았는데, 오후 2시 경에 적병이 산 북쪽에서 후면을 엄습하여 光陽縣監 崔澤이 놀라 무너져 김준룡이 급히 군사를 독려하여 힘껏 싸웠다. 날이 저물자 적병이 징을 쳐 병졸을 거두며 말하기를, '내일을 기다려 결전하자'하였다. 김준룡이 모든 장수들에게 '화살이 다되고 양식이 떨어지게 되었으니 내일 다시 싸우

---

95) 『연려실기술』 권25, 인조조 고사본말, 198-199쪽. 또 『연려실기술』의 1월 7일 자에는 "원수 김자점이 광릉에 이르러 장계를 올리고, 전라감사 이시방이 양지에 진군하여 장계를 올려 아뢰기를 '통제사 윤숙에게 통문을 보내어 그로 하여금 군사를 보내도록 하고, 僧將 覺性 등이 승군 1,000명을 뽑아서 장차 전진할 것이옵니다'"고 하였다(『연려실기술』 권25, 인조조 고사본말, 199쪽). 통제사 윤숙에 관하여는 『연려실기술』 권26, 인조조 고사본말, 259쪽 참조.

96) 『인조실록』 권34, 인조 15년 1월 5일; 『重訂南漢志』 권9, 目 下篇 城史.

97) 『인조실록』 권34, 인조 15년 1월 9일조에 "대사간 金槃이 "(충청병사) 이의배는 머뭇거리다가 진격하지 않았고, (전라감사) 이시방은 김준룡을 구원하지 않아 광교에서 패배하게 되었으니, 모두 분통스럽기 짝이 없습니다. 두 사람을 처벌하여 군률을 밝히소서"하였다.

면 반드시 위험할 것이다,'하고, 곧 말을 타고 나가 水原으로 가버리니 군사
들이 모두 흩어져 달아났다."[98]

전라병사 김준룡은 이 광교산전투에서 패배하지도 않았고 오히려 淸
將 楊古利를 사살하는 전과를 올렸다. 그러나 그는 수하의 군사들을 수합
하여 수원으로 철수하지 못한 아쉬움을 남겼던 것이다. 그런데 이때 "전
라감사 이시방은 양지에 留屯하여 전진하지 않아, 兵使軍의 사기를 沮喪
하였다. 그는 中軍인 靈岩郡守 嚴愰만 陽城으로 진출시키고 '僧軍이 오는
것을 기다려 경상감사 심연과 힘을 합쳐 진격하겠다'고 하였는데, 광교
산에서 패전하였다는 소식을 듣자 흩어진 군사를 수습한다고 핑계하면
서, 公州로 달아나 錦江의 다리를 걷어치워 적이 들어 올 길을 끊었으며,
中軍 이하가 차례로 철수하여 돌아 왔다. 이시방은 이것이 죄가 되어 定
山에 귀양갔지만 1년만에 석방되어 특명으로 제주목사에 임명되었다"[99]
는 것이다.

이상과 같이 남한산성의 근왕병들은 모두 패퇴하였다. 12월 중으로 충
청감사 정세규와 병사 이의배의 군사가 험천 일대에서 敗沒한 데 이어 원
주영장 권정길과 원주목사 이중길의 군사가 검단산 일대에서 패배하였
고, 경성의 유도대장 심기원군도 패퇴하였다. 그리고 이듬해 정월 초에는
경상도의 좌병사 허완과 우병사 민영의 근왕병이 쌍령에서 패몰한 데 이
어 전라병사 김준룡의 군사도 광교산에서 퇴각하였으며, 도원수 김자점

---

98) 『연려실기술』권26, 인조조 고사본말, 259쪽. 김준룡은 군사를 壞散하고 수원으로 퇴각한 죄로
뒤에 파직되었다.
99) 『연려실기술』권26, 인조조 고사본말, 259쪽.

은 토산에서, 부원수 신경원은 영변에서 각각 참패하였던 것이다.

5. 平安道 勤王兵의 金化戰鬪

남한산성 주변의 근왕병들이 모두 패배하자 이제 믿을 곳은 함경도와 평안도의 군사들 뿐이었다. 그런데 삼남의 군사를 제외한 강원, 경기, 황해도의 패잔병과 함경도의 군사들은 하나같이 경성에서 100여 리 떨어진 경기도 楊根郡의 迷原으로 몰려들고 있었다 미원은 양근에서 북쪽 加平으로 가는 길가에 위치해 있는데, 고려 공민왕 때 國師 善愚가 寓居한 迷原莊이 있어 迷原縣으로 승격되었다가 얼마 후 양근군에 합쳐졌다. 미원에는 남한강변에 迷原倉이 있고, 북쪽에는 咸公城이 있는데, 석축이며 둘레가 29,058척이었다. 미원은 북으로 가평, 금화를 거쳐 함경도에 이르는 지름길에 위치하였고, 동시에 서남쪽 남한강의 용진나루를 건너면 남한산성이 불과 몇 리 밖에 되지 않는 요충지였다.

이 미원에 어느 지역의 군사가 먼저 주둔하기 시작하였는지는 상고할 수 없다. 그러나 대체로 12월 28일 경에 유도대장 심기원과 강원감사 조정호의 군사가 먼저 주둔한 것으로 여겨진다. 심기원은 이날 청나라의 固山額眞 譚泰 등이 거느린 군사에게 경성을 빼앗기고 營將 李井吉이 거느린 포수들의 비호를 받으며 광릉을 거쳐 이곳에 왔으며,[100] 남한산성에서는 그의 과장된 승전보고에 속아 翌日에는 강원, 충청, 전라, 경상도

---

100) 『인조실록』 권33, 인조 14년 12월 29일 ; 『인조실록』 권34, 인조 15년 1월 4일.

등 四道의 도원수가 되었다.[101] 한편 12월 26일, 원주영장 권정길이 검단산에 진출한데 이어 원주목사 이중길이 뒤따랐고, 강원감사 조정호도 용진에 留陣하였다. 이때 검단산전투가 패하자 조정호는 장계를 올려 "현재 용진에 주둔하여 흩어진 군졸을 수습한 뒤 北兵을 기다려 함께 진격할 계획이라"[102]고 하였으나, 곧 도원수 심기원이 유진한 미원으로 들어갔다.[103] 다음은 1월 7일 경 토산에서 참패한 兩西都元帥 김자점이 광릉을 거쳐 미원으로 退陣하였으며,[104] 이어 1월 초에 금화현에 도착하여 장계를 올렸던 함경감사 閔聖徽와 北兵使 李沆,[105] 南兵使 徐佑申의 군사가 모두 미원에 도착하였으며,[106] 1월 15일 현재 그들이 거느리고 온 군사만도 23,000명에 달하였다고 한다.[107]

이처럼 미원에는 수만 명의 군사가 운집해 있었지만, 도원수 김자점과 심기원은 淸軍에게 참패한 악몽에서 벗어나지 못했던지 남한산성으로 진군하지 않고 있었다. 그러나 상고할 수는 없지만 이들은 이때 평안도의 군사마저 불러들여 합병, 전진할 계획을 세웠을 것이다. 그것은 평안도에 포

---

101) 『인조실록』 권33, 인조 14년 12월 30일 ; 『인조실록』 권34, 인조 15년 1월 4일; 『연려실기술』 권25, 인조조 고사본말 참조.

102) 『인조실록』 권34, 인조 15년 1월 6일.

103) 『연려실기술』 권25, 인조조 고사본말, 187쪽 ; 『연려실기술』 권26, 인조조 고사본말, 258쪽 참조.

104) 『연려실기술』 권25, 인조조 고사본말, 1월 8일 조에 "김자점은 군사를 이끌고 미원에 있으면서 들어와 구원할 뜻이 없으므로 佐郞 尹之元으로 하여금 督戰官을 겸하게 하여 元帥陣으로 보내었다"(雜記)고 하였다.

105) 북병사 이항도 미원에 왔던 지는 상고할 수 없지만, 『인조실록』 권34, 인조 15년 2월 23일 조에 서우신과 함께 함경도에서 몽고병과 싸운 기록이 있는 것으로 보아 함께 미원에 있었던 것으로 여겨진다. 이 밖에도 『인조실록』 34, 인조 15년 3월 11일 조에는 근왕하지 아니한 각 兵使들을 定罪해야 한다는 조정의 논의에도 함께 등장하고 있었다.

106) 『인조실록』 권34, 인조 15년 1월 6일; 『승정원일기』 인조 15년 3월 23일, 4월 20일조 참조.

107) 『인조실록』 권34, 인조 15년 2월 26일.

진해 있던 多羅安平貝勒 杜度가 이끄는 후속부대와 和碩睿親王 多爾袞
이 거느린 좌익군이 이 무렵에는 모두 남한산성으로 내려가 집결한 상태
로 아군이 평안도를 굳게 防守할 필요가 없어졌기 때문이다. 따라서 西北
都元帥 김자점은 평안감사 홍명구와 평안병사 유림에게 傳令하여 군사를
이끌고 미원으로 오게 했을 것이다.[108]

이에 慈母山城에 있던 감사 홍명구는 먼저 군사를 이끌고 江東으로
이동하였고, 안주성을 방수하던 병사 유림은 영변부사 이준을 불러 안주
병영을 지키게 한 뒤, 군병 5,000명[109]을 거느리고 강동에서 감사와 회합
하였는데[110] 홍명구가 거느린 군사는 3,000명이라고 한다.[111] 강동에서
회합한 홍명구와 유림의 군사는 新溪를 거쳐 1월 26일 금화에 도착하
였다.[112]

그런데 이들 평안도의 근왕병이 금화읍에 도착할 무렵에는 청나라의
만주·몽고팔기병 또한 금화현으로 진출하고 있었다.

---

108) 이경석, 『백헌집』 「정충비명」에, 평안감사 홍명구가 근왕을 재촉하자 병사 유림이 "우리 두 사람
이 모두 가 버리면 관내의 성들을 통솔할 수 없고, 또 지금 감사를 따라 행군한다 해도 도원수의 명령
에 따르는 것이 아니지 않느냐"고 하였던 것이다.

109) 『백헌집』 「정충비명」에는 3,000여 명으로 나와 있다.

110) 『연려실기술』 권26, 인조조 고사본말, 261쪽. 남구만의 「충장공휘림신도비명」에는 "(청 태종이
안주성에서 철수한 뒤) 이 때 서울 소식이 막혀 공은 날마다 성 위에 올라 남쪽을 바라보고 통곡하다
가 왕을 도울 계획으로 영변부사 이준에게 안주성에 머물게 하고 '삼가 지키고 움직이지 말라'고 다
짐하였다. 그리고 군사 5,000명을 이끌고 출발하여 순찰사 홍공 명구와 서로 만나 정축 정월 26일에
금화에 진을 쳤다"고 하였다.

111) 『인조실록』 권34, 인조 15년 1월 28일.

112) 김상헌의 『청음집』 「평안도관찰사남령군홍공신도비명」과 이경석의 『백헌집』 「정충비명」에는 新
溪路를 따라 적을 치고 직로를 취하여 남한산성으로 행하려 하였으나, 유림이 만전계가 아니니, 도
원수를 찾아 함께 진군하자고 하여 谷山路를 따라 中道에 이르렀다고 한다. 그러나 박태보의 『정재
집』 권4, 「기금화백전지전」에는 토산을 거쳐 동쪽으로 진출하여 정축년 정월 16일 금화현에 이르렀
다고 하였는데, 16일은 26일을 잘못 기억한 것이다.

〈지도 5〉 금화현

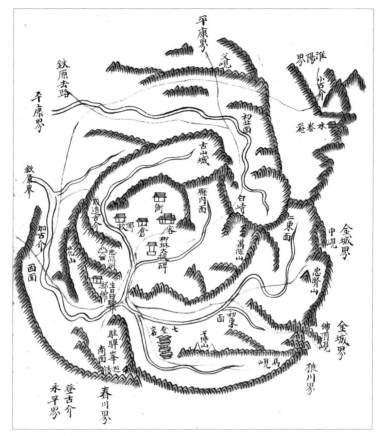

전거: 『海東地圖』(서울대 규장각 한국학연구원)

　곧 청 태종은 1월 22일, 和碩睿親王 多爾袞이 강화도를 함락하자, 더이상 많은 군사를 남한산성에 둘 필요가 없게 되었다. 이에 이튿날 청 태종은 함경도에 散居하고 있던 瓦爾喀을 토벌하기 위하여, 蒙古衙門承政 尼堪과 甲喇章京 季思哈(吉舍哈), 牛彔章京 葉克書로 하여금 每旗 당 갑사 10명씩을 수하에 두어서, 外藩 科爾沁, 扎魯特, 敖漢, 奈曼 등 몽고 제 부락의 군사를 이끌고 가게 하였다.[113] 이들 군사가 금화현 근처까지 왔을 때 평안도의 근왕병은 이미 금화읍에 도착해 있었던 것이다.

금화현[114]은 조선시대의 里數로 서울에서 283 里였고, 경기-강원-함경도를 연결하는 교통의 요지였다.[115] 따라서 금화현의 邑治에는 官衙를 중심으로 서쪽에는 향교가 있고, 동쪽에는 세종 30년(1448)에 그 지방의 유지였던 전 현령 張廉이 私費를 들여 신축한 객관이 있으며,[116] 남쪽에는 生昌驛이 있고, 뒤에 과객이 묶을 寶德院을 설치하였다.[117] 읍치의 뒤쪽 산은 지금의 城齋山인데, 성재산에는 古城이 있다. 당시에는 이 산성을 縣北山城이라 불렀다.[118] 산성은 석축으로, 둘레가 1,489尺이며, 높이가 4尺이었다.[119] 그리고 읍치의 동남방 1里 지점에는 동그랗게 오똑 솟은 栢樹峯이 있다. 백수봉이란 이름의 유래는 앞서 객관을 신축한 장렴의 아버지인 전 강릉부사 張思俊이 "나무 심기를 즐겨하여 일찍이 여기에 잣나무 수천 그루를 심었는데, 그것이 무성해져 잣나무 숲을 이뤘기 때문에 이름 붙여진 것이라"고 한다.[120] 이 백수봉은 이 무렵에 주로 栢田으로 불려지고 있었다.[121]

---

113) 『태종문황제실록』 권33, 숭덕 2년 1월 계해(23일).

114) 『여지도서』 「강원도」 금화현조. "현감 蔭 6품, 좌수 1인, 별감 2인, 군관 40인, 아전 20인, 知印 15인, 官奴 41口, 使令과 軍牢는 옛부터 관노로 아울러 定하여 別目이 없다. 官婢 21口."

115) 『동국여지승람』 권47, 「금화」 궁실조. "爾邑 道于嶺東北者 皆由此 賓旅旁午"

116) 『동국여지승람』 권47, 「금화」 궁실조 참조.

117) 『동국여지승람』 권47, 「금화」 궁실조 참조.

118) 『연려실기술』 권26, 인조조 고사본말, 261-262쪽.

119) 『동국여지승람』 권47, 「금화」 고적조 참조.

120) 『신증동국여지승람』 권47, 「금화현」 궁실 ; 『여지도서』 「철원진관소속 금화현」 산천조 참조.

121) 『연려실기술』 권26, 인조조 고사본말, 261-262쪽. 『금화현읍지』와 『화강읍지』의 백수봉조.

홍감사와 유병사가 평양-황주로를 따라 청군의 배후를 공격하면서 남한산성으로 가기에는 군사력상의 한계가 있었지만, 금화현을 경유한 것은 너무 동쪽으로 우회한 느낌이다. 혹 함경도 근왕병과 합세하려 하였는지는 몰라도 함경도의 근왕병은 이들보다 20여 일 전에 이미 금화현을 거쳐 도원수 김자점이 퇴진해 있던 양근군의 미원으로 내려간 뒤였다.[122] 결국 전술한 바와 같이 홍감사와 류병사도 도원수 김자점의 전령에 따라 양근의 미원으로 가기 위하여 금화현을 경유했을 것이다.

어떻든 평안도의 근왕병이 금화현에 도착한 것은 1월 26일이었고, 청군과의 교전이 이뤄진 것은 이틀 뒤인 28일이었다. 그 사이에 홍명구와 유림 및 참모들 간에는 진지를 선정하는데 다소 논란이 있었던 듯 하다. 우선 당시 淸軍의 전력과 전술을 감안한다면, 읍치의 뒤쪽 성재산의 古城에 포진하는 것이 상책이었다.[123] 그러나 홍명구가 읍치의 관아들을 등지고 그 서남쪽의 구릉에 방어진지를 구축함에 따라, 류림은 그 좌편인 동남쪽의 백수봉 곧 백전에 포진하였던 것이며,[124] 각기 前方으로 쳐들어올 적을 막기 위하여 목책을 설치하였다. 이때 兩陣 간의 거리는 '수백 보'라기도 하고 '10武도 안 된다'[125]고도 하였다. 그러나 이 양진 간의 간격을 메꾸기 위하여 유병사의 전 영장 具賢俊의 군사를 백전의 서쪽에 배치하

---

122) 『인조실록』 권34, 인조 15년 1월 6일.
123) 『인조실록』 권33, 인조 14년 12월 25일. "李時白이 아뢰기를 '적은 용병에 뛰어나 신출 귀몰하니, 평야에서 접전하면 우리에게 불리할 것입니다. 다만 사졸을 쉬게 하면서 적이 올려다 보고 공격해 오기를 기다렸다가 격파하던가, 아니면 외부의 원병을 기다려 협공하는 것이 마땅합니다."
124) 『金化縣邑誌』 (全) 山川조. "백수봉은 현의 남쪽 1리 지점에 있는데 邑人인 전 부사 장사준이 나무 심기를 좋아하여 일찍이 잣나무 수 천 그루를 현의 남산에 심었는데 무성하여 잣나무 숲(栢林)을 이루었기 때문에 이름한 것이다. 丙子에 평안병사 유림이 駐陣하여 勝捷한 곳이다."
125) 이경석, 『백헌집』 권45, 「碑」 '精忠碑銘'.

였던 것이다.[126)

만·몽 팔기병들은 금화현의 읍치에서 30여 리 서남쪽에 위치한 土城里에 주둔해 있다가 1월 28일에 진격하여 싸움이 전개되었다.

금화전투에 대해서는 당시 학자들의 문집류에 많이 실려있다. 그러나 金尙憲의 『淸陰集』에 수록된 「平安道觀察使南寧君洪公神道碑銘」이나,[127) 李景奭의 『白軒集』에 실린 감사 홍명구에 대한 「精忠碑銘」[128) 및 朴泰淳이 『東溪集』에 약술해 놓은 「記金化戰事實」[129) 등은 모두 私心이 개입되었거나, 근거가 미약하여 객관성이 많이 결여되어 있다. 그러나 금화현을 직접 방문하여, 그 당시에 전장을 목격한 古老들의 증언을 듣고 전투상황을 기록한 글들은 신빙성이 있었다. 곧 宋時烈의 『宋子大全』에 수록된 「記金化戰場事實」과 朴泰輔의 『定齋集』에 수록된 「記金化栢田之戰」 및 南九萬의 『藥泉集』에 실린 「統制使柳公神道碑銘」 등이 그것이다.

그중 금화전투에 대한 初戰의 상황은 송시열이 비교적 자세하게 기술해 놓았다.[130)

---

126) 『연려실기술』 권26, 인조조 고사본말, 261-262쪽 참조.

127) 김상헌은 이 글의 말미에 '내가 公을 알기는 그의 先子 때부터 매우 잘 알았다. 그리고 지금 또 그의 동생 洪命夏가 쓴 實記를 상고하였으나, (홍명구의) 아름다움을 다 쓸 수 없어 다만 그 중 큰 것만 서술하였다.'고 하였다.

128) 홍명구의 정충을 표하기 위하여 주변 사람들의 구술을 근거로 쓰여져 있고, 금화전투의 실상에서 벗어난 내용이 많았다.

129) 박태순이 15세 때, 홍명구의 軍官이었다는 李元龍에게서 들었던 사실을 오랜 뒤 기억나는 것만 기술한 것이다.

130) 송시열, 『송자대전』 권 136, 「雜著」 '記金化戰場事實'. "병사 柳公 琳이 순찰사 洪公 命耉와 서로 만나 정축 정월 26일에 금화에 진을 쳤다. 이때 노략질하여 지나가는 적 수십 명을 만나 예졸을 보내어 십 여명을 격참하고 사람과 가축을 빼앗아 장사에게 나누어 주었다. 다음 날 척후병이 적이 십리 밖에 진을 쳤다는 보고가 있었다. 홍공과 계획하기를 縣北의 산성에 함께 들어가 웅거하자고 하니 홍공이 옳지 않다 하였다. 공은 또 '적은 많고 우리는 적으니 반드시 양군을 합하여야 감당할 수 있다'고 하였으나 홍공은 또 옳지 않다고 하며, 단지 진지의 후면이 엉성한 것만 걱정하므로 공이 휘하 200명

淸軍은 두 진영 앞에 진을 치는 한편 몰래 한 기병부대를 (성재산) 뒤쪽으로 진출시켰는데, 우리측에서는 이를 모르고 오직 앞에 있는 적만을 대비하였다. 이때 뒷산의 기병부대가 함성을 지르며 쳐 내려와 한 隊는 두 진영의 사이를 가로질러 차단하고, 한 隊는 곧장 감사의 진영으로 쳐들어갔다. 서슬 푸른 칼날들이 번쩍이며 접전한 지 얼마 안되어 우리 군사들은 크게 무너졌고 적군이 뒤쫓아가며 마구 찍었는데 잠깐 사이에 끝났다. 한편 병사는 앞서 이미 잣나무를 베어 눕혀 목책을 설치했으나 목책 바깥에 나가 있던 前方陣營의 군사들은 初戰에 이미 유린 당하였다. 감사의 남은 군사들과 적군이 서로 뒤섞여 목책 앞에 닥치자 병사는 조총과 화살을 亂發하여 적군과 아군을 모두 섬멸하였다.

그러나 여러 문집의 글들 중에서도 당시의 전투상황을 가장 잘 담아 놓은 것은 박태보의 『정재집』에 수록된 「記金化栢田之戰」이다. 여기에 그 내용을 담아 보면 다음과 같다.[131]

을 나누어주며 모자라는 곳을 보충하라 하고, 자신은 좌편 백전의 언덕에 진지를 구축하였다. 그 언덕은 삼면이 깍아지른 듯이 경사가 급하고 한 면만 산에 연결되어 있으나 그것 역시 중간이 마치 벌의 허리처럼 잘라져 있는데 임목을 이용하여 군사를 배치하고 목책을 굳게 설치하였다. 다음날 새벽에 적이 먼저 右陣을 공격하여 진의 전면에서 밀고 당기기를 두세 차례 하고 있었다. 이 때 갑자기 수천 명의 기마대가 뒷산으로부터 달려 내려와 덮치는데 빠르기는 마치 비바람 같았고 양진 사이를 가로막아 잘라서 서로 구원하지 못하게 하니 순식간에 우진은 이미 궤멸되고 홍공은 그 싸움에서 죽었다.”

131) 박태보, 『정재집』 권4, 「記金化栢田之戰」 “갑자년(숙종10년, 1684) 여름, 큰 가뭄이 가을까지 계속되었다. 조정에서 사신을 파견하여 금화의 전쟁터에서 기우제를 지내게 하였는데, 내가 伊川(당시 이천현감)에서 (강원)감영의 공문을 받고 금화에 가서 기우제를 올리게 되었다. 이에 읍의 노인들에게 물어서 官奴 繼弘을 찾았고 당시의 전투 상황을 물었다. 스스로 진술하기를 “금년의 나이가 75세로 당시는 27세였다. 병자란을 당해 현감 李徽祚를 따라 현의 남쪽 幞頭山 蘐谷으로 들어가 병란을 피하였다. 그때에 홍감사와 류병사가 평안도에서 거병하여 함께 군사를 이끌고 국난에 임하였다. 토산을 거쳐 동쪽으로 진출하여 정축년 정월 16일, 금화현에 이르렀다.”고 서두에 쓴 다음 전투상황을 기술하였다.

곧 "홍감사의 군사는 1,000여 명으로 鴛鴦陣으로 행군하였고, 유병사의 군사는 이보다 많았는데 행군할 때 圓陣을 취했지만 머물 때는 方營을 만들었다. 두 군사는 縣에 이르러 적과 조우하여 나아갈 수 없었다. 그러나 현에는 저장된 곡식으로 군사를 먹일 수 있었고, 현의 남쪽 높은 언덕 아래에는 井泉이 있어 가히 筍營할만하여 마침내 留陣하였다. 홍감사의 진영은 산을 등지고 언덕에 의지하였는데 연이어 뻗은 산기슭의 경사진 곳이었다. 유병사는 현의 동쪽에 있는 언덕 위에 진을 쳤는데 이른바 백전이란 곳으로 사면이 낭떠러지였다. 두 진영 사이는 수백 보 떨어져 있었으며, 병사의 진에는 나무를 연결한 목책을 쳤다. 때에 몽고군 중 남한산성에서 돌아오던 군사가 장차 함경도를 거쳐 渡江, 북상하려고 현에 이르러 멈춰 현의 남쪽 30리 지점 土城 들판에 진을 쳤는데 검은 갑옷들이 땅을 뒤엎었고 그 수를 헤아릴 수 없었다. 유병사가 급히 홍감사에게 '大敵이 앞에 있으니 우리 진영에 와서 합치지 않으면 일을 그르칠 것입니다'고 여러 번 강조하였으나 홍감사가 끝내 말을 듣지 않았다. 18일(28일임), 적은 노약자와 포로들만 남겨서 진영을 지키게 하고, 세 갈래 길로 나누어 진군하였다. 한 갈래 길은 동쪽 산을 따라 내려왔고 한 갈래 길은 大路를 따라 왔는데 (양쪽이) 나란히 전진하다가 (우리 군사의 두 진영) 앞 들판에 이르자 두 갈래의 적군이 서로 손을 잡으니 마치 옷깃을 여미는 듯하였다. 또 한 갈래는 산의 서쪽을 따라 홍감사 진영의 뒤편으로 치달았다. 그러나 홍감사는 敵이 앞으로 오는 것만 보고 달리 뒤쪽은 염려하지 않았다. 산의 서쪽에 매복해 있었던 군사가 賊이 갑자기 이른 것을 보고 급히 돌아와 보고하려 하였으나 감사의 진영에 이르기 전에 적은 이미 산을 넘었고 鐵騎로 험한 산비탈을 달려 내려와 아군을 엄습하였다. 아군과 胡騎는 한데 엉켜서 내려와 평지에 이르자 적들이 비로소 마구 쏘고 칼로 베어 순식간에 홍감사의 군사를 섬멸하였고, 유병사의 좌영도 홍감사의 진영 밑에 있다가 또한 함께 무너졌다. 亂軍들이 유병사의 진영으로 달려오자 유병사는 목책의 문을 굳게 닫고 적을 맞아 쳐들어오지 못하게 하였다. 賊은 이미 홍감사의 진영을 격파한 터라 승리한 김에 계속 유병사를 치받아 공격해 왔고 유병사의 군사들이 조총을 일제히 발사하여 賊의 선두가 전멸하였다. 적은 잠시 물러나더니 얼마 뒤 다시 진격하였고 진격하면 곧 탄환에 맞았다. 온종일 공격하였으나 함락시키지 못하고 해질 무렵에야 적은 군사를 이끌고 돌아갔다. 유병사는 고립무원으로 오래 머물러서는 안됨을 알고 밤에 촛불 등을 높은 나무가지에 매달았으며, 또 조총을 나무에 많이 묶되 火繩을 火門(耳藥桶)에 연결시켜 놓은 다음, 마침내 목책을 버리고 밤에 달아나 狼川縣의 산 속으로 들어갔다. 화승은 긴 것과 짧은 것이 있어 불이 화문에 미치는데도 먼저와 나중의 차가 있어, 총소리가 밤새도록 계속되었다. 賊은 끝내 그곳이 텅 빈 진영임을 알지 못하여 다음날 군사를 정돈하여 다시 진격하였는데 유병사는 이미 멀리 가버린 뒤였다. 이 싸움에서 賊兵의 죽은 자가 헤아릴 수 없이 많았다. 賊은 그 시체를 모두 거두어 태웠는데 3일이 걸린 뒤에야 끝내고 돌아갔다. 아군의 죽은 자 또한 온 들판에 뒤덮혀 있었으며, 홍감사의 시신은 시체더미 속에서 찾았다. 칼로 이마와 왼쪽 어깨가 찔려 井泉 옆에서 죽었는데, 대개 將壇에서 100여 보 떨어진 곳이었다"고 하였다.

청군의 전면접전과 후면기습 전술은 남한산성으로 진군하던 충청감사 정세규의 험천전투나, 원주영장 권정길의 검단산전투나, 경상좌병사 허완의 쌍령전투 및 전라병사 김준룡의 광교산전투 때에도 항시 사용해

왔던 것이다.[132] 곧 금화전투에서도 아군의 전면에 기·보병을 배치하여 접전하는 한편 철기병을 아군의 후방으로 진출시켜 양진을 차단한 뒤 먼저 감사의 진영을 협공하여 삽시간에 유린한 것이다. 따라서 유림은 홍명구군의 패전을 눈앞에 보고도 지원할 방법이 없었던 것이다.[133] 이후 유림의 백전전투는 전술한 바와 같이 아군의 승리로 끝났고, 유림은 奇計를 써서 적의 추격을 따돌리고 야간에 군사를 이끌고 낭천현 쪽으로 퇴각하였다. 그런데 이날의 백전전투에서는 청나라에서 梟將으로 이름난 耶彬大를 죽이는 전과도 올렸다.[134] 곧 "해가 질 무렵에 백마를 탄 적장이 달려오는 것을 유림이 군졸 10명을 골라서 목책을 몰래 넘어가서 숨어 있다가 한꺼번에 총을 발사하여 죽였다"[135]고 한다. 병사 유림은 군사를 이끌고 낭천을 거쳐 가평으로 가던 도중 1월 30일, 인조가 출성하여 항복함으로써 근왕병으로서의 임무는 다하지 못하였다.

그러나 만·몽팔기병은 전몰한 장병들을 3일 간이나 불태운 뒤 함경도로 향했지만, 이 전투로 말미암아 와이객 토벌전략도 큰 차질을 빚게 되었다. 그런데다 인조가 청 태종에게 항복한 뒤 함경도로 귀환하던 북병사 서우신이 鐵嶺에서 군사를 매복하였다가 기습하여 몽고병은 다시 한번 타

---

132) 그리고 또 한 예로, 남한산성군이 출병했을 경우인데, 『인조실록』 33, 인조 14년 12월 29일 조에 "이날 북문 밖으로 출병하여 평지에 진을 쳤는데 적이 상대하여 싸우려 하지 않았다. 날이 저물 무렵 체찰사 김류가 城 위에서 군사를 거두어 올라오라고 傳令하였다. 그때 갑자기 적이 뒤에서 엄습하여 별장 申誠立 등 8명이 모두 죽고 사졸도 사상자가 매우 많았다."고 하였다.

133) 『인조실록』 권33, 인조 14년 12월 30일. 삼공과 이조판서 최명길을 인견한 자리에서, 김류가 '신이 지휘를 잘못하여 참패하였으니 황공하여 어찌해야 할지 모르겠습니다.' 상이 '보병과 기병의 형세는 현격하게 다른데, 경솔하게 평지에 내려갔으니 어떻게 패하지 않겠는가. 중원에는 평지에 내려갔을 경우 처벌하는 군율이 있는데, 이는 패몰하게 될까 염려해서이다.'하였다.

134) 『金化縣邑誌』(全) 및 『花江邑誌』「附事例」.

135) 『연려실기술』 권26, 인조조 고사본말, 261-262쪽.

격을 받았다. 그런데 서우신은 기습공격에 성공한 뒤 경계를 소홀히 하다가 安邊에서 역습 당하여 오히려 덕원부사 裵命純, 虞侯 韓震英, 홍원현감 宋沈을 비롯한 다수의 장졸들이 전몰하였다.[136] 어떻든 만·몽팔기병들은 금화에서 대패한 뒤 철령에서도 기습공격을 당하는 등 패전을 거듭하면서 전의를 잃고 함경도의 와이객토벌을 포기한 채 본국으로 귀환하고 말았던 것이다.

6. 맺음말

청 태종은 명나라 본토 침략에 앞서 배후의 反淸勢力을 제거하기 위하여 조선에 침입하였고, 큰 저항을 받지 않은 채 소기의 목적을 달성한 셈이다. 동절기를 틈타 강과 하천이 얼어붙어 진로의 장애를 받지 않았고, 완전무장한 철기병들을 앞세워 신속하게 남한산성을 포위할 수 있었다. 조선 정부가 기대했던 평안도와 황해도의 산성방어전략은 그들의 남진로를 활짝 열어 준 셈이 되었고, 강원 및 삼남의 속오군들로 조직한 근왕병은 그들의 적수가 되지 못하였다. 조선 정부가 정묘호란의 경험으로 기대했던 강화도의 방수도 해전에 익숙한 漢族 팔기병들에 의해 순식간에 함락되었다. 인조는 하는 수없이 남한산성으로 들어간지 불과 한달 반만에 출성하여 청 태종에게 항복하고 말았던 것이다.

청 태종은 처음에 의도한대로 인조의 항복을 받아 조선을 복속시켰

---

136) 전사편찬위원회, 「제3장 병자호란」 『병자호란사』, 195쪽.

고, 그 밖에 강변 제읍들을 소탕하였으며, 다만 함경도의 와이객토벌은 금화전투의 대패로 포기하였다. 그리고 동강진의 심세괴군은 4월 8일에 淸將 杜度, 阿濟格 그리고 해전에 익숙한 한족 장수 공유덕·경중명·상가희 등이 主將 유림과 副將 林慶業의 평안도군사와 연합하여 함락시킴으로써 소기의 목적을 거의 완수한 셈이다.

이처럼 청 태종은 전략구상을 성공적으로 완수하고 본국으로 개선하였지만, 이 병자호란을 겪은 조선의 피해는 이루 헤아릴 수 없었다. 무엇보다도 패전으로 인한 인명의 피해가 엄청났다. 부원수 신경원의 영변패전을 위시하여 도원수 김자점의 토산패전, 유도대장 심기원의 경성패전, 평안감사 홍명구의 금화패전, 충청감사 정세규와 충청병사 이의배의 험천패전, 원주영장 권정길과 원주목사 이중길의 검단산패전, 경상좌병사 허완과 경상우병사 민영의 쌍령패전, 검찰사 김경진의 강화도패전, 북병사 서우신의 안변패전 등, 평안병사 유림의 안주성 방어와 금화백전전투 및 전라병사 김준룡의 광교산전투를 제외하고는 모두가 참담한 패전들이었다. 이처럼 곳곳에서 처참하게 패함에 따라 우리 군사의 전상자 수가 수만 명에 달하였는데, 한편 청나라 군사들은 정묘호란 때와 같이 뒷날 贖價를 받아 낼 욕심으로 또한 수만 명의 백성들을 붙들어갔던 것이다.

결국 국제정세에 어둡고 백성을 하늘로 섬길 줄 모르는 어리석은 국왕과 신료들이 빚어낸 참사였다. 판도가 좁고 국력이 세잔한 나라의 위정자들이 적국의 강약을 헤아려 지혜롭게 대처하지 못하고, 한갓 崇明排淸의 명분에 얽매어 防守할 계책도 마련치 않고 전쟁을 초래하여 이처럼 수많은 백성들을 사지에 몰아 넣었던 것이다.

丙子胡亂 金化 栢田戰鬪 考察[*]

권순진

(재)수도문물연구원 실장

목차

1. 머리말
2. 金化 栢田 戰鬪址의 位置
3. 金化 栢田 戰鬪의 戰鬪樣相과 意義
4. 맺음말

1. 머리말

丙子胡亂은 조선과 후금 사이 '兄弟의 盟約'으로 끝난 丁卯胡亂(1627) 이후 세력이 강성해지며 국호를 바꾼 청나라가 1636년(인조 14) 12월 8일 13만의 병력으로 조선을 침공하여 1637년(인조 15) 1월 30일 군신관계인 '丁丑和約'을 체결하며 종식된 전쟁이다.[1]

開戰 初부터 다수의 기병을 보유한 청군의 빠른 진격 속도에 미처 대

---

[*] 이 글은 2012년 11월 '병자호란 김화 백전대첩 기념 학술대회'에서 발표한 내용을 수정·보완한 것이다.
[1] 國防部戰史編纂委員會, 『丙子胡亂史』, 1986.

응하지 못한 조선은 결국 남한산성으로 入保하여 농성하며 외부의 구원을 기다리는 신세가 되게 된다. 그러나 설상가상으로 강화도의 함락, 主和·主戰派의 대립, 장기전으로 인한 군량부족 등으로 인해 결국 三田渡에서 치욕적인 항복을 하게 된다.

이 같은 국가위란의 기간 중에 위기에 처한 宗廟社稷을 구하기 위해 전국 각도에서 모집된 勤王軍이 남한산성으로 모여들고 있었으며, 이 과정에서 크고 작은 전투들이 벌어졌다. 이 가운데 평안도 관찰사 洪命耉와 평안도 병마절도사 柳琳에 의해 치러진 철원 "金化 栢田戰鬪"[2]는 병자호란의 종반부인 1637년 1월 28일 남한산성을 지원하기 위해 평안도지역 근왕군이 남하하면서 김화의 백전일원에서 벌인 대규모 전투로 龍仁 光敎山戰鬪[3]와 함께 병자호란 2대 승전지 가운데 하나이다.

그러나 이 전투가 병자호란 당시 승전의 현장임에도 불구하고 지금까지도 이 지역이 군사보호구역 내에 위치하고 있어 실제 전투지역의 위치 비정과 전투양상을 파악하는데 다소 제한적이었다.[4] 이에 따라 그에 대한 연구성과도 대부분 기존에 연구된 백전전투지의 위치를 현재 비무장지대 내에 있는 탑동/탑곡으로 비정한 내용을 답습하여 정리하는 수준에 그쳤

---

2) 이 전투에 대해서는 '백동'전투/'탑동'전투 또는 '金化戰鬪'라는 용어를 혼용하여 사용하였다. 이 가운데 '김화전투'는 한국전쟁 당시 '김화지구전투'와 동일명칭이다. 따라서 혼란을 피하고자 본고에서는 '김화 백전전투'라는 용어를 사용하고자 한다. 후술하겠지만 기존에 보고된 백동/탑동전투지는 圖上에 표시된 지명을 가지고 위치를 비정한 것으로 검토결과 실제 戰場과는 차이가 있다.

3) 1637년 1월 4일부터 6일까지 전라병사 김준룡이 광교산에서 청나라 장수 양굴리[楊古利]가 이끄는 청군과 싸워 승리한 전투이다. 이에 대한 자세한 내용은(國防部戰史編纂委員會, 『丙子胡亂史』, 1986) 참조.

4) 전투지역은 한국전쟁 당시 치열한 격전장인 관계로 곳곳에 미확인 지뢰지대와 불발탄 등이 산재해 있는 곳이다. 또한 민통선 안쪽에 위치하고 일부는 비무장지대내에 속해 있다.

으며,[5] 백전전투지의 정확한 위치와 전투양상에 대한 연구는 육군사관학교 육군박물관과 유재춘[6]을 제외하면 아직 논의의 진전이 없었다.

이런 이유로 본고에서는 크게 두가지 문제에 대해서 논지를 전개하고자 한다. 첫째는 김화 백전전투지의 위치 고증, 둘째, 어떻게 조선군이 당대 최고의 기병인 청군을 맞아 승리할 수 있었는지에 대한 당시의 전투양상을 軍事史的 관점에서 파악해 보도록 하겠다. 이를 위해 먼저 기존에 연구된 자료와 문헌기록 및 금석문 자료를 십분 활용하고자 한다. 또한 기록에 등장하는 '백전'지역에 대한 현장조사를 통해 문헌기록과 전투지역의 실제 일치여부를 파악 하였다. 특히 실제 현장에 대한 지표조사는 당시 전투전적지 및 전투양상 파악에 제한이 많은 금석문자료와 문헌기록의 취약함을 보완할 수 있을 것으로 생각된다.

이와 같은 분석들을 통해 이 전투의 위상을 명확히 함과 동시에 향후 이 전투전적지에 대한 戰蹟地化 작업시 필요한 기초자료를 제공할 수 있을 것으로 기대된다.

---

5) 지금까지의 김화 백전전투에 대한 연구성과를 정리하면 아래와 같다.
國防部戰史編纂委員會, 『丙子胡亂史』, 1986.
國防部戰史編纂委員會, 『海東名將傳』, 1987.
柳承宙, 「丙子胡亂의 戰況과 金化戰鬪 一考」 『史叢』 55, 2002.
柳承宙, 『忠壯公 柳琳將軍 實錄』, 한들출판사, 2006.
柳根永, 『忠壯公 柳琳將軍 評傳-병자호란의 잊혀진 영웅-』, 한들출판사, 2006.
6) 육군사관학교와 유재춘은 기존의 연구결과에 의문을 제시하고 백전전투지를 후술할 김화현의 남쪽일원으로 각각 기술하고 있다. 그러나 이들의 연구도 백전전투지의 대략적인 위치비정에 한정되어 있는 것이 사실이다.(陸軍士官學校·鐵原郡, 『鐵原 城山城 地表調査報告書-』, 2000; 柳在春, 「丙子胡亂時 金化戰鬪와 戰骨塚考」 『史學研究』 제63집, 2001).

2. 金化 栢田 戰鬪址의 位置

가. 김화 백전의 지리적 위치

김화 백전전투지의 위치는 강원도 철원군 김화읍 읍내리 해당되며, 수리좌표로 북위 38°17'29", 동경 127°27'06" 일원에 해당된다. 철원군에 위치한 김화[7]는 고구려의 夫如郡에 속하였으나, 아직까지 이곳에서 고구려 관련 유적이 확인된 바 없다.[8] 이후 6세기 중반 신라가 이곳을 경유하여 함경도까지 진출한 흔적은 여러 곳에서 보여지는데 그 대표적인 예가 구 김화현의 북쪽에 자리한 성산성이다.[9] 통일신라시대 경덕왕 때에 漢州의 富平郡으로 개칭되었다. 또한 1018년(현종 9)에 김화로 개칭되면서 朔方道에 편입되어 東州에 속해 있었고, 1143년(인종 21)에 다시 金化縣이 되었다. 김화는 경기북부는 물론 회양·안변, 화천·춘천으로 이어지는 교통의 요지인 관계로 1217년(고종 4) 거란 침입때 격전지가 되었으며, 1253年 몽고군의 제4차 침입 때에는 그들에게 함락되기도 하였다. 壬辰倭亂時에는 함경도 지역으로 진출하기 위한 통로가 되기도 하였다.

한편 근·현대 들어서 김화 주변의 교통로를 살펴보면 이곳의 전략적 위치를 가늠할 수 있다. 즉, 43번 국도와 47번 국도가 김화를 관통하며,

---

7) 현재의 김화읍이 아닌 일제 강점기까지의 김화 즉, 구 김화현을 가리킨다.

8) 다만 이곳 철원일원의 지리적 위치를 통해 볼 때 당시 고구려 세력의 남하루트로 사용되었을 가능성은 많다. 이러한 고고학적 물질자료로는 춘천 일원의 고구려계석실분과 원주 일원의 고구려유적 발굴에서 보여진다.

9) 성산성 외에 철원군 관내에서 조사된 동주산성, 할미산성에서도 6세기대 신라유물들이 수습되었다.
陸軍士官學校 陸軍博物館, 『江原道 鐵原郡 軍事遺蹟 地表調査報告書』, 1996.
陸軍士官學校·鐵原郡 『鐵原 城山城 地表調査報告書』
이재·강성문·권순진. 『철원의 성곽과 봉수』, 2006.
권순진, 「철원지역 신라산성의 성격」『軍史硏究』第135輯, 陸軍軍史硏究所, 2013.

56번 국도는 화천을 거쳐 춘천, 홍천 방면으로 이어진다. 그리고 북쪽에 있는 5번 국도는 김화를 거쳐 평강·개성, 서북쪽으로는 평강에서 철령을 넘어 안변으로 가는 통로가 되기도 한다. 이러한 지리적 위치로 인해 한국 전쟁 당시는 철의 삼각지대에 포함된 전략적 요충지였고, 북동쪽으로는 유명한 '저격능선전투'와 '금성전투'가 치러진 곳이기도 하다.[10]

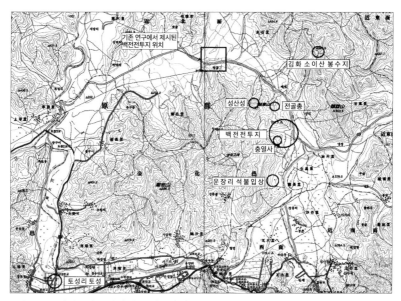

〈지도 1〉 백전전투지의 위치 및 주변유적 현황(철원 김화 지도)

한편, 본고의 주 대상인 홍명구군과 유림군이 방어진지를 편성한 백 전일대의 지형을 살펴보면 먼저 전투지역은 서쪽의 안암산에서 동쪽으로

10) 國防部戰史編纂委員會, 『한국전쟁전투사 -7 백마고지전투』, 1987.
　國防部戰史編纂委員會, 『한국전쟁전투사 -13 금성전투』, 1987.
　國防部戰史編纂委員會, 『한국전쟁전투사 -14 저격능선 전투』, 1988.

불규칙하게 뻗어내린 능선이 북동쪽으로 이어지다 전투지 부근에서 좌우로 능선이 다시 이어지고 이 능선의 안쪽은 넓은 곡간부로 형성되어 있다. 또한 북동–남서방향의 43번도로와 북서–남동방향의 5번도로가 교차하는 곳의 서쪽에 해당되며, 학사리에서 김화읍내로 들어오는 성주고개 접근로가 남서쪽에 위치한다. 남쪽에는 천연 자연장애물로 이용이 가능한 남대천이 북동–남서방향으로 흐르고 있다. 백전전투지 주변에는 초기국가 단계에 조성된 것으로 추정되는 갈말읍 토성리토성,[11] 삼국시대에 初築된 성산성, 백전전투의 지휘관이었던 홍명구와 유림장군을 모신 충렬사와 당시 전투의 희생자를 매장한 전골총 등 다수의 유적들이 분포하고 있다(지도 1).[12]

이와 같이 김화 백전전투가 치러진 구김화지역은 삼국시대부터 현대에 이르기까지 그 전략적 중요성을 인해 항상 전장의 한복판에 놓여져 있던 곳이다.

나. 문헌기록과 현장조사에서 확인한 백전전투지의 위치

김화 백전전투지의 위치와 관련된 주된 사료[13]는 당시 전투를 지휘한

---

11) 후술하겠지만 토성리토성은 기록에 의하면 청군의 집결지로 사용되었던 곳이다.

12) 江原大學校博物館, 『鐵原郡의 歷史와 文化遺蹟』, 1995.
陸軍士官學校 陸軍博物館, 『江原道 鐵原郡 軍事遺蹟 地表調査報告書』, 1996.

13) 병자호란 당시의 기록은 조선왕조실록이나 승정원일기 등 관찬사료를 참고해야 하나 당시의 기록이 극도로 소략하여 이들 사료만으로 당시의 제대로 된 전투양상을 파악하는 것 자체가 불가능하다. 이러한 이유로 본고에서는 홍명구 신도비문, 유림 신도비문을 포함하여 아래의 문헌을 참고하였다. 宋時烈의 『宋子大全』 卷 136, 雜著 「記金化戰場事實」; 林泰輔의 『定齋集』 卷4, 「記金化栢田之戰」; 李景奭의 『白軒集』 卷45, 『精忠碑銘』; 尹鑴의 『白湖全書』 卷34, 雜著 「楓岳錄」; 『燃藜室記述』; 『金化縣邑誌』 등이며, 국외자료로는 『太宗文皇帝實錄』을 참고하였다. 이외에 조선후기 지리서 등을 활용하여 기술하도록 한다. 이 가운데 송시열과 박태보는 김화 백전전투를 직접 지근거리에서 목격한 당시 김화현의 官奴 유계홍의 증언을 토대로 작성하였는데, 이 기록이 유림 신도비명과 일맥상통하는 점

홍명구 신도비문[14]와 유림의 신도비문[15]을 포함한 각종 문헌기록에 등장하고 있다. 그러나 그 내용이 약간씩 상이함으로 인해 당시의 전투양상을 파악하는데는 어려움이 있는 것은 사실이다.[16] 여기서는 김화 백전전투지의 위치에 대해 기존의 연구를 분석한 후 실제 지표조사시 확인한 내용을 비교하여 백전전투가 벌어진 장소에 대해 검토해보기로 하겠다. 앞서 살펴본바와 같이 조선후기에 편찬된 기록을 제외하고 백전전투에 대해 최초로 위치비정 및 전투양상을 파악한 기록은 國防部戰事編纂研究所에서 발간한 『丙子胡亂史』[17]이다. 이 내용에 의하면 김화 백전전투의 위치를 현재 비무장지대내의 철원군 근북면 백덕리 소재의 栢洞과 塔洞으로 비정하고 있다(지도 2, 사진 1, 도면 1). 그러나 이는 제한된 문헌자료만을 가지고 검토한 것으로 단순히 지도상에 "백동"과 "탑동"이라는 지명이 명시되어 있다는 근거만으로 내린 결론으로 생각된다. 이에 대해 최근의 연구결과는 백전전투지가 앞서 언급한 비무장지대 일원이 아닌 구김화읍의 남쪽 일원일 가능성이 높다는 의견이 제시되었다.[18] 즉, 홍명구와 유림의 神道碑文에 의하면, 이들은 모두 김화현의 남쪽 즉, 김화 관아가 있는 곳의 남쪽 塔谷[19]에 진을 쳤다고 기록[20]하고 있으며, 18세기 중반에 발간된 『輿地圖書』의 기록을 근거로 백수봉 [21] 일대를 전투지로 언급하고 있다.

이 있어 당시의 전투양상을 이해하는데 도움이 된다.

14) 金尙憲, 『淸陰集』卷25, 「平安道觀察使南寧君洪公神道碑銘」

15) 南九萬, 『藥泉集』「統制使柳公神道碑文」

16) 일반적으로 신도비의 내용은 대부분 주인공이 사망한 이후에 기록된다. 따라서 당시 그의 정치적 입장이나 시대적 상황에 따라 윤색되고 각색되어 표현되기도 한다. 그러나 여기서 논할 홍명구와 유림의 신도비에서는 전투지에 대한 내용이 동일하며, 구체적으로 적기하고 있다.

17) 國防部戰史編纂委員會, 앞의 책, 195~201쪽, 1986.

18) 柳在春, 앞의 논문, 2001.

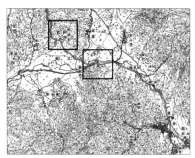

| 〈지도 2〉 백동/탑동의 위치(일제시대 지형도) | 〈사진 1〉 백동/탑동 위성사진(출처: 구글어스) |

필자 또한 구김화현의 남쪽 백수봉 일원으로 보는데 이의가 없다. 그
근거로는 앞서 언급한 자료외에 『宋子大全』,[22] 『淸陰集』[23]에서도 동일하

19) 지도상에 표시된 허다한 지명에 오류가 있다는 것은 이미 알려진 사실이기 때문에 지도상에 표
시된 지명을 가지고 전적지로 비정하는 것은 재고되어야 하며, 여러 가지 자료를 종합적으로 비교하
여 보다 정확한 고증을 얻어낼 수 있어야 한다(柳在春, 앞의 논문, 2001, 79쪽).
한편 기록상에 홍명구와 유림은 김화현의 남쪽 "塔谷"이라고도 불리는 곳에 진을 쳤다고 나온다. 보
통 "塔谷"이라는 지명은 이곳에 과거 사찰이 있었으며, 그에 따른 부속물로 탑이 존재하여 후대에 전
세되어진 것이 일반적으로 알려진 사실이다. 이러한 추론이 가능하다면, 현재 충렬사에서 남쪽으로
약 1.2km 정도 떨어져서 운장리석불입상이 있는데 그부근에 "삼신사지"라는 절터가 있다. 정밀조사
가 진행되지 않아 이 사찰의 건립연대는 알 수 없으나 운장리석불입상이 고려양식인 것으로 미루어
볼 때 일단 이 사지는 창건연대가 고려시대까지 올라갈 가능성이 있다. 이로 볼 때 백전전투지의 "탑
곡"이라 불리는 곳은 이 삼신사지일 가능성이 있으며, 광범위하게 이 일대가 탑곡으로 불리었을 가능
성도 있다.
20) 南九萬, 『藥泉集』, 「統制使柳公神道碑文」"…公計欲同入據縣北山城洪公不可又曰賊衆我寡必合兩
軍庶可當也洪公又不可引其兵先陣于縣南塔谷公曰地勢東下易於受敵不若移高洪公又不可但憂其陣
後行疎公(증략)自陣于其左栢田之阜阜三面陡絶一面連山亦中斷如蜂腰…"(홍공과 계획하기를 현북
의 산성에 함께 들어가 웅거하자고 하니 홍공이 옳지 않다고 하였다. 공은 또, "적은 많고 우리는 적
으니 반드시 양 군을 합하여야 감당할 수 있다."고 하니 홍공이 또 옳지 않다고 하고 자기의 병사를
끌고 현남의 탑곡에 먼저 진지를 구축하였다. 공은 "지세가 낮아서 적의 공격을 받기가 쉬우니 높은
곳으로 옮겨야 한다."라고 하였으나, 홍공은 또 옳지 않다고 하며 단지 진지의 후면이 엉성한 것만 걱
정하므로 공이 휘하 이백 명을 나누어 주며 모자라는 곳을 보충하라고 하고 자신은 좌편 백전의 언
덕에 진지를 구축하였다. (중략)스스로 그 왼쪽 栢田의 언덕에 진을 쳤다. 이 언덕은 삼면이 두절되고
한 면만 산과 연결되었으며 또한 가운데가 끊겨 벌의 허리와 같았다).
21) 『輿地圖書』, 江原道 金化 山川 栢樹峯. "在縣南一里 三申山落脈 邑人前府使張思俊好種樹嘗植栢
數千株於縣南山 茂爲栢林 故名焉".

게 백전전투지의 위치에 대해 설명하고 있기 때문이다.

먼저『宋子大全』에 수록된「記金化戰場事實」의 기록을 보면 송시열이 김화에 들러 홍명구의 祠宇을 배알하고 이어 戰場에 올라 그때의 일을 당시의 官奴였던 劉戒弘[24)에게 물었는데, 답하기를 "丁丑年(1637, 인조 15) 정월 어느 날 平安道의 監司와 兵使 두 군대가 읍내에 와서 묵었습니다. 어느 날 감사가 客舍의 서남쪽 산기슭에 陣을 쳤는데 양진이 나란히 진을 치면서도 서로 連하지는 않았습니다."[25)라고 기록하고 있다.

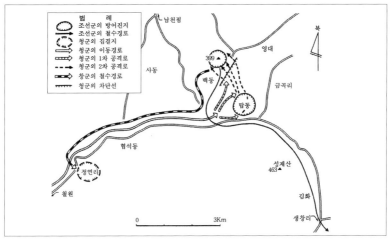

〈도면 1〉 백동/탑동 전투 요도(『丙子胡亂史』, 200쪽, 1986에서 전제)

22) 조선 중기의 문신이자 학자 송시열(1607~1689)의 시문집으로, 1787(정조 11)에 간행되었다. 『송자대전』은 운관본 『우암집』의 본집과 별집, 『경례문답』부록, 연보 등과 황강본을 대본으로 하여 이를 교정, 첨삭하고 『주자대전』의 편차방식에 따라 엮은 것이다(한국민족문화대백과사전).

23) 조선 후기의 문신이자 학자인 김상헌(1570년~1652)의 시문집으로 40권 14책. 목판본. 1671년(현종 12)경 저자가 직접 編定한 초고에 의해 간행되었으며, 1861년(철종 12) 그의 종10세손 世均에 의해 刊板이 보판되었다(한국민족문화대백과사전).

24) 朴泰輔,『定齋集』卷4,「記金化栢田之戰」에는 "繼弘"으로 기록되어 있다.

25)『宋子大全』卷136, 雜著「記金化戰場事實」 "…丁丑正月日. 平安監司兵使兩軍來宿於邑內. 某日監司結陣於客舍西南之山麓. 兩陣相竝而不相…".

또한 『淸陰集』에는 "(중략) 이에 곧바로 군사를 고을 남쪽 栢田山으로 옮기면서(중략)"[26]라는 내용이 보이고 있다. 이외에 전투지의 위치를 구체적으로 명기한 자료는 아니나 尹鑴의 『白湖全書』[27]에는 "金化를 향해 출발하여 오다가 시냇가에서 쉬고는 금화 고을을 지나는데 앞길에서 바라보니 아름드리 소나무가 숲을 이루고 있고 그 앞에 碑閣이 하나 있는데 거기가 바로 홍명구가 殉義한 곳이라고 하였다. 말에서 내려 읽어 보니, "平安道巡察使洪命耈忠烈碑"라고 씌어 있었다."[28]라 하고 있는데, 윤휴가 금강산으로 들어가는 길에 김화부근을 지나면서 아름드리 소나무 숲(栢田)과 홍명구 충렬비를 본 내용을 기술한 것으로 볼 수 있다.

이밖에 조선후기에 편찬된 지방지도인 『海東地圖』『廣興圖』『興地圖』등에도 김화현의 남쪽 인접한 곳에 忠烈祠[29]와 柳琳大捷碑가 표시되어 있는 것을 알 수 있다(지도 3). 이외에 『練藜室記述』과 『金化縣邑誌』에 백전전투지의 위치가 현의 남쪽이라는 동일한 내용의 기술을 확인할 수 있다.[30] 이렇듯 모든 기록에서 백전전투지 위치는 기존에 연구된 비무장지

---

26) 『淸陰集』 卷25, 「平安道觀察使南寧君洪公神道碑銘」 "…卽移軍縣南柏田山…".

27) 『白湖全書』는 조선 후기의 성리학자인 白湖 尹鑴(1617~80)의 시문집으로 30권 18책으로 구성되어 있다. 1927년 진주에서 8세손 신환이 간행했다. 남인 정치세력을 주도하며 현실 정치를 적극 개혁하고자 했던 저자의 현실인식과 정치이념·개혁론이 자세히 수록되어 있다(한국민족문화대백과사전).

28) 尹鑴, 『白湖全書』 卷34, 雜著 「楓岳錄」

29) 忠烈祠는 丙子胡亂 당시 김화에서 큰 전과를 올린 洪命耈와 柳琳 將軍을 모신 사당으로, 孝宗 1年(1650)에 건립하여 忠烈公 홍명구를 配享하였고, 孝宗 3年(1652)에 忠烈祠로 賜額되었다. 『江原道誌』에 의하면 그 후로 重修한 기록이 전하나 연대는 알 수 없으며, 1940년에는 김화유림의 합의로 유림 장군을 같이 충렬사에 配享하였다.

30) 『燃藜室記述』 卷26, 仁祖條 고사본말에 邑治의 東南方 1里지점에 동그랗게 오똑솟은 栢樹峰이 있다. 백수봉이라는 이름의 由來는 客觀을 신축한 張廉의 아버지인 前江陵府使 張思俊이 "나무심기를 즐겨하여 일찍이 여기에 잣나무 수천그루를 심었는데, 그것이 무성해져 잣나무숲을 이뤘기 때문에 이름 붙여진 것이라"라고 한다. 또한 『金化縣邑誌』(全)山川條에도 "栢樹峰은 縣의 남쪽 1리 지점에 있는데 邑人인 前府使 張思俊이 나무심기를 좋아하여 일찍이 잣나부 수천그루를 현의 남산에 심

대내의 백동과 탑동이 아니 구김화현의 남쪽 일원으로 일관되게 기술하고 있는 것을 알 수 있다.

한편, 백전전투지 위치를 규명하기 위한 현장조사에서도 문헌기록에 보이는 유사한 지형을 확인할 수 있었다. 즉, 구김화현에서 남서쪽으로 약 400m되는 곳에 해발 238m 높이의 봉우리가 솟아 있다. 이곳의 전체적인 지형을 살펴보면 이 봉우리 남쪽으로 능선이 길게 이어지고 있으며, 능선의 중간 부분이 약간 완만하게 들어갔다가 다시 올라온다. 전투시점으로부터 현재까지 시간이 많이 흘러 현재는 지형이 부분적으로 훼손되었

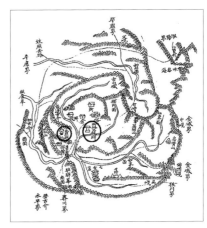

<지도 3> 『海東地圖』에서의 김화현과 충렬사/유림대첩비 위치

<지도 4> 김화현과 백전전투지 위치
(일제시대 지형도)

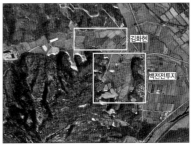

<사진 2> 김화현과 백전전투지 위치
(출처: 구글어스)

있는데 무성하여 잣나무 숲(栢林)을 이루었기 때문에 이름한 것이다. 丙子에 평안병사 류림이 駐陣하여 勝捷한 곳이다."라고 기록되어 있다.

다. 그러나 『藥泉集』의 「統制使柳公神道碑銘」에 보이는 "스스로 그 왼쪽 栢田의 언덕에 진을 쳤다. 이 언덕은 삼면이 두절되고 한 면만 산과 연결되었으며 또한 가운데가 끊겨 벌의 허리와 같았다"[31]라고 기술하고 있어 현재의 백수봉과 남쪽으로 이어지는 능선의 형태와 설명 등이 아주 유사함을 알 수 있다(사진 2, 3). 또한 백수봉과 남쪽으로 이어지는 능선 상부의 폭은 계측결과 최소 80m에서 최대 100m 내외이며, 길이는 700m 정도이다. 전체적으로 서쪽은 급경사와 완경사가 반복되면서 남쪽으로 이어지며, 동쪽도 급경사와 완경사가 반복되면서 남쪽으로 이어진다. 그러나 백수봉은 능선으로 이어지는 부분만 제외하고 三面은 人馬의 접근이 사실상 어려운 곳이며, 이러한 지형은 청의 강력한 기병전술에 대비하여 방어진지를 편성하는 데는 더 없이 좋은 지형이다. 현재 능선 내부에는 서쪽면만 군 교통호와 참호가 조성되어 있고 백수봉 능선의 서쪽은 남대천이 천연의 垓字를 형성하고 있고 그 주변은 대부분 논이나 밭으로 경작되고 있다.

백수봉 능선의 동쪽은 'U'자 형태의 완만한 계곡을 이루고 있으며(사진 6), 이 계곡의 동서방향의 폭은 230~250m이며, 남북방향의 길이는 650~700m 가량이다. 계곡 내부는 논과 밭으로 경작되고 있다. 그 맞은편에 홍명구가 진을 쳤을 것으로 추정되는 능선이 위치한다. 이 능선의 말단부는 서쪽 해발 400m 내외의 북동−남서 방향으로 뻗은 능선의 남동쪽으로 이어진 곳에 해당된다. 이곳은 비교적 완만한 경사를 이루고 있으며, 끝부분에는 밭으로 경작되고 있다(사진2, 4). 즉, 『宋子大全』, 「記金化戰場

---

31) 南九萬, 『藥泉集』 「統制使柳公神道碑文」 "…自陣于其左栢田之阜阜三面陡絶一面連山亦中斷如蜂腰…"

事實」에 "客舍의 서남쪽 산기슭에 陣을 쳤는데 兩陣이 나란히 진을 치면서도 서로 連하지는 않았습니다."[32)]라는 기록으로 유추해 볼 때 백수봉 능선 맞은편 현재 충렬사가 위치하고 있는 주변 능선 일원이 홍명구군의 방어진였을 가능성이 높다. 후술하겠지만, 전투가 끝난후 홍명구의 시신을 수습한 곳도 현재의 충렬사인근으로 기록하고 있는 것으로 보아 홍명구군이 방어진지를 편성한 유력한 증거라 할 수 있겠다. 이러한 홍명구군과 유림군의 방어배치를 고려해 볼 때 두 진은 멀리 떨어진 곳이 아닌 至近距離에서 서로 방어진지를 편성하고 있었음을 알 수 있다(사진 2). 또한 기록상에 청군의 후방기습공격의 기동로로 추정되는 성주고개에 대한 조사도 병행하여 실시하였다. 이 고개는 鶴沙里에서 김화읍으로 가는 옛 고갯길로 가장 높은 곳이 해발 341m이다. 단순 수치상으로 기동이 불리한 險路로 보일 수 있으나 실제 답사를 실시하여 조사한 결과 고개 정상부만 일부 경사가 급하며, 나머지는 모두 완만한 지형을 이루고 있다. 일제시대에 제작된 지형도에도 城柱峴으로 도식되어 있으며, 읍내리로 접근할 수 있는 최단거리에 해당된다(지도 4, 사진2, 5). 이 성주고개 또한 기록에 전하는 청의 기병이 홍명구군의 진지 후방을 기습공격한 기동로일 가능성이 높다고 하겠다.

정리하면, 기존의 문헌자료에 대한 검토결과와 현지 지형조건 등으로 볼 때 기존 비무장지대내 백동과 탑동은 문헌기록들과 위치상 맞지 않으며, 현재 충렬사가 위치한 능선 말단부와 동쪽의 백수봉 능선 및 현재 인삼밭과 논으로 경작되고 있는 계곡부, 읍내리 일원이 백전전투의 실제 전

---

32) 『宋子大全』 卷136, 雜著 「記金化戰場事實」 "…某日監司結陣於客舍西南之山麓. 兩陣相竝而不相…".

투지일 가능성이 높다고 하겠다. 또한『丙子胡亂史』에 적기된 '백동전투' 와 '탑동전투'의 기록에 대해서는 독립적으로 이격되어 벌어진 전투가 아니라 지근거리에서 전투가 연속적으로 이루어진 관계로 인해 전투명은 '김화 백전전투'로 명명하는 것이 합당할 것으로 생각된다.

〈사진 3〉 백수봉능선(유림진지)
전경(서→동)

〈사진 4〉 백수봉 서쪽 능선(홍명구 진지)
전경(남동→북서)

〈사진 5〉 성주고개 전경(북→남)

〈사진 6〉 백전 전투지 계곡부(남→북)

3. 金化 栢田 戰鬪의 戰鬪樣相과 意義

가. 김화 백전전투의 전개과정 전투전 상황

1) 전투전 상황

가) 홍명구군과 유림군의 부대이동과 집결지

병자호란이 발발하자 西北都元帥 金自點은 평안감사 홍명구와 평안병사 유림에게 傳令하여 군사를 이끌고 경기도의 迷原(지금의 양평부근)으로 오게 하였다. 이에 평양 인근 慈母山城에 있던 감사 홍명구는 먼저 군사를 이끌고 江東으로 이동하였고, 安州城을 방어하던 병사 유림은 寧邊府使 李浚을 불러 安州兵營을 지키게 한 뒤 군병 5,000명[33]을 거느리고 강동에서 감사와 회합하였는데, 홍명구가 거느린 군사는 3,000명이라 전한다.[34] 강동에서 회합한 홍명구와 유림군은 신계를 거쳐 1월 26일 김화에 도착하였다.[35]

근왕군이 도착한 김화는 계속되는 청군의 노략질로 마을 전체가 텅비어 있었고, 당시 현령이었던 李徽祚는 몇몇의 小吏와 함께 근남면 잠곡리 계곡속에 피신한 상황이었다.[36] 이런 가운데 근왕군은 김화에 도착하면서 청군 수백명을 베고 포로가 된 남녀 수백 명과 가축 300여 마리를 빼앗았다고 한다.[37]

---

33) 李景奭, 『白軒集』卷45, 「精忠碑銘」.

34) 『仁祖實錄』卷34, 仁祖 15年 1月 28日.

35) 기록에 보이지는 않으나 홍명구와 유림군외에 인근의 김화현민들도 擧兵하여 이 전투에 참여했을 가능성도 있다.

36) 朴泰輔, 『定齋集』卷4, 「記金化栢田之戰」 "…隨縣監李徽祚. 入縣南幞頭山蠶谷以避兵…".

37) 『清陰集』卷25 「平安道觀察使南寧君洪公神道碑銘」 "…斬數百級. 奪俘獲男婦數百人. 畜三百餘

한편 근왕군이 김화에 입성하며 집결지를 편성하는 장면이 보이는데, "곧 홍명구의 군사는 鴛鴦陳[38]으로 행군하였고, 유림의 군사는 이보다 많았는데 행군할 때 圓陣[39]을 취했지만 머물때는 防營을 만들었다. 두 군사는 현에 이르러 적과 조우하여 나아갈 수 없었다.[40] 그러나 縣에는 저장된 곡식으로 군사를 먹일 수 있었고, 현의 남쪽 높은 언덕 아래에는 井川이 있어 가히 箚營할만하여 마침내 留陣하였다."고 기록하고 있다. 또한 『宋子大全』의 「記金化戰場事實」에도 "平安道의 監司와 兵使 두 군대가 읍내에 와서 묵었다"[41]는 기록도 확인되고 있다. 이러한 내용을 참고할 때 청군의 일부가 먼저 김화현에 도착하여 노략질을 하고 있었으며, 이후 근왕군이 김화에 이르는 과정에서 청의 선발대 일부 병력과 소규모 교전이 있

頭…" 그러나 南九萬 撰, 『統制使柳公神道碑文』에는 수십 명의 수급을 베고 사람과 가축을 빼앗아서 장졸들에게 나누어주었다고 기록되어 있다.

38) 원앙진은 조선후기에 사용되었던 진법의 일종으로 중국 명나라 장수인 척계광이 왜구를 상대하기 위하여 발명해낸 진법이다. 구성은 대장 1명 등패수 2명, 낭선수 2명 장창수 4명당파 2명, 화병(취사병) 1명 도합 12명으로 구성된 가장 작은 규모이다. 원앙진은 만약 전투도중 12명의 부대원 중 단 한사람이라도 전사하고 패배를 할 경우 원앙진 분대의 나머지 생존자들도 모조리 참수 했다. 따라서 원앙진을 이루고 있는 병사들은 죽기살기로 싸워야 했다. 병자호란시 청나라는 기병을 이용한 기동전술을 폈었고 인조는 급하게 남한산성으로 피해서 농성을 했기 때문에 원앙진같은 전술은 당연히 의미가 없어졌다. 특히 원앙진은 단병접전에 능한 일본군을 대상으로 한 맞춤전법이기 때문에 청의 기병에 효과적으로 대응할 수 없었다. 또한 인조반정 후 조정에서 반란이 일어날 것을 두려워하여 군사훈련 자체를 못하게 하고 지휘관을 자주 교체하여 해당지역은 물론 지휘병력에 익숙해지기도 전에 임지를 옮겨야 했다.

39) 오행진(五行陣)의 하나로 둥글게 진을 배치하는 진법이다. 오행진에는 원진을 포함하여 방진(方陣), 곡진(曲陣), 직진(直陣), 예진(銳陣)이 있다.

40) 朴泰輔, 『定齋集』卷4, 「記金化栢田之戰」 "…洪監司軍可千餘. 以鴛鴦陣行. 柳兵使軍較多. 行爲圓陣. 止爲方營. 兩軍至縣. 遇賊不得進. 縣有積穀可館. 縣南有高岡. 下有井泉可以箚營. 遂留壁…" 이 내용을 참고하면 홍명구군과 유림군의 최초 계획은 김화에서 지금의 43번도로나 47번도로를 이용하여 남한산성으로 가려 하였으나, 청군과의 조우로 인해 백전전투 후 마현을 넘어 화천-춘천-가평방면으로 우회할 수밖에 없었음을 추정할 수 있다.

41) 『宋子大全』卷136, 雜著 「記金化戰場事實」

었을 것으로 생각된다. 이러한 문헌기록의 내용을 검토해 볼 때 홍명구군과 유림군은 김화현에 도착전 몇차례 청군과 소규모 接戰이 있었으며, 집결지는 김화현 일원이었을 것으로 판단된다(지도 5).

나) 청군의 부대이동과 집결지

한편 평안도 근왕병이 김화현에 도착할 무렵 청나라의 만주·몽고 팔기병[42] 또한 김화현으로 진출하고 있었다.[43] 청 태종은 1월 22일 和碩睿親王 多爾袞이 강화도를 함락하자 승기를 잡았다고 판단하고 더 이상 많은 군사를 남한산성에 둘 필요가 없게 되었다. 이에 청 태종은 함경도에 散居하고 있던 瓦爾喀[44]을 토벌하기 위하여 蒙古衙門承政 尼堪과 甲喇章京 季思哈(吉舍哈), 牛彔章京 葉克書로 하여금 每旗 당 甲士 10명씩을 수

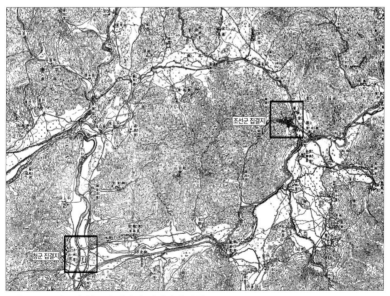

<지도 5> 조선군과 청군의 집결지(일제시대 지형도)

하에 두어서 外藩 科爾沁, 扎魯特, 敖漢, 奈曼 등 몽고 諸 부락의 군사를 이끌고 가게 하였다.[45] 이때에 蒙古軍 중 남한산성에서 돌아오던 군사가 함경도로 북상하려고 김화현 부근에 이르러 멈춰 현의 남쪽 30리지점 土城[46] 들판에 진을 쳤는데 검은 갑옷들이 땅을 뒤덮었고 그 수가 헤아릴 수 없었다.[47]는 기록을 통해 볼 때 정확한 수는 알 수 없으나 상당한 수의 철기병과 보병, 조선인 포로 등이 포함되어 있었을 것으로 추정된다 (지도 5).

42) 팔기는 중국 대륙을 점령한 마지막 기마민족인 만주족의 힘이자 자존심이었다. 팔기(정황기·정백기·정홍기·정람기·양황기·양백기·양홍기·양람기)의 위력은 당대 아시아 최강이었고, 청이 러시아와의 국경분쟁에서도 우위를 점할 수 있는 기반이었다. 팔기는 만주족이 17세기 초부터 설치한 씨족제에 입각한 군사·행정제도로 여덟 종류의 기에 의하여 편성한 데서 유래한 명칭이다. 이 제도하에 있던 사람들을 旗人이라고 했다. 이들은 각 개인의 전투력과 무장이 뛰어났다. 특히 팔기의 주력이라고 할 수 있는 기마대는 화살은 물론 화승총의 탄환도 튕겨내는 견고한 갑옷으로 중무장했다.

43) 앞선 기록에 의하면 조선군이 김화현이 진출하기전 청군의 전초부대는 이미 김화현과 그 일원에 미리 진출하여 약탈을 자행하고 있었던 것으로 보인다.

44) 瓦爾喀部는 동해여진(혹은 야인여진)의 일부를 이루었던 부족으로 우수리강 이동지역 즉, 지금의 연해주 지방에 거주하였는데, 이들의 거주지역은 함경도와 연접되고 있었다. 따라서 이들중 일부는 조선에 들어와 살기도 하였다. 병자호란은 청태종이 명나라 본토로 진출하기에 앞서 후방의 반청세력을 제거하기 위해 일으킨 침략행위였다. 청태종이 반청세력으로 지목한 대상은 조선을 위시하여 東江鎭의 명나라 都督 심세괴군과 조선에 살고있는 와이객이었지만 압록강변의 읍민들도 평정할 대상으로 여겼다. 조선에 거주하는 와이객은 청나라에 항복하지 않는 오랑캐들이며, 압록강변의 읍민들은 청의 내부사정에 밝은데다 수시로 도강하여 사단을 일으켜왔기 때문이다. 이에 청 태종은 이들 반청세력이 있는 한 명나라 정복사업을 추진하는데 큰 장애가 될 수 밖에 없었다. 따라서 청 태종은 조선의 항복을 받아 복속시키고 여세를 몰아 동강진의 명군과 조선내지의 오랑캐인 와이객을 토벌하려 하였으며, 조선 국경을 넘자마자 강변의 읍들로부터 평정할 심산이었다(柳承宙,「丙子胡亂의 戰況과 金化戰鬪 一考」,『史叢』55, 2002, 389~390쪽).

45)『太宗文皇帝實錄』卷33, 崇德 2年 1月 癸亥(23日) "…癸亥遣外藩科爾沁扎魯特敖漢奈曼諸部落兵出咸鏡道往征瓦爾喀地方命蒙古衛門承政尼堪甲喇章京季思哈牛泉章京葉克書率每旗甲士十人導之以行…"
청태종은 강화도의 함락, 근왕군과 의병들의 연이은 패전 등으로 인해 더 이상 많은 병력이 남한산성을 포위할 필요성이 없었을 것으로 판단하였을 것이다. 따라서 청에 위협이 되는 함경도 일대의 瓦爾喀에 대한 토벌을 지시하고 일부 병력을 함경도 방면으로 이동시켰을 것이다. 청군이 함경도로 이동하려면 김화는 반드시 거쳐야 하는 길목에 해당된다. 이러한 이유로 청군이 김화를 지나가기전 평안도 근왕군이 남하한다는 소식을 접하자 이곳에서 평안도 근왕군과 전투를 벌인 것으로 보인다.

나. 홍명구군과 유림군의 방어배치

김화 백전전투는 전투자체에 대한 작전계획 또는 전투상황도 등이 없어 당시의 방어배치를 구체적으로 규명하기에는 한계가 있다. 그러나 앞서 살펴본바와 같이 홍명구와 유림은 모두 김화현의 남쪽에 진을 쳤다고 기록하고 있다. 청군의 기동전술을 감안한다면 邑治의 북쪽 城山城이나 人馬가 쉽게 접근하기 어려운 곳에 진지를 편성하는 것이 상책이었다.

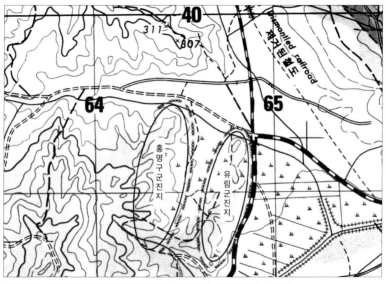

〈지도 6〉 홍명구와 유림군의 방어배치 모식도(출처: 군사지도 "오성산")

집결지 편성 후 척후병으로부터 적이 십리밖에 진을 쳤다는 보고를 받자 홍명구와 방어계획을 의논하기를 현 북쪽의 산성에 함께 들어가 웅거

---

46) 현재 철원군 갈말읍 토성리 일원에 해당된다.

47) 朴泰輔, 『定齋集』 卷4, 「記金化栢田之戰」 "…時蒙古之自南漢歸者. 將由咸鏡道渡江而北. 至縣止. 於縣南三十里 土城之野. 玄甲蔽地. 不知其數…".

하고자 하니, 홍명구는 옳지 않다고 하였다. 유림은 적은 많고 우리는 적으니 반드시 양군을 합해야 감당할 수 있다고 하였으나 홍명구는 옳지 않다고 하고 자신의 병사를 이끌고 현 남쪽의 塔谷에 먼저 방어진지를 구축하였다. 이에 유림이 지세가 낮아서 적의 공격을 받기 쉬우니 높은 곳으로 옮겨야 한다고 하였으나 홍명구는 또한 옳지 않다고 하여 단지 진지의 후면이 엉성한 것만을 걱정하니 유림이 휘하의 병사 200여 명을 나누어 주며 모자라는 곳을 보충하라고 하고 자신은 왼쪽의 栢田 언덕에 진지를 구축하였다.[48] 이렇듯 홍명구는 邑治의 서남쪽 구릉에 방어진지를 구축함에 따라 유림은 그 좌편인 동남쪽 백수봉 즉, 栢田에 포진하였으며, 각기 전방으로 접근하는 적을 방어하기 위하여 木柵을 설치하였다.[49] 이때 兩陣간의 거리는 수백보라고 하기도 하고 10武도 안된다고도 하였다.[50]

한편 송시열의 「記金化戰場事實」에도 당시 홍명구과 유림군 양진이 나란히 진을 쳐서 서로 연결되지 못하였고 전방에서의 공격만을 대비하였기 때문에 후방으로부터 산을 통하여 급습해 오자 졸지에 한쪽 陣이 궤멸되게 된 것이다.[51] 라고 하고 있다. 그러면 홍명구는 청의 전술을 알고 있었음에도 불리한 방어배치를 하였던 것인가 하는 의문이 생긴다. 실제 군사운용에 있어서 유림이 홍명구보다 매우 노련한 무장이었다. 유림은

---

48) 南九萬, 『藥泉集』 「統制使柳公神道碑文」 "…與洪公計欲同入據縣北山城. 洪公不可. 又曰賊衆我寡. 必合兩軍. 庶可當也. 洪公又不可. 引其兵先陣于縣南塔谷. 公曰地勢夷下. 易於受敵. 不若移高. 洪公又不可. 但憂其陣後行疏. 公分送麾下二百人. 以補其缺. 自陣于其左柏田之阜. 阜三面陡絶. 一面連山. 亦中斷如蜂腰. 依林木布兵設柵爲固…".

49) 『淸陰集』 卷25 「平安道觀察使南寧君洪公神道碑銘」에 "…自山右布陣. 首尾無隙. 令兵使從山左對布如右…"라는 내용을 볼 때 양군은 방어간격을 상당히 조밀하게 편성하였음을 알 수 있다.

50) 李景奭, 『白軒集』 卷45, (碑) 『精忠碑銘』.

51) 宋時烈, 『宋子大全』 卷136, 「記金化戰場事實」.

1603년 무과에 급제하여 군사적 긴장이 팽팽히 감도는 17세기 초반에 지방의 수령·수사를 지낸 인물이다. 반면 홍명구는 문과출신으로 중앙의 淸要職을 두루 거쳐 관찰사에 임명된 인물이다. 그러나 김화전투에서 홍명구가 김화의 산성에서 방어를 하자는 유림의 권유를 물리친 것은 戰術에 어두워서라기보다는 이미 평안도에서 벌어진 오판을 되풀이하지 않으려는 이유가 더 컸을 것이다. 산성에 入堡할 경우 청군이 공격해 오지 않을 수도 있기 때문에 남한산성을 포위한 청나라 병력을 분산시킨다고하는 전략[52]을 달성할 수 없을것이라 판단하였을 수도 있다. 또한 홍명구의 입장에서는 산성에 입보하여 수세적 자세를 취하는 것보다 決死의 마음으로 적극적인 전투를 전개하여 청나라 군세를 분산시키려 하였다. 즉, 開戰初期 평안도 방어에서 입보농성의 경험은 이미 의미가 없음을 알고 능선을 등지고 결사항전의 방어배치를 함으로써 죽음으로써 전투에 임하려는 자세는 높이 평가되어야 하겠다.[53] 유림 또한 성산성으로 입보하여 좀더 강력한 방어를 할 수 있었으나 홍명구의 결사항전의 전투의지에 부합하여 최대한 방어에 유리한 곳에 진지를 편성하고 지근거리에서 홍명구를 지원하기 위한 방어배치를 하지 않았나 생각된다(지도 6).

---

52) 金尙憲, 『淸陰集』卷25, 「議政府左議政月沙李文忠公神道碑銘」에 "더구나 우리 군사들이 이곳에 있으면 적들은 반드시 군사를 나누어 와서 싸울 것이므로 전적으로 남한산성을 향하여 가지는 못할 것이다. 이 역시 한가지 계책이다"라는 기록으로 볼 때 최초부터 근왕군의 임무는 남한산성에 집중되어 있는 청의 군사력을 분산시키기 위함이었을 가능성도 있다("…公奮曰. 君父在難. 分當效死. 我志已決. 更勿復言. 況我軍在此. 賊必分兵來戰. 勿專向南漢. 此亦一計也…").

53) 柳在春, 앞의 논문, 2001, 77~78쪽에서 재인용.

다. 전투양상

기록에 의하면 김화 백전전투는 1월 28일 하루동안 벌어진 전투였다. 청군의 공격에 대비해 백전일원에 방어배치를 완료한 조선군은 청군의 공격을 기다리고 있었다. 청군은 김화현 읍치의 서남쪽 30여 리 떨어진 토성리에 주둔해 있다가 1월 28일 노약자와 포로들만 집결지에 남기고 조선군이 방어하는 백전일원으로 기동하였다. 기동간 청군은 모두 3개의 기동로를 이용하여 백전으로 접근하였는데,[54] 한 갈래 길은 동쪽 산을 따라 내려왔고, 한 갈래 길은 대로를 따라 왔는데 나란히 전진하다가 앞 들판

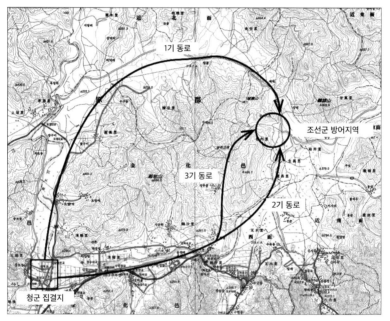

〈지도 7〉 청군의 기동로(철원군지도)

---

54) 앞서 살펴본 바와 같이 백전전투가 일어난 시점은 1월 28일로 한겨울에 해당된다. 따라서 기동로상의 하천 등은 모두 얼어붙어서 청군이 신속하게 기동할 수 있는 최적의 여건이었을 것이다.

에 이르자 두 갈래의 적군이 서로 손을 잡으니 마치 옷깃을 여미는 듯 하였다. 또 한 갈래는 산의 서쪽을 따라 홍명구 진영의 뒤편으로 치달았다고 기록하고 있다(지도 7).[55]

또한 "어느 날(1월 28일) 해가 막 돋을 때 賊이 그 앞에다 진을 치고, 군사를 잠복시켜 兩陣의 뒷산으로 올라갔으나, 兩陣은 그 사실을 전혀 모르고 오직 앞쪽만을 수비하였습니다. 드디어 賊騎가 크게 함성을 지르면서 충돌하여 내려오더니, 한 부대는 우리 양진의 사이를 횡단하고, 한 부대는 우리 감사의 진을 곧바로 침범하였습니다.[56] 흰 칼날이 번쩍거리며 잠깐 동안 접전이 벌어진 끝에 아군은 크게 패하였고 賊은 아군을 뒤좇아 가면서 창·칼로 마구 찍었는데 그리고 한참 만에 싸움이 끝났습니다. 유림은 먼저 이미 측백나무를 꺾어 꽂아 柵을 만들었는데 그 울 밖에 있는 前營은 이미 처음에 짓밟혔습니다. 감사의 남은 군대가 적과 서로 섞여서 울 밖에 이르자, 병사의 포와 화살이 난발하여 적과 아군이 함께 섬멸되었습니다. 이때 해는 벌써 未時(오후 1~3시)가 되었습니다. 적이 또 병사의 진을 향해 돌진하여 곧장 울 밖 10여 步 거리에 도달하자, 병사의 진에서 수많은 砲를 일제히 발사하니, 적은 일시에 비로 쓴 듯 하나도 남김없이 섬멸되었습니다."[57]라고 기록하고 있다. 이 전투양상의 핵심은 적절한 방어

---

55) 朴泰輔, 『定齋集』卷4, 「記金化栢田之戰」 "… 三道發軍 一道由東山下 一道由大路並進 至前野 兩枝相拱 若合襟然 一道由山西 疾移洪監司陣後…" 이를 현재의 지명으로 분석하여 보면 첫 번째는 김화 북방 현 비무장지대를 이용한 기동로로 토성리→ 도창리→ 유곡리→ 금곡리→ 백전, 두 번째 기동로는 현재 43번도를 이용한 토성리→ 청양리→ 학포리→ 생창리→ 백전, 세 번째는 토성리→ 청양리→ 학사리→ 성주고개→ 백전으로 접근하는 기동로를 상정할 수 있다.

56) 朴泰輔의 『定齋集』 「記金化栢田之戰」 "…山西伏兵 見賊猝至 急歸報 未及而賊已踰山 以鐵騎馳下峻扳掩我軍…" 이 기록들을 참고할 때 청군이 홍명구군을 기습한 기동로는 성주고개 기동로일 가능성이 높다.

57) 宋時烈, 『宋子大全』 「記金化戰場事實」 "… 某日日初出. 賊結陣於前. 而潛師以登於兩陣之後嶺. 兩

지형과 목책의 설치로 청이 쉽게 돌파하지 못할 것이라는 확신을 바탕으로 적의 기병이 최대한 지근거리까지 접근하기를 기다렸다가 일제사격을 가하는 모습을 볼 때 아무리 위급한 전장의 상황이라도 침착함을 잃지 않은 지휘관의 냉철함을 파악할 수 있는 내용이다.

또 다른 기록을 보면 "다음날 날이 밝을 무렵에 적이 먼저 오른쪽 진영의 앞을 침범하여, 전진과 후퇴를 두세 차례 하였다. 얼마 후 수천 명의 오랑캐 기병이 뒷산에서 내려와 압도해서 폭풍우처럼 빠르게 두 진영의

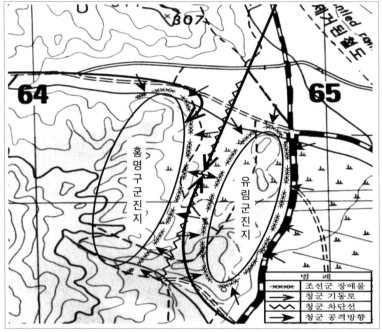

〈지도 8〉 김화 백전전투 모식도(출처: 군사지도 "오성산")

陣不覺. 而惟前是備. 賊騎大呼衝突而下. 一枝橫截兩陣之間. 一枝直犯監司之陣. 白刃閃鑠. 揮擢須臾. 而我軍大潰. 賊追逐亂斫. 食頃而盡. 兵使先已斫倒柏樹以爲柵. 其前營之在柵外者已躪於初. 監司餘兵. 與賊相雜. 突至柵外. 兵使之砲矢亂發. 賊與我軍俱殲焉 …".

사이를 차단하여 서로 구원해 주지 못하게 하니, 눈 깜짝할 사이에 오른쪽 진영이 이미 무너져서 홍공이 전사하였다.[58]

적이 승세를 타고 공의 진영을 향해 달려오자 오른쪽 진영의 패잔병이 적과 함께 서로 밟히면서 들어왔다. 前營의 장수 具賢俊이 전사하였으며 진영 내부가 놀라고 소요하여 제자리를 지키지 못하였다. 공이 높은 곳에다 말을 세우고 큰소리로 호령하기를 "내 이곳에 있으니, 동요하지 말라." 하니, 장병들이 비로소 늘어서서 사력을 다해 싸웠다. 이곳은 지형이 아군은 굽어보고 저들은 우러러보며, 또 잣나무 숲이 빽빽하여 오랑캐 기병들이 돌격할 수가 없었고, 화살도 대부분 나무에 맞아 사람에게는 미치지 못하였다. 우리 군대가 이를 이용하여 틈을 타서 砲를 쏘았는데 탄환 한 발을 쏠 때마다 두세 명의 적을 관통하니 적이 조금 후퇴하였다. 공이 다시 부대를 정돈하고 진영을 가지런히 한 다음 軍衆에 명령하기를 "화살과 탄환이 많지 않으니 낭비해서는 안 된다. 적이 우리 진영을 향해 수십 보 이내로 접근하면 내가 깃발을 휘두를 것이니, 너희들은 내가 깃발을 휘두르는 것을 보고 일제히 발사하라. 이를 어기는 자는 반드시 참형에 처할 것이다."라고 하였다. 그때 적이 군대를 나누어 번갈아 진격하였으나 그때마다 모두 죽으니 시체가 城柵에 가득히 쌓였다. 해가 저물 무렵 적이 온 진영의 병력을 모두 동원하여 진격하였는데, 백마탄 장수가 상하로 달리면서 지휘하였다. 유림은 10여 명의 병졸을 뽑아서 몰래 목책 밖에 넘어가

---

58)『淸陰集』卷25, 「平安道觀察使南寧君洪公神道碑銘」, "…候吏報. 西南塵起蔽天…"라는 기록을 통해 볼 때 홍명구군과 유림군은 주변의 고지에서 청에 대한 감시는 하고 있었을 것이다. 특히 홍명구와 유림은 성주고개 방향의 기동로를 인지하고 있었을 것이고 그에 따른 방어계획을 수립하였을 것으로 보이는데, 이는 유림이 홍명구군의 방어진지 보강을 위해 자기의 군졸 200여 명을 나누어 홍명구 진영에 보냈다는 내용에서 알 수 있다. 다만 기습공격을 감행한 청의 철기병들의 수적 우세로 인해 후방이 돌파당한 것으로 이해된다.

있다가 일제히 포를 발사하게 하여 그를 죽이니, 그는 과연 신분이 높은 적의 장수였다. 그러나 종일토록 고전하여 병졸들이 매우 지쳤으므로 혹 후미에서 도망가는 자도 있었다. 이에 따라 유림은 명하여 풍악을 울려 승전을 알리는 소리를 내어 병졸들을 격려하니 사기가 다시 진작되었다. 적은 날이 어두워진 뒤에야 비로소 물러갔다.[59]

앞의 내용에서 보듯이 청군은 최초에는 두 개의 기동로를 이용하여 백전으로 공격하여 조선군의 양진을 차단하고 고착견제시킨 후 성주고개 기동로를 이용하여 기습을 감행하였다. 이러한 청의 전면접전과 후방 기습 전술의 사용은 경상 좌병사 허완의 雙嶺戰鬪, 忠淸監司 鄭世規와 兵使 李義培의 嶮川戰鬪, 原州營將 權正吉의 黔丹山戰鬪[60] 등에서 사용되었던 전술이다. 위의 전투들은 조선 근왕군이 모두 청의 기습공격과 우회기동에 의해 패배한 전투인 점을 상기해 볼 때 유리한 방어배치의 중요성이 얼마나 중요한지 알려주는 戰例라 할 수 있다.[61]

---

59) 南九萬, 『藥泉集』「統制使柳公神道碑文」 "…翌日質明. 賊先犯右陣之前. 進退者數三. 俄而數千騎自後山馳下而壓之. 疾若風雨. 衝截兩陣之間. 使不得相救. 一督之頃. 右陣已潰. 洪公死之. 賊乘勝向公陣. 右陣敗卒與賊相蹂躪而入. 前營將具賢俊死之. 陣中驚擾離次. 公立某高處. 大呼曰我在此無動. 將士始迥立致死力. 地形旣我俯彼仰. 而柏林且密. 虜騎不得突. 矢亦多著樹木及人. 我兵馮之. 從其隙發砲. 一丸輒貫數三人. 賊少退. 公復妓隊整陣. 令軍中曰矢丸無多. 不可浪費. 賊到陣前數十步之近. 我當颭旗. 汝等觀我旗齊發. 違者必斬. 令旣下. 賊分兵迭進. 輒盡斃之. 積屍齊柵外. 日晡時賊傾陣而進. 有白馬將馳上下指揮. 公擇十卒使潛踰柵外. 並發砲斃之. 果貴將也. 然終日苦戰. 士卒疲極. 或有從後亡去者. 公命作樂. 爲戰捷聲以激厲之. 士氣復振. 昏後賊始退…".

60) 이들 전투에 대한 자세한 내용은 국방군사연구소, 1997. 『한민족전쟁통사』 참조.

61) 한편 김화 백전전투에 앞서 1619년(광해군 11)에 발발한 深河전투가 있는데, 조선과 명의 연합군이 만주의 深河 富車에서 後金의 군대와 싸우다가 패배한 전투로 富車戰鬪라고도 한다. 이 심하전투 이후 조총위주의 단순전술에서 벗어나 야전에서 기병의 돌격을 저지하는 데는 한계가 있다는 사실을 확인하였다. 특히 후금군은 조선 포수의 장점을 무력화하기 위해 기병 돌격을 바로 하지 않고 일단 말에서 내려서 원거리에서 활을 쏘아 조선의 포수를 혼란시키고 이어 말에 올라 타고서 철퇴와 棍을 사용하여 돌격하여 조선군을 무력화시키는 전술을 사용하기도 하였다(노영구, 「16~17세기 조총의 도입과 조선의 군사적 변화」, 『한국문화』 58, 2012, 125~126쪽에서 재인용).

라. 후퇴작전

여러 차례의 공방을 펼친 조선군은 홍명구의 장렬한 전사와 함께 고립되는 상황에 처하게 된다. 특히 유림은 치열한 전투 끝에 탄약과 화살이 거의 떨어지고 홍명구의 패배로 고립무원이 되어 오래 머물러서는 안될 것으로 파악하였다. 이에 유림은 더 이상의 방어는 아군에게 불리하다고 판단하고 그날 밤 방어진지내에 산재한 나무를 이용하여 촛불 등을 높은 나뭇가지에 매달고, 조총을 나무에 많이 묶되 火繩을 火門(耳藥桶)에 연결시켜 놓은 다음 마침내 목책을 버리고 야음을 틈타 퇴각하여 馬峴[62]을 넘어 狼川縣(지금의 화천)으로 부대이동을 실시하였다. 火繩은 긴 것과 짧은 것이 있어 불이 火門에 미치는 데도 먼저와 나중의 차이가 있어, 총소리가 밤새도록 계속되었다. 적은 끝내 그곳이 텅빈 진영임을 알지 못하여 다음날 군사를 정돈하여 다시 진격하였는데 유림은 이미 철수한 뒤였다.[63] 이른바 "임시조총자동사격장치"를 설치하여 소란스럽게 한 후 그 소음을 이용하여 야음을 틈타 완벽한 야간 후퇴작전을 감행한 것이다. 이후 근왕군의 임무수행을 위해 남한한성으로 이동중 청과 講和를 했다는 소식을 접하고 왕명에 의해 다시 안주로 귀환하였다.

홍명구와 유림은 모두 서북지역에서 관직을 수행하고 있었으며, 과거 심하전투의 대패에 대한 원인을 파악하고 있었을 것이다. 따라서 그에 따른 방어시 조총병을 몇 개의 조로 나누어 연속적인 사격이 이루어지게 함과 동시에 궁수도 사격이 단절되지 않게 적절히 이용하였을 것으로 생각된다. 이렇듯 유림장군의 진영은 청군과 접전시 조총과 활을 이용한 적절한 사격통제를 하여 효과적으로 청군을 제압할 수 있었다.

62) 김화에서 화천으로 넘어가는 고개이다.

63) 南九萬,『藥泉集』「統制使柳公神道碑文」"…公曰今日之戰. 幸而得勝. 而矢丸已盡. 不可復戰. 不若乘勝勢移陣. 間趨南漢. 命收軍中破銃. 藏藥繫繩. 參差其長短而爇其端. 散挂柏林而去. 砲聲續發竟夜. 賊不敢逼. 旣明大擧而來. 陣已空矣…".

마. 전투결과 및 의의

한편 치열했던 전투에 대한 결과에 대해서는 『定齋集』에 그 기록이 보이는데, "이 싸움에서 적병의 죽은 자가 헤아릴 수 없이 많았다. 적은 그 시체를 모두 거두어 태웠는데 3일이 걸린 뒤에야 끝내고 돌아갔다. 아군의 죽은 자 또한 온 들판에 뒤덮여 있었으며, 홍명구의 屍身은 시체더미 속에서 찾았다. 칼로 이마와 왼쪽 어깨가 찔려 井川 옆에서 죽었는데, 대개 將壇에서 100여 보 떨어진 곳이었다"[64] 라고 기록되어 있는 것으로 보아 조선군이나 청군 공히 많은 수의 사상자를 낸 대규모의 전투였다. 전투 후 김화현민들은 조선군의 시신을 한데 모아 장례를 치렀는데 이른바 지금의 전골총이다.[65] 전골총에 대해서는 비무장지대 내에 위치하는 대형 봉분을 가진 무덤으로 알려져 있다.[66] 그러나 이에 이의를 제기하여 현재 비무장지대 내에 있는 무덤 외에 김화 생창리 일원에 전골총으로 의심되는 무덤이 있다는 연구[67]결과에 따라 최근 이 두곳에 대해 발굴조사를 진행하였다. 발굴조사결과 이 두곳은 무덤이 아닌 자연상태의 구릉인 것으

---

64) 朴泰輔, 『定齋集』 卷4, 「記金化栢田之戰」 賊兵死者. 不可勝紀. 賊盡收其屍. 燒之三日而後畢. 乃去. 我軍之死者. 亦被原滿壑. 得洪監司屍於積屍中. 刃傷額及左眉. 死於 井泉之傍. 盖去將壇百許步云. 현재 충렬사가 세워진 곳이 홍명구의 시신이 수습된 곳이라 전한다. 즉, 홍명구는 將壇(지휘소)에서 불과 100여 보 떨어진 곳에서 시신을 확인하였으니 충렬사 부근 일원이 홍명구가 방어진지를 편성한 곳이라 할 수 있겠다.

65) 김화 백전전투에서의 전사자는 당시 현감으로 있던 李徽祚가 고을 사람들의 도움을 받아 시신을 수습해 전야에 6~7개의 분묘로 만들어 장사지냈는데 이것이 인멸되자 1645년(인조 23) 현감으로 있던 安應昌이 흙을 쌓아 다시 성분하였다고 한다(『輿地圖書』 江原道 金化 古蹟條). 전골총이 조성된 이후 이곳에서 매년 전사한 날인 정월 28일 고을민들이 제사를 지내 충혼을 위로하였다(『輿地圖書』 江原道 金化縣).

66) 陸軍士官學校 陸軍博物館, 앞의 보고서, 1996.
陸軍士官學校·鐵原郡 陸軍博物館, 앞의 보고서, 2000.
이재·강성문·권순진, 앞의 책, 2006.

67) 柳在春, 앞의 논문, 2001, 85~91쪽.

로 밝혀졌다.[68]

결론적으로 청의 기병은 비교적 기병의 공격에 유리한 홍명구의 진영을 기습공격으로 무력화하는데는 성공하였으나 유림부대가 포진한 백수봉일원의 방어진지는 돌파하지 못하였다. 여러 가지 이유가 있겠으나, 먼저 청군의 우세한 철기병의 파상공세 기동을 좌절시키는데 가장 크게 영향을 미친 것은 지형적 이점을 최대한 활용한 방어진지의 편성이다. 둘째, 지형적 이점을 가지고 있으면서도 추가적으로 방어진지 주변으로 목책이라는 장애물을 이용하여 적 기병의 접근을 최대한 억제한 것, 셋째, 鳥銃과 弓手를 적절히 배치하여 집중사격의 중단이 없게 한 적절한 사격통제, 넷째, 죽음을 무릅쓰고 전장에서 부하들을 독려한 지휘, 다섯째, 적을 기만하는 효과적인 철수작전 등이 있다. 이러한 유·무형의 요소들이 합쳐져서 백전전투를 승리로 이끌지 않았나 생각된다.

4. 맺음말

지금까지 병자호란시 김화 백전전투 전적지의 위치 및 전투양상과 의의에 대해 살펴보았다. 김화 백전전투는 병자호란시 김화읍 남쪽의 백전일대에서 벌어진 전투로 용인 광교산전투와 함께 병자호란 2대 승전지로 알려져 있다. 그러나 學界의 관심부족으로 인해 그 전투사가 제대로 조명

---

68) (재)국방문화재연구원, 『철원 김화 전골총 정비사업지 내 유적 발굴(시굴)조사 약보고서』, 2014. 이에 따라 현재 비무장지대내에 있는 전골총이 당시의 전골총일 가능성이 높아졌으나 비무장지대내에 위치하고 있어 발굴조사를 진행하지 못하였다. 차후 비무장지대내에 위치한 전골총과 함께 전투전적지 주변에 대한 정밀조사를 기대해 본다.

되지 못한 점이 없지 않았다. 앞서 살펴본 내용을 정리하면서 맺음말을 대신하고자 한다.

첫째, 전투의 명칭에 관해서는 '백동전투'와 '탑동전투' 또는 '김화전투' 불려져 왔다. 그러나 앞에서 검토한 결과 淸이라는 공동의 적에 대해 兩軍이 인접한 지역 즉, 백전 일원에서 치열하게 치러진 전투였음으로 앞으로는 "김화 백전전투"라 칭하는 것이 좋을 것으로 생각된다. 또한 전투지역은 각종 고문헌기록을 통해 볼 때 비무장지대 내의 백동/탑동으로 명시하기보다는 구김화현의 남쪽 현재 읍내리 백수봉 일원 및 성주고개, 충렬사 일원을 백전전투지로 보는 것이 더 적절하다고 판단된다.

둘째, 홍명구군과 유림군의 방어배치면에서 살펴보면 홍명구군은 산성에 입보하여 수세적 자세를 취하기 보다는 決死의 마음으로 배수의 진을 치고 적극적인 전투를 하겠다는 의지가 강했다고 볼 수 있겠다. 반면 유림군은 유리한 방어진지의 선점과 효과적인 장애물설치 및 사격통제, 기만작전으로 이 전투를 승리로 이끌 수 있었다.

마지막으로 전투지역에 대한 정밀조사가 시급히 선행되어 향후 호국 및 국난극복의 생생한 역사의 현장으로 전적지화해야 될 것으로 판단된다.

戰骨塚의 조성 경위와 위치 比定

柳在春

강원대학교 사학과 교수

목차

Ⅰ. 머리말

Ⅱ. 戰骨塚의 조성 경위와 致祭

Ⅲ. 戰骨塚의 위치 比定

Ⅳ. 맺음말

Ⅰ. 머리말

戰骨塚은 병자호란 당시 김화전투에서 전사한 조선군(약 1천여 명)의 시신을 모아 조성한 무덤으로, 김화전투가 병자호란 당시 5대전투의 하나이고, 또 조선군이 승전한 전투로 기록된 사건이기 때문에 전골총은 병자호란사나 우리나라 戰史에서 뿐만 아니라 한국사 전체에서도 매우 중요한 유적이다.

이 전사자 분묘는 병자호란 직후 조성되어 조선말까지 계속 국가 주도의 치제가 이루어져 왔던 역사적 의미가 깊은 유적이었으나 현재까지도 그 정확한 위치가 확정되지 못하고 있는 실정이다.

이는 이 전골총에 대해 『輿地圖書』 등 지리서에 간략한 기록이 있으나 정확한 위치를 찾을 수 있을 정도의 정확한 기록은 없으며, 또 6.25전쟁 후 이 일대로 休戰線이 통과하면서 일반인의 접근이 어려운 통제구역으로 설정되면서 전골총은 세간에 거의 알려지지 않았다. 그러나 1990년대에 이르러 『鐵原郡誌』를 비롯한 여러 유적조사 보고서에서 그 존재가 지목되면서 관심을 끌게 되었고,[1] 필자는 이를 주제로 하여 논문을 발표하기도 하였지만[2] 그 사실에 대한 명확한 규명은 아직껏 이루어지지 못한 상태이다.

필자가 전골총에 대한 논문을 쓰기 이전에 전골총으로 지목된 곳은 철원군 김화읍 읍내리 DMZ 안의 성재산(혹은 城山) 동쪽 기슭이다. 이 전골총으로 比定된 분묘에 대해서는 일찍부터 의문이 제기되었지만 소재 지역이 일반인의 출입이 자유롭지 못한 특수한 구역이기 때문에 분묘에 대한 직접적인 조사가 이루어지지 못한 채 戰骨塚으로 비정되었다. 지금도 이곳을 직접 조사하기 위해서는 절차상의 어려움 뿐만 아니라 지뢰 등 여러 위험이 수반되기 때문에 당분간 이에 대한 직접 조사는 불투명한 상황이다. 더구나 6.25전쟁 이전에 이 일대에 거주하였던 주민을 대상으로 한 직접적인 구술채록이 어렵다는 것도 이 문제 해결에 난점이었다. 이곳은 수복지역이기 때문에 6.25전쟁을 거치면서 토착인이 거의 모두 흩어져 전골총에 대한 직접, 또는 간접 증언이 채록되지 않고 있다.

---

1) 철원군, 『鐵原郡誌』(下), 1992, 1593쪽.
육군사관학교 육군박물관, 『江原道 鐵原郡 軍事遺蹟 地表調査報告書』, 1996, 87·90쪽
국립문화재연구소, 『軍事保護區域 文化遺蹟 地表調査 報告書(江原道篇)』, 2000, 96·97쪽
2) 유재춘, 「丙子胡亂時 金化戰鬪와 戰骨塚考」, 『史學研究』 63, 한국사학회, 2001.

필자는 이미 2001년 발표한 논문 「丙子胡亂時 金化戰鬪와 戰骨塚考」에서 기존에 처음으로 전골총이라고 지목된 읍내리 擬塚 1(DMZ 내에 소재)이 가지고 있는 의문을 제기한 바 있고 아울러 용양리 畓中에 있는 擬塚(의총 2)을 조사할 필요성을 제기한 바 있다.

그러한 전골총 위치에 대한 제기된 사항이 아직 확인되지 못하고 있는 상황에서 필자는 국립춘천박물관에서 열린 일제강점기 유리원판 사진 전시회에서 김화 성산성 근처에서 고분을 조사하는 장면을 담은 사진을 보고 전골총 문제와 관련하여 새롭게 검토할 필요성을 갖게 되었다.[3]

따라서 본 발표문에서는 전골총의 조성 경위와 함께 현재 전골총으로 비정해 볼 수 있는 3곳의 擬塚에 대해 그 가능성 여부를 검토해 봄으로써 향후 시굴조사 등 고고학적 방법으로 전골총을 확인하는 데 기초적인 자료를 제공하고자 한다.[4]

II. 戰骨塚의 조성 경위와 致祭

청나라는 1636년 12월 1일 대군을 瀋陽에 모아 준비를 마치고, 이어 선봉부대는 조선군을 피해 수도로 직행해 10여 일 만에 수도 한양에 육박하였고, 12월 16일에는 국왕이 옮겨 들어간 남한산성에 이르렀다.

한편 청나라 군사가 이미 평양을 지나가자 평안도 일대의 일부 병력이

---

3) 이 사진의 존재에 대해서는 이미 2011년 10월 31일자 강원일보에 보도된 바 있다.

4) 본 발표문은 필자가 2001년 발표한 「丙子胡亂時 金化戰鬪와 戰骨塚考」(『史學研究』 63, 한국사학회)를 수정하고 그 이후 새로 조사된 사항을 보완하여 작성하였음.

서둘러 남하하게 되었다. 유림은 평안병사로서 안주성에 머물고 있었는데, 淸軍이 안주성 공격을 포기하고 남쪽으로 이동하자, 영변부사 李浚에게 자신의 소임을 위임하고 朝廷에 淸軍이 남쪽으로 이동한다는 사실을 보고하는 한편 자신은 휘하의 군사를 거느리고 관찰사 홍명구와 慈山에서 합류하여 金化로 이동하였다.[5] 즉, 홍명구와 유림은 淸軍이 이미 평안도를 지나쳐 가자 慈山에서 합류하여 김화 방면을 거쳐 서울로 가려고 하였던 것이다. 이 때가 1637년 1월 26일경이었다.[6] 이 당시 조·청간 김화에서 전투를 하게 된 것은 임진강 북동쪽으로 돌아 서울로 진군하려던 조선군과 이를 저지하려는 청군의 한 支隊가 김화에서 만났기 때문이다. 당시 전투지에 대해서는 이미 기존 연구에서 조사되었다.[7]

　김화 전투에서는 많은 군사들이 전사하였고, 이 전사자를 모아 분묘를 조성한 것이 바로 전골총이다. 그렇다면 김화전투 당시 조선군 전사자는 얼마나 되었던 것인가. 이에 대해 명확한 숫자를 제시한 기록은 아직 발견하지 못하였다. 18세기에 편찬된 지리서인 『輿地圖書』의 기록에는 단지 "不知其幾"라고만 하고 그 수를 적지 않았으나 이는 "이루 헤아릴 수 없이 많았다"는 것을 의미한다고 하겠다. 당시 전투상황을 보더라도 홍명구 휘하의 군사는 적어도 1천명 이상이었을 것이며 主將이 전사하는 상황에

---

5) 『海東名將傳』柳琳傳.

6) 南九萬撰, 「柳琳神道碑」참조. 朴泰輔는 그의 문집 『定齋集』에 실려 있는 「記金化栢田之戰」에는 홍명구·유림 부대가 金化에 도착한 일자가 正月 16일로 되어 있어서 神道碑文 내용과는 차이가 있다. 「柳琳神道碑文」「記金化戰場事實」「記金化栢田之戰」등 당시 戰況을 기록한 것을 종합해 볼 때, 홍명구 일행은 전투가 시작되기까지 10여 일 이상을 체류한 흔적이 나타나지 않으며, 남한산성으로 진군하다가 김화에서 청군과 전투를 벌인 것이기 때문에 10여 일 이상을 김화에서 체류하였다는 것은 앞뒤가 맞지 않는다. 따라서 「神道碑文」의 날짜 기록이 정확한 것으로 판단된다.

7) 육군사관학교·철원군, 『鐵原 城山城 地表調査 報告書』, 2000.
유재춘, 「丙子胡亂時 金化戰鬪와 戰骨塚考」, 『史學研究』 63, 한국사학회, 2001.

이르렀다는 것을 감안하면 많은 희생자를 냈다고 하는 것은 능히 짐작 할 수 있는 일이다.

특히 우암 송시열이 김화를 지나는 길에 이곳에서 탐문한 내용을 기록한 「記金化戰場事實」에 보면, 당시 몸을 산간에 숨기고 전투상황을 상세히 목격한 官奴 劉戒弘의 증언이 실려 있는데, 거기에서 劉戒弘[8]은 아군의 피해에 대해 처음에 김화에 왔던 군사의 수에 비해 1/10이 안된다고 하고 있다.[9] 이는 대다수의 군사들이 이 전투에서 전사하였다는 것을 의미한다고 볼 수 있다.

또한 박태보의 『定齋集』에서도 당시의 전사자 수에 대한 내용을 찾아 볼 수 있다. 박태보는 1684년(숙종 10) 가뭄으로 인해 戰亡者에 대한 제사를 지내기 위해 金化에 致祭官으로 파견되었을 때 胡亂 당시의 상황을 탐문하기 위해 戰場을 목격한 官奴 繼弘을 만나게 되었는데 당시 계홍은 75세였다. 박태보는 그의 탐문 기록인 「記金化栢田之戰」에서 「我軍之死者亦被原滿壑」이라고 하고 있다. 이러한 것이 다소 과장된 표현이라고 하더라도 역시 대다수의 軍士가 전사하였을 것이라는 점을 추정케하는 대목이다.

따라서 당시 전사자 수를 대략적으로 추정하기 위해서는 당시 조선측 軍勢에 대해서 살펴 볼 필요가 있다. 이에 대해서는 기록간에 차이가 있는데, 유림신도비문에는 "5천여 인"이라고 하였고, 박태보의 「記金化栢田之戰」(定齋集)에서는 홍명구군이 천여 명쯤 되고 유림군은 그에 비해 많았다

---

8) 박태보의 기록인 「記金化栢田之戰」(『定齋集』)에서는 "官奴 繼弘"이라고 하였는데 어느 것이 정확한 것인지는 알 수 없다.

9) 宋時烈, 『宋子大全』 권136 「記金化戰場事實」

고 기록하고 있다. 이로 볼 때 박태보의 기록을 따른다면 조선측 군사의 합계는 약 2000~3000여 명이 되는 셈이나 어느 것이 정확한 기록인지는 알 수 없다. 다만 적은 수로 잡더라도 2~3천명은 되는 셈이어서 대다수가 전사하였다는 기록을 감안하면 적어도 1천명 이상이 전사한 것으로 보아야 할 것이며, 유림신도비문의 5천여 명을 기준으로 추산할 경우 전사자는 더욱 늘어나게 된다.

김화전투에서의 전사자는 당시 현감으로 있던 李徽祚[10]가 인근 고을 사람들의 도움을 받아 시신을 수습해 前野에 6, 7개의 분묘로 만들어 장사지냈었는데 이것이 민멸되자 1645년(인조 23) 현감으로 있던 安應昌이 흙을 쌓아서 다시 成墳하였다고 한다.[11] 아마 안응창 현감이 成墳하였다는 것은 6, 7개 분묘로 되어 있던 것을 하나의 분묘로 크게 조성한 것으로 이해된다.

전골총이 조성된 이후 이곳에서 매년 戰死한 날인 정월 28일에 고을 민들이 제사를 지내 충혼을 위로하였다.[12] 또한 김화전투는 병자호란 당시 몇 안되는 치열한 전투였고, 많은 희생자를 냈기 때문에 후대에 국가 차원에서도 제사하는 경우가 많았다. 특히 가뭄이나 여역이 심할 때는 그 원인이 無祀冤魂에 있다고 믿었기 때문에 많은 전사자를 낸 전쟁터나 산천·성황단에 제사를 지내도록 하였다.[13] 국가에서 金化 전쟁터에 제사하도록 한 시초는 1640년(인조 18)인 것으로 생각된다. 실록에는 江都·雙嶺·

---

10) 박태보의 「記金化栢田之戰」에 의하면 당시 김화현감 李徽祚는 官屬을 이끌고 縣 남쪽의 幞頭山 蠶谷으로 피난한 것으로 기록되어 있다.

11) 『輿地圖書』 江原道 金化 古跡條.

12) 『輿地圖書』 江原道 金化縣.

13) 『인조실록』 권40 인조 18년 6월 임술.

險川·安邊 등처에 近臣을 보내 위령제를 지내도록 하였다고 하여 金化가 거명되지 않았지만 "等處"라고 하는 것으로 보아 분명히 金化도 당시 위령제를 지낸 지역 가운데 하나였을 것으로 추정된다. 이후 1656년(효종 7) 致祭 기록에는 명확히 金化가 거명되고 있다. 당시 오랫동안 가뭄이 심하자 相禮 李爾松의 상소에 따라 金化를 비롯하여 쌍령·마희천 등에 제사를 지내도록 하였다.[14] 또한 『현종실록』에도 致祭의 기록이 있는데,

> 山川壇과 城隍壇에 제사를 지내라고 명하였다. 또 重臣을 보내어 北郊에서 厲祭를 지내라고 명하였다. 또 근신을 보내어 險川·雙嶺·金化·兎山·江華에서 싸우다가 죽은 장사들에게 제사를 지내도록 명하였는데, 험천 등 5곳은 병자년 난리 때 싸움터였던 곳이다. 이때 여역이 몹시 치성하여 중외에 죽은 자가 잇달았는데, 교리 李奎齡이 제사를 지내어 기도하기를 청하고, 예조가 강화에는 본부로 하여금 제사를 지내게 하라고 아뢰었는데, 상이 따른 것이다. 뒤에 강화유수 서필원이 모두 근신을 보내어 제사를 지내기를 계청하자, 상이 따랐다.[15]

라고 하였는 바, 이에서 보면 역시 중앙에서 관리가 직접 파견되어 치제한 것을 알 수 있으며, 金化는 험천·쌍령·토산·강화와 함께 병자호란 당시 남한산성을 제외한 5대 전적지임을 알 수 있다. 이후 숙종대에도 1684년(숙종 10) 朴泰輔를 보내 치제한 바 있고,[16] 1717년(숙종 43)에도 관리를 보내 제사를 지낸 바가 있다.[17] 전골총에 대한 제사가 어느 시기에 중단되었

---

14) 『효종실록』 권16 효종 7년 5월 임인.
15) 『현종실록』 권14 현종 9년 3월 정사.

는지는 분명치 않지만 일제강점시대에 들어서 고을민의 致祭도 이미 중단된 것은 분명하다.[18]

한편 전골총에 묻힌 것은 아니지만 김화전투에서 전사한 관찰사 홍명구를 위해 1650년(효종 1) 그의 戰死한 터에 사당이 건립되었고 1652년 "忠烈祠"로 賜額되었다. 그리고 순조대에는 홍명구 不祧廟 설치가 허가되었다.[19] 홍명구에 대한 不祧廟 설치 命은 이미 정조대에 있었던 것인데, 시행과정에서 주관부서에 명령이 제대로 전달되지 않아 시행되지 못하였던 것으로 보인다. 1816년(순조 16) 예조에서 보고한 내용에,

「"방금 전에 幼學 洪秉倫 등 18명이 연명한 단자를 받아 보았습니다. 거기에 '(저의) 선조인 贈領議政 忠烈公 洪命耉는 옛날 병자년·정축년의 난리에 평안도 관찰사로서 사잇길로 임금을 구하려고 가다가 金化縣 伯田에 이르러 힘껏 싸우다가 죽었습니다. 仁廟께서 조회에 임하여 눈물을 흘리며 이르시기를, '이번 난리에 죽은 지방 장관은 홍명구 한 사람뿐이다'라고 하시며, 관작과 시호를 내리고, 마을에 旌門을 세워 표창하고, 자손을 錄用하라고 명하셨습니다. 조정에서 존숭하고 포상하는 은전에 여러모로 힘을 기울였다고 하겠습니다. 그러나 아직도 不祧의 은혜는 입지 못하였으므로, 백세의 공론과 후손의 마음이 진실로 억울해 하였습니다. 그런데 정종 대왕의 御製를 살펴보건대 洪翼靖이 旌閭·贈職에 관하여 올린 奏稿를 인

16) 朴泰輔,『定齋集』권4 記金化栢田之田.「甲子夏 大旱訖秋 朝廷遣使致祭于金化戰場 以禱雨 … 」
17)『숙종실록』권59 숙종 43년 6월 갑신.
18)『江原道誌』(1940년 刊) 권3 古蹟·名所 金化.
19)『순조실록』권19 순조 16년 6월 갑인.

용해 말하기를, '李尙吉·尹棨·洪命耈에게 특별히 부조의 은전을 시행하라고 명하였는데, 바로 병자년 충신이다'라고 하였습니다. 위대하신 왕의 말씀이 史牒에 기록되어 해와 별처럼 뚜렷하니, 이는 선왕조에서 이미 시행한 법이며 私門에서 이미 받은 은전입니다. 또 이 해가 거듭 돌아왔으므로 빨리 신주 모시는 예를 거행하기를 기다리니, 조금도 늦출 수 없습니다. 그러나 다만 예조에 判下되지 않으면 바로 거행할 수 없으므로 곧 사유를 갖추어서 계달하여 제때에 거행하게 해 주소서.'라고 하였습니다. 삼가 선왕께서 지으신 글을 상고해 보니 과연 단자의 말처럼 성상의 분부가 뚜렷이 기록되어 있었습니다. 이 세 신하의 높은 충성과 아름다운 절의는 伯仲之間이기 때문에 선왕께서 은덕을 갚음에 일체로 보아 차이가 없었으며, 부조의 은전 또한 홍명구를 언급하지 않은 적이 없었습니다. 그런데 이상길과 윤계는 특별한 분부가 먼저 내렸거나 후손의 상소로 인하여 이미 신의 부서에서 사례를 상고하여 거행하였습니다. 그러나 홍명구에 있어서는 은혜로운 하교만 御製에 실려 있으나 承傳은 받들지 못하였기 때문에 이제까지 명이 내렸는지 모르고 있었습니다. 선왕께서 지으신 글이 지금 이미 인쇄되어 中外에 반포되었고 보면, 홍명구에 대한 부조의 절차를 삼가 준수하여 거행하는 것이 마땅할 듯합니다만, 이미 승전과 사체가 다르므로 신의 부서에서 감히 마음대로 처리하지 못하겠습니다. 대신에게 문의하여 처리하소서"하니, 윤허하였다. 대신이 모두 그렇게 하는 것이 옳다고 하므로, 그대로 따른 것이다」[20]

---

20) 위와 같음.

라고 하였는 바, 이에서 보면 이미 정조대에 이상길·윤계와 함께 부조묘 설치에 대한 命이 있었으나 그것이 해당부서에 명확히 지시로 전달되지 않음으로써 시행되지 않았던 것을 알 수 있다. 그러다가 홍명구의 遷位時期에 임박하여 후손인 유학 홍병륜 등의 시행 요청에 의해 다시 공론화됨으로써 비로소 시행을 보게 되었던 것이다. 이러한 홍명구관찰사에 대한 선양 조치와 전골총에 대한 致祭, 그리고 1644년 평안도병마절도사 유림 대첩비의 건립은 조선왕조가 김화전투에 대해 어떤 인식을 하고 있었는지를 잘 보여주는 사례라고 할 수 있다.

Ⅲ. 戰骨塚의 위치 比定

앞서 언급한 바와 같이 전골총은 병자호란 당시 김화전투에서 전사한 이들을 매장한 분묘이며, 그 조성에 대한 사실은 분명하다. 그런데 현재 그 실제의 위치를 지목하는데 있어서는 약간의 문제가 있다. 전골총으로 명확하게 확정할 수 있는 분묘를 아직 지목할 수 없기 때문이다. 따라서 여기에서는 그간 전골총으로 알려졌거나 그 분묘로 추정되는 유적에 대해 개별적으로 살펴보고 그 가능성 여부를 종합적으로 검토해 보도록 하겠다.

---

21) 이곳은 기왕에 **戰骨塚**으로 알려진 곳이나 아직 확인된 유적이 아니기 때문에 서술 편의상 필자가 임의적으로 "읍내리 擬塚"이라 이름하였다.

1. 比定 擬塚 소개

1) 읍내리 擬塚 1 [21)

옛 金化 관아터(생창리 북방) 북쪽의 성재산의 동쪽 기슭에 위치하고 있다. 이 의총을 처음으로 전골총으로 규정한 보고는 『「鐵原郡誌』이며, 기타 여러 보고서에서도 이를 따랐다.[22) 현재 이곳에는 안내판이 세워져 있을 정도로 戰骨塚 眞塚으로 여겨지고 있다. DMZ 내에 위치하고 있기 때문에 직접 조사가 봉쇄되어 있는 상황이다. 외형상 분묘 모양을 하고 있기는 하나 이것이 분묘인지 아닌지는 현재로서는 알 수 없다.

▲ 읍내리 擬塚 모습(DMZ 內, 2001년)

---

22) 철원군, 『鐵原郡誌』(下), 1992. 1593쪽.
육군사관학교 육군박물관, 『江原道 鐵原郡 軍事遺蹟 地表調査 報告書』. 1996. 87·90쪽.
국립문화재연구소, 『軍事保護區域 文化遺蹟 地表調査 報告書(江原道篇)』. 2000. 96·97쪽.

▲ 읍내리 擬塚 모습(DMZ 內, 2012년)

▲ 읍내리 擬塚 1 위치(google earth 위성사진 편집)

이 의총은 산능선과 분리된 작은 동산이 동서로 긴 형태를 하고 있는데, 철책에서 약 70m 정도 떨어져 있기 때문에 그 크기를 정확히 알 수는 없지만 대략 긴 방향인 동서 폭이 약 60m, 남북 폭이 약 20m 정도로 추산된다.

2) 읍내리 擬塚 2

성산성 남서쪽 기슭에 위치하고 있다. 이 추정 분묘는 확실한 정체는 알 수 없으나 일제강점기 김화 성산성 근처에서 촬영한 유리원판 사진에 다섯 사람이 분묘 위에 올라가 조사하는 장면을 찍은 모습이 나타나고 있다. 사진상에 나타나는 작은 동산 모양의 분묘가 전골총인지 아니면 다른 고분인지 여부는 정확하지 않지만 이 사진에 나타난 분묘가 병자호란 당시 김화전투지와 멀지 않은 곳에 위치하고 있다는 점에서는 전골총 조사 대상에 반드시 포함되어야 하는 곳이다.

사진의 분묘 위치는 성산성 남서쪽 산기슭으로, 이곳은 김화 관아가 있던 곳으로부터 서쪽으로 약 800여 미터 떨어져 있다. 김화전투 전장터에서는 북서쪽으로 약 940m 정도 떨어져 있다. 이 일대는 군부대가 자리잡고 있는데, 당시와는 달리 지형의 변형되고 수목이 우거져 사진상에 나타나는 분묘의 위치를 정확하게 찾기는 어려우나 군부대 막사 건물 뒤편의 초소가 설치되어 있는 작은 구릉지가 사진상의 분묘인 것으로 추정된다.

이곳은 군부대 막사 건축과정에서 남쪽 사면 기저부가 절개되고 동측과 북측, 서측도 부대 시설물 건축과정에서 부분적으로 삭토되거나 일부가 변형되었지만 초소설치 지점이 부대에서 인위적으로 성토한 곳이 아

▲ 일제강점기 촬영 읍내리 擬塚(멀리 보이는 것이 성산성)

▲ 읍내리 擬塚 2 옆에 놓여있는 석재

닌데 오똑한 동산 모양을 하고 있다는 점에서 가능성이 높다. 특히 초소설치 지점이 상당히 민멸되었지만 이곳의 토양이 일반 생토층이 아닌 것으로 판단되며, 근처에는 상석 모양을 한 용도 불명의 화강암 석재가 있어서 이 석재 역시 분묘와 관련이 있는 것이 아닌가 추정된다. 이 지점에서 성산성을 바라보는 공간에는 경사도가 낮은 산사면이 발달해 있는데 현재 수목이 우거져 사진상에 나타나는 윤곽을 정확하게 잡아내기 어려운 상황이다.

▲ 읍내리 擬塚 2 위치(google earth 위성사진 편집)

3) 용양리 擬塚

생창리 동편의 새로 건설된 용암교의 남쪽 약 100여 미터 떨어진 곳의 논 안에 위치하고 있다. 이 擬塚은 최근 이 주변의 도로공사와 관련한 지표조사 과정에서 발견되어 알려지게 되었다.[23] 이 의총은 둘레 약 60m, 높이 약 4m 정도되는 타원형의 작은 동산 모양을 하고 있다.

이곳은 당초 밭이었던 곳으로 70년대 후반 경지정리사업을 시행하면서 논으로 바뀐 곳이다. 인근의 제방은 96년도, 98년도 水害로 유실된 것을 최근에 복구한 것인데, 당초에는 현재처럼 높지 않았다. 고총으로 의심되는 이 유적은 주변이 경지정리사업과정에서 상당 부분 깎여 나간 상태이나 경지정리를 하기 전만 하더라도 매우 높고 컸다고 한다.[24] 이 논 가

---

23) 최복규 강원대 교수를 단장으로 하는 조사단에 의해 2000년 12월 이 擬塚이 확인되었으며, 필자는 그 일원으로 조사에 참여하였다.

24) 윤희섭씨(68세, 현재 철원군 김화읍 생창리 거주)는 6.25 전쟁 이전에 이 유적 근처인 암정리에 살았던 분으로, 이것이 무덤이라는 이야기는 전해듣지 못하였으나 이 왕릉같은 동산이 아주 오래전

운데 있는 소규모 동산이 고총으로 의심되는 데는 다음의 두가지 측면에
서 이유가 있다.

▲ 용양리 擬塚 위치(google earth 위성사진 편집)

▲용양리 擬塚 모습

부터 있었던 것임은 분명하다고 증언하였다.

▲ 용양리 擬塚 모습

▲ 용양리 擬塚 단면 모습

첫째는 위치와 외형이다. 이곳은 하천변에 형성된 평지로 예전에는 田地였던 곳이어서 동산이 있을 하등의 이유가 없다는 점이다. 즉 이곳은 대개 하상의 퇴적지대로서 동산의 형성은 물론이고 산맥의 일부가 떨어져 나왔을 가능성이 희박한 곳이다.[25] 또한 외형상 평지에 형성되어 있어서 고총에 흡사한 모습을 하고 있을 뿐만 아니라 삭토된 부분의 단면에 매끈한 강돌이 들어 있는데다가 도기편 등이 함께 혼재해 있다. 또한 擬塚의 가장자리를 자세히 보면 생토층이라는 증거가 거의 보이지 않는 다는 점이다. 이로 볼 때 이 擬塚은 자연적인 동산이 아닌 것으로 판단된다.

둘째는 경지정리사업 시행시 削土되어 정리되지 않은 점이다. 앞서 언급한 바와 같이 이곳은 밭으로 경작되던 곳이었는데, 경지정리사업에 의해 畓으로 전환된 지역이다. 그런데도 경작에 장애가 될 이 소규모 동산을 그대로 보존한 것은 그만한 이유가 있어서라고 생각된다. 즉, 이 동산은 암석덩이가 아니기 때문에 약간의 불도저 작업만으로도 쉽게 평지화 할 수 있는 것을 그대로 두었던 것이다. 현재 한국전쟁 이전에 이곳 주변에 거주하던 주민은 거의 만나 볼 수 없었다. 그러나 근처인 암정리에 살았던 주민의 증언에 의하면 70년대 후반 경지정리사업시 이 고총 주변을 일부 깎아 냈으나 이것이 심상치 않은 것이라 하여 그대로 남겨 두었다는 것이다.[26] 이는 이 작은 동산을 쉽게 없앨 수 없는 어떤 이유가 있었던 것이라

---

25) 물론 하천퇴적물에 의한 지형변동으로 인하여 구릉이 형성되었을 가능성을 전혀 배제할 수는 없으나 그렇다고 하더라도 경지정리과정에서 삭평하지 않은 것은 상식적으로 납득하기 어렵다.

26) 2001년 필자가 조사할 당시 김화읍 생창리에 거주하고 계시던 윤희섭(68세)씨의 증언이다. 윤씨는 6.25전쟁 이전 고총 근처인 암정리에 거주하였던 분으로, 경지정리사업 때에 직접 보지 못해 알 수 없지만 다른 사람들로부터 사업과정에서 그것의 일부를 깎아내다가 뭔가 있는 것 같아 그냥 두었다고 하는 이야기를 전해 들은 바 있다고 한다.

고 생각한다. 그 이유가 이것이 古塚이기 때문이었는지는 분명치 않지만 이것이 농지경작에 큰 장애가 된다는 것을 잘 알면서도 그대로 두었다는 것은 '훼손이 금기시된 어떤 것'이었을 가능성이 가장 크다고 하겠다.

2. 擬塚 종합 검토

그렇다면 이 세 곳 擬塚 가운데 어느 곳이 기록에 나오는 전골총과 부합하는지, 부합하지 않는다면 전골총의 위치 비정을 어떻게 보아야 하는가 하는 것에 대해 살펴볼 필요가 있다.

우선은 기록에 단편적으로 나타나고 있는 전골총의 위치에 대해 알아볼 필요가 있다. 전골총의 위치를 알려주는 기록으로는, 18세기 중엽에 간행된 『輿地圖書』가 있다. 이 지리지에는 전골총의 위치와 관련하여 두가지 중요한 사실이 기록되어 있다. 하나는 "縣(관아 기준) 동쪽 2리"되는 지점에 있다는 것이고, 다른 하나는 1637년 당시 현감으로 있던 李徽祚가 戰死한 시신을 수습하여 "前野"에 6, 7개의 분묘로 만들어 장사지냈다고 하는 기록이다.[27] 이러한 기록상의 내용을 종합해 보면, 기본적으로 전골총은 관아의 동쪽 2리 되는 곳이고, 이곳은 전장터의 前野에 해당하는 지점이라는 것이다. 이런 기록상의 위치는 현재의 지도상으로 본다면 계웅산 서남쪽 일대가 그 권역에 들어간다고 할 수 있다.

그러나 현재 전골총일 가능성이 있는 의총은 모두 3개소인데, 조선시대 관아지를 전장터 북쪽으로 약 500여 미터 떨어진 곳으로 볼 때 "東 2리"와 "前野"를 정확하게 충족시키는 분묘유적은 아직 발견되지 않았다.

---

27) 『輿地圖書』江原道 金化 古跡條.

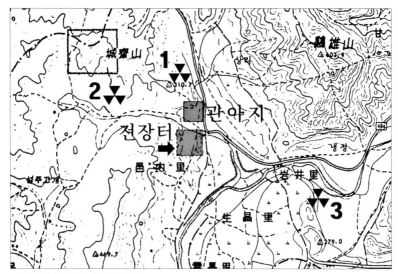

▲ 김화일대 戰骨塚 擬塚 위치도

▲ 김화전투 전적지 일대 전골총 의총 위치도(google earth 위성사진 편집)

따라서 앞서 제시한 전골총 의총으로 여겨지는 3개소를 대상으로 각기 그 가능성을 검토해 보면 다음과 같다.

첫째, 우선은 처음 전골총으로 지목된 「읍내리 擬塚 1」에 대해 검토해 볼 필요가 있다. 이 의총은 전골총으로 알려지기는 하였으나 아직 전골총으로 단정하기엔 이르다. 먼저 그 가장 큰 이유는 앞서 언급한 『輿地圖書』의 기록 내용과 부합하지 않는다고 하는 점이다. 『여지도서』에서는 관아의 동쪽이라고 기록하고 있으나 읍내리 의총은 동쪽이 아닌 북쪽에 위치하고 있으며, 또 同 지리지에서 "前野"라고 하였으나 현재의 읍내리 의총은 산기슭에 위치하고 있고 성재산 지맥에 의해 가려져 있기 때문에 전장터를 기준으로 볼 때 "前野"라고 보기에는 적합하지 않다. 물론 지리지에 기록되어 있는 방향 표기가 반드시 현재의 정확한 방위와 일치한다고 할 수는 없다. 이는 『여지도서』 김화현 山川條에 기록되어 있는 "駐蹕峯" 항목에 보면 이 산이 "東 7리"에 있다고 되어 있지만 이 주필봉은 다른 고지도에서도 표기되어 있듯이 남쪽에 위치하고 있다. 그러나 이렇게 기록내용과 실제 방위가 다르다고 하여 지리지 기록의 방위가 모두 틀린 것은 아니기 때문에 전골총 위치에 대한 방위 표시가 무조건 잘못 기재된 것이라고는 할 수 없을 것이다. 다만 방위 기록이 잘못될 가능성이 있으므로 주변의 유적을 철저히 조사한 후 기록의 오류여부를 최종 판단하여야 할 것이다. 더구나 조선시대 김화 관아의 정확한 위치는 고증되지 않았기 때문에 엄밀하게 말하면 "東 2리"의 구역범위는 가변성을 가지고 있다. 특히 관아지가 현재보다 더 서쪽으로 이동할 경우 읍내리 의총 1은 "東 2리"의 범주에 드는 것으로 판단될 수도 있다.

▲ 19세기 후반 지방지도의 김화현 지도(서울대 규장각 소장) : 지도 아래쪽 "南面"이라고 적힌 왼쪽 편에 "駐蹕峯"이라는 표기가 보인다

또 "前野"의 경우도 전장터 기준점에 따라 "前"이 어느 방향을 가리키는지도 명확하지 않은 점이 있다. 일상적인 관점에서 본다면 충렬사터와 그 앞의 백수봉 사이가 전장터라고 볼 때, 前野란 그 골짜기가 열려 있는

쪽(북쪽으로 성산과 동쪽으로 계웅산 사이)이라고 할 수 있으나 백수봉 봉우리에 올라가서 전야라고 한다면 그 범위는 더 넓어진다. 따라서 읍내리 의총 1의 경우 능선으로 가려져 전장지에서 보이는 지점이 아니지만 북쪽으로 가까운 곳에 위치해 있고, "野"라는 개념이 일반적으로 들판을 말하지만 마을에서 떨어진 곳을 "野"라고도 하므로 이 읍내리 의총 1이 "前野"라고 하는 기록상의 위치에서 완전히 벗어난 것은 아니라고 할 수 있다.[28] 다만 이러한 기록상의 폭넓은 해석을 적용하여 판단하려면 궁극적으로 의총에 대한 고고학적 조사 결과가 반영될 수밖에 없다. 고고학적 조사결과가 뒷받침되지 않는 다면 기록 내용에 대한 폭넓은 부합적용은 의미가 없어지는 것이다.

둘째, 읍내리 의총 2의 전골총 가능성 문제이다. 이 의총은 일제강점시기에 읍내리 일대에서 고분을 조사하는 장면을 촬영한 유리원판 사진이 최근 알려지면서 새로 전골총 가능성이 있는 것으로 지목된 곳이다. 이 의총은 앞서 설명하였듯이 김화전투 전장터에서 북서쪽으로 약 940m 정도 떨어져 있다. 이 의총은 『여지도서』 기록상의 "前野"라는 점은 충족할 수 있지만 "동 2리"와는 맞지 않는다. 다만 방위 기록의 오류 가능성을 염두에 둔다면 일단 가능성을 가지고 조사되어야 하는 곳이다. 특히 이 유적은 명확하게 사진으로 남아 있어서 그 위치 고증이 가능하며, 당시에 고분으로 조사가 되었으며,[29] 대략적인 모양이 작은 동산 모양을 하고 있다는 점

---

28) 필자는 2001년 발표한 「丙子胡亂時 金化戰鬪와 戰骨塚考」(『史學研究』 63, 한국사학회)에서 읍내리 의총 1이 기록과 부합하지 않는 것으로 보았지만, 본 논문에서는 방위 기록 오류 가능성을 열어두는 방향으로, 그리고 "前野"의 범주 문제에 대해서도 보다 폭넓은 개념을 적용하는 것으로 수정한다.

29) 유리원판 사진상의 고분이 전골총이 아니라고 하더라도 이것이 고분이 맞다면 그 역시 중요한 유적이라고 보아야 한다. 특히 근처의 성산성이 이미 고대부터 사용한 산성이라는 점에서 산기슭에

에서 그 가능성을 열어두고 고고학적 조사를 통하여 그 사실 규명이 이루어져야 할 것이다.

셋째, 용양리 의총의 전골총 가능성 문제이다. 이 의총은 일단 대체로 『輿地圖書』 기록과는 부합하는 면이 있다. 우선 동쪽이라고 하는 방향이 일치하고 있고, 들판 하천변에 위치하고 있기 때문에 "前野"라고 하는 부분에 있어서도 백수봉에서 내려다 보는 것을 전제로 할 때 대략 일치하고 있다. 다만 "2리"라고 하는 거리 문제에 있어서는 기록과 달리 다소 먼 위치에 위치하고 있고, 전장터로부터 가려면 하천을 건너는 곳이기 때문에 의심이 가는 점도 있다. 즉, 당시 그 많은 시신을 가까운 지대를 놓아두고 왜 그렇게 다소 멀리 떨어진 곳으로 옮겨 매장하였는가 하는 점이 쉽게 납득이 가지 않기 때문이다. 그러나 이 의총이 경지정리사업중에도 삭토되지 않고 보호된 점에서나 인공의 흔적이 보인다고 하는 점에서도 분묘일 가능성이 높기 때문에 전골총 비정과 관련하여 중요한 의미가 있다. 결과적으로 이 용양리 의총 역시 대체적으로 기록의 내용과 부합하는 점이 있지만 의총의 내부를 확인한 것이 아니기 때문에 단정하기엔 이르며, 향후 고고학적 조사가 이루어진 후 다시 검토할 필요가 있다.

이러한 3개소의 의총에 대한 개별적인 부합 여부를 살펴 보았는 바, 기록과 현재의 위치 등을 종합적으로 고려하여 단순히 부합의 정도를 가늠한다면 용양리 의총이 부합정도가 가장 높다고 할 수는 있지만 읍내리 의총 2개소도 그 가능성이 없는 것이 아니기 때문에 최종적인 판단은 향후 3개소 의총에 대한 고고학적 조사가 이루어진 이후로 미루는 것이 바

고분유적의 존재 가능성이 있다는 점도 염두에 두어야 할 것이다.

람직 하다고 하겠다.

또한 전골총 비정과 더불어 반드시 염두에 두어야 할 사항이 있다. 이는 김화전투 당시 전사한 청나라 군사 시신의 처리 문제이다. 송시열의 「記金化戰場事實」에 "賊死無數"라고 하였던 것에서 알 수 있는 것처럼 김화전투 당시 조선군 뿐만 아니라 清軍도 많은 수가 전사하였음을 상기할 필요가 있다. 따라서 그 屍身과 斃死馬 등의 처리를 어떻게 하였을 것인가 하는 문제도 아울러 고려해 보아야 한다. 朴泰輔의 「記金化栢田之戰」에 의하면 清軍은 전투가 끝난 후 청군 시신을 모두 수습하여 3일간 태워 처리한 후 돌아간 것으로 기록되어 있다.[30] 청군이 시신을 태운 후 그 뒷처리를 어떻게 하였는지는 불분명하다. 하지만 청군이 유골을 완전 수습하여 돌아간 것이 아니라면 과연 이를 어떻게 처리하였는가. 혹 매장한 것은 아닌가. 매장하였다면 그곳은 어디인가 라고 하는 점을 염두에 두어야 할 것이다.[31]

Ⅳ. 맺음말

이상에서 병자호란 당시 평안도 관찰사 홍명구와 평안병사 유림이 남하하면서 김화에 이르러 벌인 전투에서 전사한 이들을 매장한 전골총의 조성 경위와 3개소의 전골총 擬塚, 그리고 그 위치 비정 문제에 대하여 살

---

30) 박태보, 앞의 책, 「… 賊兵死者 不可勝紀 賊盡收其屍 燒之三日而後畢 乃去 …」.
31) 청나라 군사가 시신을 태운 후 유골을 근처에 매장하였다면 왜 그런 기록이 전혀 없는 것 인가하는 의문이 들기도 하지만 일단 조선측보다 더 많은 사상자를 낸 청군이 많은 시신을 태웠던 것은 분명한 만큼 남은 유골의 매장 가능성도 염두에 두어야 한다는 의미임.

펴보았다.

　김화전투에서 戰死한 이들의 墳墓인 戰骨塚은 그 역사적 의미가 대단히 큰 유적이다. 김화전투는 험천·쌍령·토산·강화전투와 함께 많은 희생자를 낸 병자호란 5대전투의 하나라고 할 수 있으며, 더구나 승전을 한 전투지라고 하는 점에서도 의미가 크다. 그러한 역사적 의미가 깊은 유적지인 전골총은 아직 그 정확한 위치가 확인되지 못하고 있다.

　본 논문에서 김화전투 전적지 주변에서 전골총 가능성이 있는 3개소의 의총에 대해 기록과의 부합여부, 현재 상황 등을 살펴 보았는 바, 단순히 부합의 정도를 가능한다면 용양리 의총이 부합정도가 가장 높다고 할 수는 있지만 읍내리 의총 2개소도 그 가능성이 없는 것이 아니기 때문에 최종적인 판단은 향후 3개소 의총에 대한 고고학적 조사가 이루어진 이후로 미루는 것이 바람직 하다고 하겠다. 또한 이 일대가 모두 민통선구역이어서 조사활동의 제한을 받아 충분한 기초조사가 이루어지지 못하였으므로 이 3개소 이외에도 다른 의총이 있을 가능성도 함께 열어두고 조사가 이루어져야 할 것이다.

　또한 전골총 비정과 더불어 반드시 염두에 두어야 할 사항이 있다. 이는 김화전투 당시 전사한 청나라 군사 시신의 처리 문제이다. 송시열의 「記金化戰場事實」에 "賊死無數"라고 하였던 것에서 알 수 있는 것처럼 김화전투 당시 조선군 뿐만 아니라 淸軍도 많은 수가 전사하였음을 상기할 필요가 있다. 따라서 그 屍身과 斃死馬 등의 처리를 어떻게 하였을 것인가 하는 문제도 아울러 고려해 보아야 한다. 朴泰輔의 「記金化栢田之戰」에 의하면 淸軍은 전투가 끝난 후 청군 시신을 모두 수습하여 3일간 태워 처리한 후 돌아간 것으로 기록되어 있다.[32] 청군이 시신을 태운 후 그 뒤처리를 어떻게 하였는지는 불분명하다. 하지만 청군이 유골을 완전 수습하여 돌아간 것이 아니라면 과연 이를 어떻게 처리하였는가. 혹 매장한 것은 아닌가. 매장하였다면 그곳은 어디인가 라고 하는 점을 염두에 두어야 할 것이다.

아직껏 전골총이 명확하게 확인되지 못한 것은 이를 확인하기 위해 가장 중요한 부분인 고고학적 조사가 이루어지지 못하였기 때문이다. 앞서 언급한 바와 같이 전골총은 역사적 의미가 매우 큰 유적인 만큼 조속히 확인하여 정비할 필요가 있는 유적이다. 전골총 眞塚을 찾기 위해서는 우선적으로 앞서 제시한 3개소의 擬塚에 대한 기초자료를 바탕으로 고고학적 방법에 의해 확인하는 작업이 필요하다.

---

32) 박태보, 앞의 책, 「… 賊兵死者 不可勝紀 賊盡收其屍 燒之三日而後畢 乃去 …」.

김화 백전대첩(栢田大捷) 유적의 현황과 보존대책

이 재

(재)국방문화재연구원 원장

목차

Ⅰ. 병자호란 개관

Ⅱ. 김화 백전대첩 관련 유적 현황

Ⅲ. 결론 : 김화 백전대첩 유적지의 보존정비 대책

Ⅰ. 병자호란 개관

1. 병자호란의 원인

병자호란은 대외적으로 대륙에서 청이 흥기하면서 명·청 교체시기가 왔고 대내적으로는 인조반정(1623)으로 광해군이 폐위되고 인조가 즉위하면서 명과 청에 대한 외교관계의 변화가 같이 맞물리면서 일어난 청의 조선 침략전쟁이다. 만주에서 여진족이 새로 건설한 청나라는 중국본토의 명나라를 침공하기 위해서는 명나라와 우호적인 외교관계를 유지해오면서 청에 대해서는 적대적인 입장을 취하고 있던 배후의 조선을 먼저 제압하여 조선과 명과의 외교관계를 단절시키고 조선을 청에 굴복시켜야 할 필요를 느꼈다. 그리하여 청태종은 1627년에 조선을 침공하여(정묘호란) 청과 조선 사이에 형제지맹(兄弟之盟) 관계를 요구하였으나 조선은 그 후에도 명과의 관계를 계속 유지하면서 청에 대해 적대적 입장을 지속하게 됨에 따라 청태종은 1636년 다시 대군을 직접 지휘하여 한양을 공격하기에 이르렀다.

조선에서는 광해군집권 시, 새로 부상하는 청의 세력을 무시할 수 없어 명과 청나라 사이에 등거리외교정책을 추진함으로서 상대적으로 조선의 안정을 추구해왔다. 그러나 인조반정으로 광해군이 폐위되고 인조가 즉위하면서 서인세력은 청을 야만족의 나라로 보고 노골적인 반청친명정책을 추구하였다. 이에 청태종은 청에 대한 주전파(主戰派)들이 우세한 조선정부의 토벌을 결심하고 대군을 직접 이끌고 침공하여 1636년 병자호란이 발생하였다.

2. 조선군과 청군의 작전계획

조선군의 청 침입에 대한 대응 전술은 전통적인 산성을 거점으로 방어하는 방어전술이었다. 산성을 중심으로 하는 방어전술은 북에서 한반도를 쳐들어오는 세력을 막아내는 데 효과적이었음은 잘 알려져 있었다. 특히 임진왜란 시, 제승방략(制勝方略)이 무너지면서 산성을 중심으로 하는 방어전술은 다시 강화되었다. 제승방략 체제는 적이 접근하기 쉬운 요충지에 병력을 집중시키고 군 지휘관을 조정에서 파견하여 방어하는 개념이었는데 임진왜란 시, 유명무실함이 입증되면서 선조·광해군 때에는 다시

산성을 보수, 증축하면서 산성중심의 방어전술이 강조되었다. 특히 정묘호란 시, 후금이 조선을 침공할 때 평안도의 산성들을 공격하면서 큰 어려움을 겪었던 점을 고려하여 조선정부는 평안도의 산성을 보수 정비하여 청의 침입에 대비하였다. 그리하여 조선정부는 의주의 백마산성, 곽산의 곽산산성, 철옹산성, 안주성, 평양북방의 자모산성, 황주성 등을 증축하고 보수하여 북방의 침입에 축차적으로 대비하였던 것이다. 이민족의 침입에 대비하는 조선의 군대는 지방군으로서 속오군(束伍軍)이었다. 속오군은 임란 후 새로이 양성된 포수(砲手), 사수(射手), 살수(殺手) 등의 삼수병(射手兵)을 5개의 소부대 단위로 편성하는 새로운 소부대 전술이다. 그러나 양반이나 평민은 대개 군역에서 많이 빠져나가고 천인신분 즉 노비들이 다수 참가하였다. 이 속오군은 지방행정관의 통제를 받았으며 실질적 운영은 전문적인 군인이 맡아 하게 되었다. 병자호란 시, 전국적인 속오군의 수는 약 4만 명 정도였으며 숙종때는 20만 정도의 규모였다. 실제로 청태종이 직접 군사를 끌고 압록강변을 쳐들어오자 조선의 속오군들은 모든 평지를 벗어나 산성으로 입성하여 청군에 대한 농성(籠城)작전에 돌입하였다.

청나라 군사들은 수 십년간 만주와 요동 그리고 내몽고 일대를 평정하면서 전쟁을 통해서 잘 훈련된 강병들이다. 청은 이들 만주족, 한족, 몽고족 등을 모두 팔기병(八旗兵)으로 조직하였다. 팔기병의 특징은 기동성과 돌파력이 강한 기병을 중심으로 이들을 보병과 연계시킨 공격전술 부대이다. 이들 기병은 철기군(鐵騎軍)이라 칭하는데 장창과 강궁으로 무장되어 있고 보병들은 홍의포 등 화포로 무장되어 있으며 각종 공성(攻城) 무기들을 보유하였다. 청의 초기에는 이들 철기병을 10만 이상 유지하고 있었다. 청태종이 처음 조선을 침공한 1627년 정묘호란 시는 평안도 지방의 산성들을 공략하면서 내려 왔기 때문에 생각보다 많은 시간이 걸리고 병력의 손실도 있어서 조선정부에 대해 명과의 단교와 같이 강한 요구를 할 수가 없었다. 이러한 경험을 갖고 있었던 청태종은 병자호란 시는 평안도 지방의 산성과 싸우지 않고 이들을 우회하여 강한 선봉부대가 기동력과 돌파력을 앞세워 한양 도성을 직접 공격하여 단시일 내에 전쟁을 끝내는 계획을 세웠다. 그러나 주변의 산성부대나 지방의 조선군이 남하해 청나라 군사를 역으로 침공하는 것에 대비하여 청태종은 주력부대인 본대를 직접 이끌고 내려오면서 조선군의 근왕군 등을 제압하여 결국 선봉부대와 연합하여 전쟁을 종결하도록 되어있었다.

3. 전황

청의 침입은 1636년 12월 8일 압록강을 도하하면서 시작되었다. 약 13만명으로 추산되는 청나라 군사 중 6천명의 선봉부대가 바로 한양으로 직공하여 공격을 개시한 지 6일 만에 한양 도성부근에 도달했다. 강화도로 피신할 계획이었던 인조는 청병의 빠른 침공으로 남한산성으로 갈 수 밖에 없었다. 청태종은 본대를 셋으로 나누어 나란히 남진하였다. 청태종 좌우로 2~3만의 좌익병과 우익병이 내륙에서 남진하였다. 청태종은 5만4천명 본대를 인솔하여 주변의 저항세력이나 지방군 등을 제압하면서 12월 29일 남한산성에 도착하여 포위망을 좁히기 시작하였다. 이에 인조는 남한산성에 있는 1만2천명 정도의 병력으로는 겹겹이 포위된 청군 수 만명을 당할 수 없어 전국8도에 근왕병을 요청하였다. 그러던 중 1637년 1월 22일 강화도가 함락되었으며 8도에서 거병한 근왕군들도 힘도 한번 못써보고 패퇴당하자 인조는 1월 30일 출성(出城)하여 삼전도에 나아가 청태종 앞에 세 번 절하는 치욕의 의식을 치루고 항복하였다.

　전쟁의 결과 조선은 명과 외교관계를 단절하고 청에 대해 군신의예(君臣之禮)를 지켜야했으며 많은 사람을 인질로 잡아갔고 필요 시, 청의 요구에 따라 군사적 지원을 약속하였다.

4. 근왕군(勤王軍)의 활동

　인조대왕이 남한산성에서 청군의 포위망 속에 고립되자 전국 각지에서 근왕병들이 남한산성으로 진군하였다. 남한산성에 최초로 올라온 근왕군은 충청감사 정세규의 군사 18,000명이었고 뒤이어 올라온 충청병사 이의배의 5,000여 명이었다. 그러나 정세규군은 2월 23일 험천에서, 이의배군은 12월 25일 쌍령에서 청군의 공격을 받아 대패하였다.

　12월 26일에는 강원도 원주영장 권정길과 원주목사 이중길이 검단산 일대에서 패퇴하였고 1637년 1월 3일에는 전라좌병사 허완과 우병사 민영이 광주의 쌍령에서 준비부족과 통송력의 부족으로 전멸하였다. 1월 7일에는 전라병사 김준룡과 청병간의 이른바 광교산 전투가 벌어졌다. 광교산으로 진출한 조선군에 대해 양고리가 지휘하는 청병이 수차 공격을 하였으나 조선군은 이를 막아냈고 적장 양고리를 사살하였다. 이와같이 김준룡은 광교산전투에서 청군의 침입을 막아내고 적장을 사살하는 전과를 올렸으나 김준룡은 다음날의 전투를 걱정하면서 군사들을 방치한 채 혼자 수원으로 가버려 군사들도 흩어져버렸고 다음날 1월 8일 청군은 다시 공격하여 양고리의 시신과 말 1,140필을 획득하였다. 이처럼 1월 7일의 광교산 전투는 청병을 패퇴시키고 적장을 사살까지 했으나 결국 김준령의 무책임한 도주와 그에 따른 전라도 근왕병의 해산으로 승리를 끝까지 유지하지 못해 최종적으로는 패배한 전투라고까지 불리우고 있다.

이와같이 남한산성으로 진출했던 근왕병들이 힘없이 패배하자 패잔병들과 함경도의 군사들은 경기도 양근의 미원일대로 모여 들었다. 우선 병력이 많아야만 접전이 가능했기 때문이며 둘째 이곳 미원이 함경도, 강원도에서 남한강을 건너 남한산성으로 들어가는 길목이기 때문이었다.

5. 평안도 근왕군과 김화 백전전투

평안도의 산성들은 북방으로부터 내려오는 이민족의 침입을 여러 차례 경험한바 있고 1627년 정묘호란 시에도 후금군과 접전을 한바있어 정묘호란 이후 청나라의 침입에 대비하여 산성을 보수하는 등 침입에 대비하여 왔다. 평안병사를 세 번이나 하고 있던 유림은 청병의 통과길목인 안주성에서 그리고 홍명구는 평양성 북쪽의 자모산성에서 싸울 준비를 하였으나 청병이 산성을 피해 남하하는 바람에 싸울 기회가 없었다. 청병이 평안도 산성을 피하고 한양을 직접 공격하게 됨에 따라 사태의 심각성을 인식한 홍명구는 남하한 청병을 뒷쫓기 위해 안주성의 유림과 영변 철옹산성의 신경원 부원수에게 평양으로 합류할 것을 지시하였다. 이에 유림의 군사 3천명은 홍명구와 합류하였으나 철옹산성의 신경원의 군사 3,000명은 성을 나왔으나 청군의 매복에 걸려 패퇴하였다.

홍명구군 2천명과 유림의 군사 3천명, 계 5천명의 평안도 근왕군은 12월 18일 남한산성으로 출발하였다. 이들은 남한산성까지의 가장 가까운 길을 따르지 않고 강원도 이천, 평강을 거쳐 1월 26일 김화에 도착하였다. 이들이 우회로를 택한 것은 남한산성 도착이전에 기병으로 편성된 청의 대군을 들에서 만나는 것은 매우 위험하기 때문이며 궁극의 목적이 남한산성에서 인조를 구하는 전투를 해야 했기 때문이었다. 그러기 위해서는 가능한 한 많은 병력이 집결되어야 했으며 이들도 당시 수만의 근왕군이 집결해있던 양근으로 가기위해 일단 김화에 도착한 것이었다. 김화는 예로부터 평안도, 함경도, 강원도 등지에서 서울방면으로 들어가는 길목이었다.

한편 청군은 함경도, 강원도, 평안도 일대에서 김화를 통해 남한산성으로 내려가는 근왕병을 차단하기위해 우익군중 6천명을 김화에서 30리 밖의 토성리 주변에 1월 27일 진군시켰다. 그 외에도 1월 23일 강화도가 함락되면서 청태종은 남한산성의 몽고기병들을 함경도로 보내 그곳에서 세력을 떨치던 와이객을 토벌하려 하였으나 김화일대에서 청병 우익군과 합세하게 되었다. 청군은 평안도 근위병들에게 전쟁준비와 정비시간을 박탈하기 위해 토성리에 도착한지 하루만인 1월 28일에 평안도 근왕병을 공격하였다.

근왕군은 청군의 공격에 대비하여 결전장소 문제로 이견을 보였다. 42세의 비교적 젊은 홍명구감사는 현재 충렬사가 있는 들판에서 동쪽과 북쪽일대의 산을 등지고 진을 쳐서 적이 동쪽에서 서쪽으로 올라오도록 하자는 주장이었다. 그에 비해 57세의 유림병사는 청병이 기병을 앞세워 공격하는 만큼 고지에 진을 쳐서 기병의 효력을 무력화시켜야 하며 그러기 위해서는 성재산 정상부근에 있는 성산성 내에서 싸워야 한다는 주장이었다. 전쟁의 경험이 많은 유림의 설득에도 홍명구는 고지나 산성으로 피해 더 싸우는 것을 거절하고 김화현이 내려다보이는 평지에 진을 치게 되었으며 유림은 홍명구의 남서쪽의 자그마한 언덕 백전(栢田, 栢洞)과 그 안의 백수봉 일대에 진을 쳤다. 이 백전은 높지는 않으나 삼면이 경사가 급하고 잣나무가 빽빽하여 청 기병이 쉽게 공격하기 어려운 지형적 조건을 갖추었다. 평안도 근왕군은 얼핏 보아서도 성재산 산자락 북동쪽에 홍명구군이 그리고 이어서 남서쪽에 유림군이 진을 치고 있어 홍명구군과 유림군이 하나의 진을 친 것으로 보이지만 실상 지휘관은 완전히 분리되어 있고 홍명구군과 유림군 사이는 분리된 상태나 다름없었다.

홍명구나 유림은 모두 청군의 주력부대가 김화에서 공격해 올 것에 대비하여 짧은 시간이지만 목책을 여러 겹 설치하였다. 다만 홍명구는 목책에 가까운 제1선에 총포병, 제2선에 궁병, 마지막 3선에 창검병을 배치하였으나 유림은 제1선에 창검병, 2선에 궁병, 3선에 총포병을 배치하였다. 병력배치의 차이는 결전장소의 지형적 차이에 따른 것이기도 하지만 전투기술과 경험에 관한 의견차이로도 볼 수 있겠다. 특히 유림은 지형이 험하여 기병의 접근이 매우 느리고 목책에서 기동이 저하될 때 근접전에서 효력을 볼 수 있는 창검병으로 적을 먼저 제압하도록 하였으며 가장 중요한 총포병은 제3선에서 일정한 거리를 둔 채 사살하도록 하여 큰 효과를 볼 수 있었다. 청군은 3개의 제대로 공격해왔다. 이들은 먼저 지금의 성재산 북쪽 비무장지대쪽을 돌아 내려오는 부대와 제2진으로 지금의 한강을 따라 생창리로 들어가는 부대가 근왕군 앞에서 합류됐다. 청병은 사전에 충분한 정보를 입수한 듯 제1, 2진이 합류하여 홍명구 진영부터 공격하기 시작하였다. 그리고 제3진은 가장 빠르고 용맹한 철기병들로서 성주고개를 넘어 유림군과 홍명구군 가운데로 진격하여 두 부대를 분리시키고 이들도 홍명구군 공격에 합류했다. 홍명구군은 목책을 엄패물로 하여 대치하였다. 청의 홍의포 등의 포화사격이나 기병들의 강궁화살 및 보병의 장창 등의 공격을 받았으나 목책의 효력과 일선의 총포병의 효력은 대단하여 청은 수 백명의 인명피해를 입고 수차례 물러서곤 하였다. 그러나 결국 청의 화공으로 목책이 무너지면서 무기와 병력수가 부족했던 홍명구군은 무너지고 홍명구도 병사들과 같이 전사하였다.

유림은 홍명구군과 청군과의 전투를 지켜볼 수밖에 없었다. 일단 청의 기병이 유림을 홍명구로부터 분리시켰고 또 방어용 목책을 설치하였기 때문에 공격에는 오히려 도움이 안되었다. 무엇보다도 기병과 화포를 내세운 최정예 청군이 숫자도 조선군보다 월등히 많아 섣불리 평야에서 싸움을 한다는 것은 패배를 자초하는 일일 수밖에 없었다. 평지의 홍명구군을 도와서 싸우는 것 보다는 지형이 험하여 방어에 유리한 백수봉 부근에서 싸우는 것이 오히려 승산이 있는 것으로 본 것이다.

홍명구군을 몇 시간 만에 제압한 청군은 여세를 몰아 유림군을 공격하였다. 홍명구군의 전멸을 지켜본 유림병사들이 동요했으나 유림은 적들은 홍명구와의 싸움에서 피해를 많이 입었고 또 지쳐있을 뿐만 아니라 유림군이 주둔한 험준한 지형이 적의 침입을 충분히 막아낼 수 있음을 강조하면서 병사들을 독려하였다.

결과는 유림의 예측대로였다. 1차 공격은 청의 기병보다 보병위주의 공격을 목책으로 끌어들이고 이들을 바위와 돌로 공격한 후 흩어지는 이들을 창검병이 공격하여 청군은 다수의 희생자를 냈다. 청병의 제2차, 3차 공격은 바윗돌 공격을 피하여 가파른 산으로 올라왔다. 이 전투에서는 제1선의 창검병을 제3선으로 돌리고 궁병과 총포병으로 응사하였다. 힘들게 올라와 기동력이 저하된 적 보병들을 전방 10보 내에서 사격하여 큰 전과를 올렸으며 총검병은 방어선을 뚫고 올라오는 소수의 청군을 제압하였다. 세차례의 전투에서 큰 피해를 당한 청군은 병력과 무기를 보충하여 저녁에 다시 네 번째 공격을 가했으나 이번에도 유림은 적의 침입로 주변에

총병과 궁병을 매복하여 배후를 공격하자 청군은 와해되고 도주하였다. 유림은 말에서 떨어진 적장을 저격케 하여 적장 야빈대도 사살되었다. 매복해 있던 유림 본군은 당황하며 도주하는 청병을 추적하면서 사살하여 큰 전과를 올렸다.

네 번의 전투에서 청군은 약 3천명 정도 사살되었다. 그러나 청군은 계속해서 후원군이 늘어나고 있고 있음을 파악한 유림은 다음날 증원군이 다시 공격해 올 경우 화약과 화살 등이 부족하다는 점과 병사들이 사기는 높지만 지쳐 있다는 점등을 고려하여 1월 28일 밤 남한산성으로 향하였다. 원래 근왕군의 목표는 남한산성의 인조대왕을 포위하고 있는 청군과의 전투였기 때문이기도 하다. 유림은 파손된 총포 등에 화약과 약선을 다양하게 연결하여 청군이 보기에 유림군이 밤새도록 김화에서 전투준비를 하는 것으로 인식시켜 야습을 방지하였다.

유림은 1월 29일 화천에서 군비를 정돈한 다음 1월 30일 남한산성으로 진군하였으나 바로 이날 인조대왕은 삼전도로 나와 청태종에게 항복하였다. 2월 3일 가평일대에서 조선의 항복소식을 들은 유림은 그 후 왕명에 의해 다시 원래의 안주로 복귀하여 평안병사직을 수행하게 되었다.

6. 홍명구(洪命耈)가 평지에 진을 친 이유

홍명구군이 유림의 권유에도 불구하고 평지에 진을 친 점은 사실 상식적 차원에서도 이해가 되지 않는 점이 있다. 적의 기동력은 세계 최강인 청군의 철기병이며 이들 기병의 기동력과 돌파력이 보병과 연계하여 최강의 몽고를 제압하고 대제국을 건설한 원동력이 되었다는 점이나 병자호란시, 선봉부대가 열흘도 안되어 한성에 이르렀다는 점 등은 평안감사가 몰랐을 리 없다. 따라서 김화전투에서도 노련한 유림의 조언을 받아들이는 것이 타당했음에도 불구하고 홍명구는 평지에 진을 쳤다. 특히 마지막에 청군이 홍명구군을 향해 기동할 때도 유림은 유림이 있는 곳으로 올라와 합세하여 전투해야 함을 마지막으로 간곡히 부탁했는데도 홍명구는 이를 거절하였고 '나는 이미 나라를 위해 싸우다가 죽기로 마음을 굳혔다. 능히 죽음을 각오하고 싸우면 살길이 열릴 것이요 죽더라도 그 이름은 후세에 남을 것이다'라고 말한 것으로 보아 이미 죽음을 각오했던 것으로 보인다.

홍명구가 죽음을 무릅쓰고 평지에 진을 쳐 청병과 정면 대결한 이유는 그 직책이 평안감사라는 데서 찾을 수 있을 것 같다. 사실 그 당시 청군을 사전에 막을 수 있는 곳은 평안도밖에 없다고 해도 과언이 아니었다. 그런데 청병은 이미 언급한 바와같이 의주의 백마산성이나 용천의 용골산성, 철옹산성, 안주성 그리고 홍명구가 지키고 있었던 자모산성 등을 공격하지 않고 한성으로 직행하였다. 따라서 조정에서는 청군이 보름도 안걸려 한성에 도달한 것은 평안도에서 홍명구 등이 청군을 차단하지 못했기 때문으로 인식하는 경향이 있었으며 홍명구 자신도 인조대왕이 남한산성에 갇히게 된 것에 본인의 책임이 크다고 본 것 같다. 그리고 또 다른 이유의 하나는 그가 1627년 정묘호란 시, 평안감사였던 윤훤의 종사관으로 재직 시, 윤훤으로 하여금 평양성을 이탈하도록 권유하여 적군이 평양성에 무혈입성하도록 한 바 있다. 이로 인해 윤훤은 후에 참형을 당하였고 홍명구도 파직되었다. 이 사건은 그에게는 불명예요 치욕일 수밖에 없었다. 최고의 명문가이며 과거시험(謁聖試)에서 장원을 한 홍명구는 다시 청군의 침입을 받자 실추된 명예를 되찾기 위해서 그리고 평안도에서 청군을 막지 못한 죄책감 등에 휩싸여 이번에는 죽더라도 떳떳이 청군과 싸워야 한다는 강박관념에 사로잡혔던 것으로 보인다. 그리하여 그는 차라리 평지에서 떳떳이 싸워서 명예를 회복하고 싶었던 것으로 보인다. 홍명구가 평안감사로서 평안병사인 유림의 의견을 무시하는 등 병사와 감사 사이의 반목 때문에 유림의 의견을 무시했다고는 볼 수 없다. 말하자면 홍명구는 내심 죽음으로서 청군을 막아내겠다는 마음이 컸던 것으로 보인다. 그런 의미에서 보면 많은 근왕군을 거느렸던 지방 수령들이 청군을 만나서는 도주하거나 기피하는 일이 대부분이었던 것과 비교하면 홍명구의 뜻은 오히려 높이 사야할 일이다. 이러한 점 때문에 병자호란이 끝나자 바로 인조는 홍명구에게 먼저 충렬(忠烈)이라는 시호를 내리고 이어 충렬사가 건립되게 되었다.

7. 유림(柳琳)장군은 누구인가?

선조 14년(1581) 청하현감 유회의 3남으로 출생하였으나 일찍 부모를 여의고 종형인 유형장군 밑에서 자랐다. 선조 36년(1603) 그의 나이 23세에 무과에 합격하였으며 그로부터 여진족 침입이 잦은 평안도 지방에서 군 생활을 하여 산성수축이나 군사요직을 맡아 전투에 임하였다. 그가 증축하거나 개축한 성은 황주성, 남한산성, 약산산성, 안주성 등 네 곳이다. 특히 인조는 이괄의 난후 남한산성 수축을 위하여 황주성을 쌓는데 공을 세운 유림을 광주목사에 임명하여 남한산성의 기본구조인 행궁(行宮), 객관(客館), 사찰 등을 건립케 하였다. 성벽의 증축공사는 이서(李曙)가 담당하였다. 또 안주성은 1636년 평안병사로 임명된 뒤 개축하여 청병의 침입에 대비하여 해자, 성첩을 증설하였다. 유림의 안주성 증축으로 청태종이 우회하도록 유도하였다.

정묘호란 시, 하삼도 병력을 총지휘하게 됨에 따라 연강방어대장(沿江防禦大將)을 맡아 한강 방어선을 고수하였다. 그 후 1637년 병자호란 시, 홍명구군 2천명과 합하여 6천명의 청군과 싸워 3천명을 전멸시켰다. 김화 대첩 후 유림은 청의 요청에 따라 명군과 싸움을 하게 된다. 처음 전투는 1637년 4월로 철산 앞 가도의 명군의 정벌 시, 조선군 책임자로 임명되어 청과 나란히 명군을 공격하여 가도를 함락하였다. 두 번째 전투는 1638년 금주성 전투인데 이 전투에서 그는 적극적인 협조를 하지 않았으며 1640년의 2차 금주성 전투에서는 유림을 영병대장에 임명하여 명군과 함께 금주성 공격에 나섰다.

이와같이 유림은 명·청 교체기에 무장이 되어 안으로는 성을 보수하고 증축하여 전쟁에 대비했으며 한반도를 침공하는 청을 여지없이 궤멸시켰지만 조선이 청에 항복한 후에는 조선정부의 명대로 청과 나란히 명군을 공격하여 명·청 교체기에 현명한 외교관계에 바탕을 둔 군사외교정책을 추진하기도 하였다.

II. 김화 백전대첩 관련 유적 현황

1. 유림 대첩비(柳琳大捷碑)와 홍명구 충렬비(洪命耉忠烈碑)

병자호란 김화 백전전투와 관련이 있는 것으로 추정되는 유적들은 현재 성재산 남사면 일대에서 확인된다.

유림대첩비의 정확한 비명은 비석 전면에 平安兵馬節度使柳公琳大捷碑 라고 세로로 쓰여져 있고 후면에 崇禎甲申十月立 이라 쓰여져 있다. 이 비석의 위치는 철원군 김화읍 생창리(향교골)이다. 철원군지에 따르면 이 대첩비는 김화사람들이 김화 백전전투에서 유림장군이 세운 혁혁한 전공을 기리고 알리기 위하여 1644(인조 22) 향교골에 세운 것으로 설명되어 있다. 비석의 높이는 199cm, 폭 99cm, 두께 20cm로 규석과 화강암이 혼합된 석재에 음각되어 있다. 이와같이 유림장군 대첩비는 국가나 김화현 등 정부차원에서 건립된 것이 아니라 당시 김화 사람들에 의해 건립되었다는 것이다. 왜 김화나 조정에서는 비석건립에 나서지 않았을까?

사실 김화 백전대첩 후 조정에서는 유림장군의 공을 평가하는데 인색하였다. 인색한 정도가 아니라 오히려 실책이 큼으로 그 대가로 처벌을 해야 한다는 분위기였다. 유림이 청병을 토벌한 1637년 그해 4월에 사헌부에서는 유림에 대한 탄핵상소문을 올렸다. 이 상소문에는 유림이 안주성에서 나와 싸우지 않아 청병이 쉽게 한양으로 진격할 수 있었을 뿐만 아니라 김화 싸움에서도 지형이 좋은 곳을 먼저 점령하여 홍명구가 결국 평지에서 싸우게 됐으며 홍명구가 위기에 처했는데도 도와주지 않았다는 내용이다. 이 사헌부상소문의 내용은 사실 그 당시뿐만 아니라 그 뒤 조선시대에도 영향을 주었다. 그러나 대첩비를 김화사람들이 세웠다는 점은 김화인들은 김화 백전전투를 올바르게 이해하고 있었다는 점을 말해준다고 볼 수 있다.

유림장군에게 시호가 내려진 것도 조선시대 유림에 대한 평가와 무관하지 않다. 홍명구에게는 병자호란 직후 충렬(忠烈)이라는 시호가 내려졌다. 국가와 왕을 위해 홍명구는 다른 지방 수령들과는 달리 죽음을 마다하지 않고 적극적으로 김화 백전전투를 벌여 그 자신은 물론 많은 병사들이 목숨을 잃었으나 백전전투 후 바로 시호를 내린 것은 지극히 당연한 일이다. 그러나 유림장군에 시호가 내려진 것은 김화대첩 159년 뒤인 1796년(정조 20)에 이르러서였다. 유림대첩비는 홍명구비와는 별도로 오랫동안 내려왔는데 6.25때 소실된 충렬사를 1997년 원래 위치에 복원하면서 유림대첩비를 홍명구 충렬비와 나란히 함께 모셨다. 현재 복원된 사당은 1997년 10월 25일 강원도 기념물 제72호로 지정되었다.

유림대첩비와 홍명구 충렬비를 충렬사 앞 한 비각 아래 같이 모시고 관리한다는 점은 두 가문의 화해를 뜻한다는 점에서 의미 있는 일이고, 또 유림후손들은 적어도 홍씨 후손들로부터 유림장군을 올바르게 이해하게 되었다는 점에서도 의미 있는 일이기는 하다 그러나 앞으로 백전전투에 대해 올바르게 연구되고 조사된다면 그리고 백수봉 일대가 김화 대첩지의 중요한 유적이 되고 이 곳에 김화 백전대첩에 관련된 조형물이나 안보역사공원 등이 들어선다면 유림대첩비는 원래의 위치 즉 김화현 향교앞 백수봉 바로 그 자리에 원래의 모습대로 세워져야 할 것이다.

홍명구의 충렬비 위치는 충렬사 앞 좌측에 해당되며 유림장군 대첩비와 나란히 한 비각 안에 놓여 있다. 크기는 유림대첩비와 비슷하나 약간 작은 편으로 높이 194cm, 폭 94cm, 두께 20cm 정도이다. 홍명구 충렬비도 김화 주민들이 건립하였다. 1644년 유림대첩비를 건립한 후 이듬해에 유림의 대첩비를 모형으로하여 같은 석재를 이용하여 건립하였다. 비석 전면에는 세로로 平安道觀察使洪公命耉忠烈碑라 음각하였고 뒷면에는 崇禎乙酉五月立이라고 새겼다.

2. 충렬사(忠烈祠)

충렬사는 홍명구를 제향하는 사당으로 1645년 홍명구 충렬비를 세우고 이어서 1650년(효종 1년)에 건립되었다. 충렬사 역시 김화 주민들에 의해 세 칸의 사당으로 건립되었다. 사당터는 바로 홍명구가 전사한 곳이다.

1652년 효종이 '충렬사' 현판을 하사하여 충렬사는 사액사당이 되었다. 6.25시 소실되었는데 충렬사가 남방한계선에 있음으로 1975년 철원군 근남면 육단2리에 사우를 재건했으며, 그 후 1997년부터 1999년까지 원자리에 재건하였다.

1940년 김화 유림들의 합의에 따라 유림을 충렬사에서 같이 제향하기 시작했으며, 1997년 10월 25일 사당을 강원도기념물 72호로 지정하였다.

현재는 강원도기념물로 지정되어 있으나, 앞으로 조사결과 전골총이나 유림대첩비, 홍명구 충렬비 및 백수봉 일대가 국가유적지로 지정된다면 충렬사 역시 국가사적으로 재지정 해야 할 것으로 보인다.

3. 김화 백전 전적지 문제

유림이 싸웠던 백전(백동, 백수봉)은 현재 충렬사에서 300m 건너 마주 보이는 낮은 봉우리와 그 일대의 긴 능선이다. 당시 전투가 유림군이 김화에 도착한 지 이틀만에 일어났음으로 근왕군이 숙박시설이라던가 부대시설 등은 조성하기 어려웠고 주로 목책을 겹겹이 만들어 싸웠다는 점 등을 볼 때 백수봉 일대에 대하여 보다 정확하고 정밀한 조사를 실시하여 부대배치를 규명하고 이곳에 전투 때와 마찬가지로 잣나무를 밀식하고 목책을 설치하는 등 전적지를 조성해 나가야 할 것이며, 백수봉으로는 바위들을 많이 모아서 옛 전투의 장면을 재고할 수 있도록 함은 물론 백전전투지도를 배치하여야 할 것이다. 뿐만 아니라 이 일대에 당시 피아의 군복, 무기, 전술 등을 전시하는 작은 전시실을 마련함은 물론 영상실도 마련하고 김화 백전전투를 제작하여 방문객에게 보여 주어야 할 것이다.

이 전시실에는 유림 뿐만 아니라 홍명구 진영과 그의 어록 등에 대해서도 전시될 수 있어야 할 것이다.

4. 전골총(戰骨塚)

전골총은 당시 백전전투에서 전사한 홍명구군 약 일천명으로 추산되는 평안도 근왕군의 무덤으로 전해져 오고 있다. 현재는 생창리 동쪽 DMZ 남방한계선 안에 전골총이 있는 것으로 설명간판이 있으며 군부대에서 특별히 훼손되지 않도록 관리를 잘해오고 있는 실정이기는 하다. 그러나 이 DMZ안에 있는 전골총은 위치면에서 볼 때 너무 산쪽으로 많이 떨어져 있을 뿐만 아니라 외형도 인공적인 흔적이 있는지 알 수가 없으며, 지리서에서 나타난 거리와도 잘 일치하지 않는다. 이 DMZ 전골총이 처음부터 부분적으로나마 확인 조사된바가 없음으로 장차 군의 도움을 받아 필히 발굴조사가 이루어져야 할 것이다.

지금까지 그 외 다른곳이 일부 거론되기도 했으나 신빙성이 별로 없다. 다만 최근 유재춘 교수가 일제시대의 고분사건을 공개하고 있는데 원경이 성산성인 남벽인 것으로 보여 현재 군부대 주둔지 일대일 것으로 보이는데 장차 가능성이 커보이는 이 새로운 전골총의 위치 규명에 진전이 있기를 바라며 특히 그 위치가 전장인 충렬사 바로 인근이라는 점에서도 문헌과 일치하는 것으로 보인다. 오늘의 학술대회가 기점이 되어 DMZ 전골총과 새로운 전골총에 대하여는 심도있는 발굴조사가 이루어져 그 위치 규명에 큰 진전이 있기를 바란다.

5. 성산성(城山城)

충렬사가 있는 산자락 북쪽 위는 성재산으로서 산 정상에 통일신라 시대의 것으로 추정되는 포곡식 고성이 위치하고 있고 성 내부에 우물터 두 곳, 건물지가 여러 곳 확인된 바 있다. 2000년 필자가 중심이 되어 육군사관학교에서 지표조사를 실시한 바 있다.

이 곳이 지뢰지대여서 조사에 상당한 어려움이 있기는 했으나 비교적 산성이 잘 보존되어 있다. 그리고 산성 안 평지에는 군부대 시설이 들어서 있는 실정이다. 이 산성은 성곽 외벽의 석재가 잘 다듬어진 장방형을 사용하고 있어 성벽이 튼튼해 보이지만 그에 못지 않게 심석이 비교적 깊을 뿐만 아니라 긴 돌들을 우물'井'자로 엮어서 쌓아 내벽은 무너졌어도 내탁이 잘 보존되어 있는 성곽으로서 당시 축성술을 잘 살펴볼 수 있는 석성이다.

이 산성이 위치하고 있는 김화는 북으로 함경도, 강원도, 평안도에서 이 곳으로 접근이 용이하고 이곳에서 서울방면 진출이 용이하기 때문에 이 산성을 점령한다면 북쪽으로나 남쪽으로의 진출이 매우 용이했을 것으로 보인다. 우리나라 중부지방에 보이는 삼국시대의 성들, 예를 들어 포천의 반월산성, 양주대모산성, 오두산성, 수철성과 비교해 보아도 매우 견고하게 쌓은 성이다.

유림이 최초에 이 산성안에 들어가 청의 기병과 싸울 것을 여러차례 홍명구에 제시했으나 홍명구의 반대로 이 곳에서 전투는 없었으나 김화 백전전투와 무관하지 않으며 성 위에 올라서면 오성산 앞 DMZ 들판이 한 눈에 들어오고 있어 이 성산성에 대해서도 지표조사로 끝날 것이 아니라 발굴조사를 거쳐서 김화 백전전투와 연계된 역사안보 유적지로 정비할 필요가 있을 것으로 보인다.

III. 결론 : 김화 백전대첩 유적지의 보존정비 대책

이번 학술대회를 통해서 병자호란 김화 백전대첩의 역사적 중요성과 의의가 확인된 만큼 이 유적들을 국가적 차원에서 보존하고, 정비해야 할 것이다.

그렇게 하기 위해서는 김화 백전대첩 전적지를 국가 사적으로 지정하여 이 일대를 병자호란 역사안보 유적지로 성역화 하여야 할 것이다. 그렇게 하기 위하여는 제일 먼저 병자호란 김화 백전대첩 종합 정비계획을 수립하여야 할 것이다. 이 정비계획은 철원군이 강원도와 협의하여 공동으로 수립하되, 그 목적이 국가적 차원의 전적지를 조성하는 사업인 만큼 문화재청과도 긴밀히 협의하여야 함은 물론 문화재청 문화재위원의 참여가 필요하며, 기타 전쟁사, 조경, 건축, 영상분야 등의 최고 전문가들이 이 정비 계획에 참여하여야 할 것이다. 이 종합 정비계획에는 다음과 같은 사항들이 포함되기를 바란다.

첫째는 가장 핵심적인 곳은 유림이 싸웠던 백전지역인 만큼 전투장소와 범위를 확정해야 한다. 그리고 이 곳에 다시 잣나무를 심어야 할 것이며, 바윗돌 공격을 상기시키기 위하여 백수봉 일대에 둥근 바위들을 많이 수집하여 배치하여야 할 것이다. 아울러 백전 주변에는 겹겹이 목책들을 설치해야 할 것이다. 또한 격전장 일대에 병자호란 김화 백전대첩 기념실(가칭)을 만들어 관련된 역사자료나 전쟁지도, 기타 영상물 등을 방영해야 할 것이다. 그리고 이 기념실에 당시 사용하였던 무기들을 전시해야 할 것이며, 이를 위하여 육군박물관 등과 협의하여야 할 것이다. 그리고 이 곳에 1644년의 현 대첩비와 다른 새로운 대첩비도 건립하여야 할 것이다.

둘째, 전골총은 최근에 확인된 제3의 장소 등을 포함하여 발굴조사를 실시하여야 할 것이고, 이 무덤의 공식명칭을 공모하여야 하고, 또 위령탑도 건립하여야 할 것이다.

셋째, 유림대첩비는 홍명구 가문과의 화합과 공동 제향을 위해 홍명구 충렬비로 옮겼지만 유림의 전적지가 새로 조성될 때 최초의 위치로 옮겨져야 할 것이다.

넷째, 성재산성(성산성) 등은 직접적인 전투장소는 아니었지만 유림이 이 성 안에서 대적할 것을 수 차 주장한 만큼 발굴조사를 실시하여 김화 백전대첩 지역권으로 포함시켜 정비하여 국민들이 답사할 수 있게 하는 것이 바람직할 것이다.

이와 같이 김화 백전대첩지를 국가적 차원의 역사안보 사적공원으로 하기 위해서는 새로운 2차 학술대회의 개최가 필요하다. 이 새로운 학술대회에서는 당시 전투상황, 피아간의 전술무기 등에 대해 연구발표가 필요하며, 종합 정비계획도 제시되는 것이 바람직하다.

아울러 충렬사 앞에서는 당시 근왕군이 사용했던 무기들의 시연발사 행사가 개최되는 것이 바람직하다.

끝으로 새로운 학술대회를 준비하는 과정에는 문화재청 전문가들은 물론 이북 평안도군민회 등과도 긴밀히 협조하는 것이 바람직하겠으며, 김화 백전대첩 전적지를 국가 사적공원으로 만들기 위하여는 철원군수 직속기관으로 이 사업을 추진하는 추진위원회를 만들어보는 것도 바람직하며, 향토사 연구를 활성화 시키도록 철원군의 관심도 필요하다.

부록: 태봉학회 활동 및 철원군의 역사·문화 관련 동향

김영규

태봉학회 사무국장·철원역사문화연구소 소장

1. 태봉학회 활동

▶ 2022년 태봉학술회의

2022년 태봉학술회의는 예년보다 조금 이른 9월 30일(금) 고석정 한탄리버스파호텔 세미나실에서 '태봉국 수도 철원의 관방유적'이라는 주제로 발표자와 토론자 그리고 지역 주민 일부가 참석한 가운데 진행되었다. 코로나19가 다소 잠잠해지기는 했으나 재유행의 기미가 돌아 예전과 같이 대규모 강당에 철원주민들을 초대한 가운데 행사를 거행하기에는 무리라는 판단하에 조촐하게 진행되었다. 기조 발표 '철원의 관방유적' 이재(국방문화재연구원장), 주제발표 '철원지역 관방유적의 특징과 성격' 권순진(수도문물연구원), '철원한탄강변 성곽 유적에 대한 성격 검토' 유재춘(강원대), '태봉국 철원도성의 남쪽 방어체계 연구' 김호준(국원문화재연구원), '왕건 사저와 봉선사' 심재연(한림대) 순으로 진행되었다. 종합토론은 조인성 경희대 교수(태봉학회 회장)를 좌장으로 황보 경(세종대박물관), 김진형(강

원고고문화연구원), 정성권(단국대), 김태욱(춘천시사편찬위원회) 등이 토론에 참여했고 김용선 한림대 명예교수와 이재범 경기대 명예교수가 논평을 맡았다.

▶ 철원군민 인문학 강좌

2022년 태봉학회 철원군민 인문학 강좌는 경희대학교 인문학연구원 HK+통합의료인문학연구단과 공동으로 코로나19가 낳은 다양한 '마음'의 문제를 들여다보고, 이러한 현상들이 발생한 원인과 흐름, 나아가서는 이와 같은 팬데믹 시대를 거쳐 가는 우리의 마음이 어떠한 것이어야 할지에 대해 돌아보는 시간을 가져보고자 "감염된 마음 – 코로나19가 우리의 감정에 끼치는 영향"이라는 주제로 7월 11일(월)부터 14일(목)까지 4일 연속

으로 매일 저녁 7시에 신철원전통시장 고객지원센터 2층 강당에서 진행되었다. 11일 제1강 '코로나19와 공포 – 혐오와 연대의 사이에서'라는 제목으로 최성민 경희대 HK 연구교수, 12일 제2강 '코로나19와 갈등 – 사람들은 왜 방역 앞에서 대립하는가?' 박성호 경희대 HK 연구교수, 13일 제3강 '코로나19와 사랑 – 신종감염병 시대의 가정폭력' 조태구 경희대 HK 연구교수, 14일 제4강 '코로나19와 불평등 – 전염병은 누구에게 더 위험한가?' 정세권 경희대 HK 연구교수 강좌가 이어졌다.

▶ 대학원생 철원 역사 탐방

2022년 7월 1일부터 2일까지 강원대학교 사학과 원우회원들이 철원 역사탐방으로 승일교, 고석정, 노동당사, 소이산 전망대, 도피안사, 송대소 주상절리, DMZ 생태평화공원, 김화백전대첩지, 충렬사 일대를 답사했다.

2. 철원군의 역사 · 문화 관련 동향

▶ 철원역사문화공원 개장

철원역사문화공원

역사상 철원군이 가장 번성했던 시기는 아이러니하게도 일제강점기인 1930~40년대이다. 1914년 경원선 부설, 1925년 철원평야 개척, 1931년 금강산전철이 운행하면서 한반도 중심부에 위치한 철원군은 상업도시로 급성장했다. 하지만 1945년 해방과 더불어 국토가 분단되고 공산 치하가 되면서 쇠락하기 시작했고 6·25전쟁으로 도시는 완전히 폐허가 되어 사라졌고 주민들마저 남북으로 뿔뿔이 흩어졌다. 전쟁은 끝났으나 민통선이 가로막혀 옛 철원읍 시가지인 관전리와 사요리 일대에는 들어갈 수가 없었다. 노동당사에서 철원역까지 이어지는 2~3km 구간은 번성했던 옛 철원읍 시가지로서 철원군청, 철원공립보통학교, 제사공장, 농산물검사소, 얼음창고 등 근대문화유적이 즐비하다. 하지만 현재도 민통선 안이라 관광객들이 쉽게 접근할 수 없다. 이에 철원군은 노동당사 앞 개활지 2만여 평 부지에 철원역사문화공원을 조성하여 100년 전 철원읍 시가지 주요 건물인 철원역, 철원극장, 철원공립보통학교, 철원소방서, 철원우편국, 오정포 등을 복원하였다. 철원역사문화공원은 2015년 기본 계획 수립, 2018년 공사 착공하여 2022년 7월 27일 완공되었다.

▶ (옛) 김화군 향토지 발간

김화군(金化郡)은 1945년 해방 당시 면적이 1,010.85㎢이고 인구가 92,622명으로 김화읍, 서면, 근남면, 근북면, 근동면, 원남면, 원동면, 임남면, 원북면, 금성면, 창도면, 통구면 등 1읍 11면 96개 리로 구성되어 있었다. 하지만 6·25전쟁을 거치면서 군 면적의 2/3 가량이 북한으로 넘어가고 남한에는 1읍 6면만 수복되어 김화군의 명맥을 유지하지 못한 채 철원군에 편입되었고, 현재 김화읍, 서면, 근남면, 근북면에만 주민이 거주하고 있다. 2019년 분단 74년, 수복 65년을 맞이해 사라진 김화군의 역사를 재조명하자는 분위기가 일어 (옛) 김화군 향토지 발간추진위원회가 구성되었다. 당시 4.27 판문점선언, 9.19 군사합의에 따라 남북관계 개선 분위기 고조되어 통일 대비 김화군 복군 기반을 조성하고, 김화군 역사와 주민 생활상을 조사 정리할 필요성이 대두되었다. 한편 김화군의 역사는 1966년 발간된 『향토지』와 1992년 발간된 『철원군지』에 반영된 일부 내용이 전부여서 하루속히 향토지를 발간해야 했다. 특히 북한이 고향인 미수복 김화군민회 1세대들이 하루가 다르게 별세하는 상황이라 그들의 증언을 정리하고 수록해야 할 필요성이 증가했다. 이에 2020년 1월 16일 김화군 향토지 편찬위원회(위원장 박면호)가 출범했고 2021년 6월 25일 철원역사문화연구소(소장 김영규)가 편찬 용역을 맡아 작업을 진행하였으며 2022년 6월 15일 최종보고회를 열고 9월에 발간하였다. 김화군 향토지는 상권 김화군의 역사와 문화 1,003쪽, 중권 근현대 김

화인의 삶과 모습 632쪽, 하권 전근대 김화인 발자취와 기록 711쪽 해서 3권 1질 총 2,346쪽으로 구성되어 있으며 집필에는 35명의 전문가가 참여했다. 김화군 향토지 중권에는 옛 김화군 출신 80여 명의 구술조사 내용이 실려 있다.

▶ 궁예왕 표준 영정 봉안 및 기념 퍼레이드

2017년 9월 1일부터 철원군과 강원도민일보가 공동으로 추진한 궁예왕 표준영정 제작 작업이 문체부 12차 심의를 거쳐 완료되어 2022년 11월 8일 오전 11시 민통선 안 월정리역 부근 궁예 태봉국 테마파크 내 궁예왕 선양관(사당)에서 영정 봉안 행사가 열렸다. 영정 봉안식은 태봉국 궁예왕 역사공원이 민간인 통제구역 내에 있고 수일 전 북한 미사일 발사로 군부대 비상 상황이라 일부 관계자들만 참석해 진행되었다. 궁예왕 영정 봉안 행사는 철원군에서 꾸준히 진행하고 있는 태봉국과 궁예왕 선양사업의 일환으로 추진된 것이다. 당일 오후 2시에는 영정 봉안 행차가 동송터미널을 시작으로 화지리 철원종합문화복지센터 앞 공터까지 약 1.7㎞에 이르는 거리에서 군악대, 취타대, 라커퍼션 공연 등으로 진행되었다. 이어 저녁 6시에는 철원 노동당사 광장에서 태봉합창단과 철원소년소녀합

창단의 합창을 시작으로 철원예술단의 '궁예–태평성대' 공연과 인기가수 초청공연 등이 포함된 영정 제정 기념 축하공연이 개최되었다.

▶ 궁예왕 표준 영정 봉안 기념 심포지엄

철원군과 강원도민일보는 2022년 11월 10일(목) 오후 1시 30분 철원군청 4층 대회의실에서 궁예왕 표준영정 지정을 기념하여 '철원 궁예 테마파크 글로벌화 및 궁예 표준영정의 가치와 활용'을 주제로 심포지엄을 개최하였다. 심포지엄 첫 번째 순서는 권오창 동강궁중회화연구소 소장의 '궁예왕 표준영정 제작과정과 기법'에 대한 해설이었다. 주제발표는 조인성 경희대 사학과 명예교수 '궁예의 생애와 역사적 의의', 이동범 컬처앤로드 문화유산활용연구소장 '철원 궁예왕 표준영정의 가치 활용방안', 이영주 강원연구원 선임연구위원 '궁예 테마파크 브랜딩과 연계한 철원 관광 활성화 전략' 순으로 진행되었다. 이어 열린 종합토론은 강병로 강원도민일보 전략국장을 좌장으로 김여진 강원도민일보 문화부장, 김영규 철원역사문화연구소장, 정대권 영월군청 문화관광체육과장, 한명희 강원대 영상문화학과 교수 등이 참가하였다.

▶ 궁예 태봉국 테마파크 건설사업

올해 완공 예정이던 궁예 태봉국 테마파크가 '태봉국도성 미니어처' 규모를 원래보다 크게 설치하기로 변경해 관련 예산 확보와 시공사 선정 등

행정 절차로 공사가 지연되고 있으며 2023년 준공 예정이다. 국비·도비 120억 원을 들여 민통선 안 철원읍 홍원리에 조성 중인 궁예 태봉국 테마파크는 2020년 소규모 환경영향평가와 문화재 표본조사 용역, 사업장 부지 조성 공사를 완료한 후 공사에 돌입했다. 테마파크가 들어서는 지역은 남방한계선과 군부대와 인접해 해당 부대 및 유엔사 등과의 협의도 거쳤다. 현재 태봉국 역사체험관, 궁예왕 선양관, 방문자센터 등 시설이 완공됐고, 궁예정원과 태봉국 철원성 미니어처 등의 공사를 진행 중이다.